U0439618

本项目由深圳市宣传文化事业发展专项基金资助

深圳学派建设丛书（第十一辑）

资源丰裕条件下的经济增长与创新纠偏
实践证据与理论分析

刘畅 著

中国社会科学出版社

图书在版编目（CIP）数据

资源丰裕条件下的经济增长与创新纠偏：实践证据与理论分析／刘畅著. -- 北京：中国社会科学出版社，2024.10. --（深圳学派建设丛书）. -- ISBN 978-7-5227-4436-0

Ⅰ.F124.1

中国国家版本馆 CIP 数据核字第 2024JW1828 号

出 版 人	赵剑英	
责任编辑	单 钊	
责任校对	冯英爽	
责任印制	李寡寡	

出　　版	中国社会科学出版社	
社　　址	北京鼓楼西大街甲 158 号	
邮　　编	100720	
网　　址	http://www.csspw.cn	
发 行 部	010-84083685	
门 市 部	010-84029450	
经　　销	新华书店及其他书店	
印　　刷	北京明恒达印务有限公司	
装　　订	廊坊市广阳区广增装订厂	
版　　次	2024 年 10 月第 1 版	
印　　次	2024 年 10 月第 1 次印刷	
开　　本	710×1000　1/16	
印　　张	17.5	
字　　数	260 千字	
定　　价	98.00 元	

凡购买中国社会科学出版社图书，如有质量问题请与本社营销中心联系调换
电话：010-84083683
版权所有　侵权必究

《深圳学派建设丛书》
编委会

顾　　问：王京生　李小甘　王　强

主　　任：张　玲　张　华

执行主任：曾相莱　吴定海

主　　编：吴定海

总序　学派的魅力

王京生[*]

学派的星空

在世界学术思想史上，曾经出现过浩如繁星的学派，它们的光芒都不同程度地照亮人类思想的天空，像米利都学派、弗莱堡学派、法兰克福学派等，其人格精神、道德风范一直为后世所景仰，其学识与思想一直成为后人引以为据的经典。就中国学术史而言，不断崛起的学派连绵而成群山之势，并标志着不同时代的思想所能达到的高度。自晚明至晚清，是中国学术尤为昌盛的时代，而正是在这个时代，学派的存在也尤为活跃，像陆王学派、吴学、皖学、扬州学派等。但是，学派辈出的时期还应该首推古希腊和中国的春秋战国时期，古希腊出现的主要学派就有米利都学派、毕达哥拉斯学派、埃利亚学派、犬儒学派；而儒家学派、黄老学派、法家学派、墨家学派、稷下学派等，则是中国春秋战国时代学派鼎盛的表现，百家之中几乎每家就是一个学派。

综观世界学术思想史，学派一般都具有如下的特征。

其一，有核心的代表人物，以及围绕着这些核心人物所形成的特定时空的学术思想群体。德国19世纪著名的历史学家兰克既是影响深远的兰克学派的创立者，也是该学派的精神领袖，他在柏林大学长期任教期间培养了大量的杰出学者，形成了声势浩大的学术势力，兰克本人也一度被尊为欧洲史学界的泰斗。

其二，拥有近似的学术精神与信仰，在此基础上形成某种特定的学术风气。清代的吴学、皖学、扬学等乾嘉诸派学术，以考据为

---

[*] 王京生，现任国务院参事。

治学方法，继承古文经学的训诂方法而加以条理发明，用于古籍整理和语言文字研究，以客观求证、科学求真为旨归，这一学术风气也因此成为清代朴学最为基本的精神特征。

其三，由学术精神衍生出相应的学术方法，给人们提供了观照世界的新的视野和新的认知可能。产生于20世纪60年代、代表着一种新型文化研究范式的英国伯明翰学派，对当代文化、边缘文化、青年亚文化的关注，尤其是对影视、广告、报刊等大众文化的有力分析，对意识形态、阶级、种族、性别等关键词的深入阐释，无不为我们认识瞬息万变的世界提供了丰富的分析手段与观照角度。

其四，由上述三点所产生的经典理论文献，体现其核心主张的著作是一个学派所必需的构成因素。作为精神分析学派的创始人，弗洛伊德所写的《梦的解析》等，不仅成为精神分析理论的经典著作，而且影响广泛并波及人文社科研究的众多领域。

其五，学派一般都有一定的依托空间，或是某个地域，或是像大学这样的研究机构，甚至是有着自身学术传统的家族。

学派的历史呈现出交替嬗变的特征，形成了自身发展规律。

其一，学派出现往往暗合了一定时代的历史语境及其"要求"，其学术思想主张因而也具有非常明显的时代特征。一旦历史条件发生变化，学派的内部分化甚至衰落将不可避免，尽管其思想遗产的影响还会存在相当长的时间。

其二，学派出现与不同学术群体的争论、抗衡及其所形成的思想张力紧密相关，它们之间的"势力"此消彼长，共同勾勒出人类思想史波澜壮阔的画面。某一学派在某一历史时段"得势"，完全可能在另一历史时段"失势"。各领风骚若干年，既是学派本身的宿命，也是人类思想史发展的"大幸"：只有新的学派不断涌现，人类思想才会不断获得更为丰富、多元的发展。

其三，某一学派的形成，其思想主张都不是空穴来风，而有其内在理路。例如，宋明时期陆王心学的出现是对程朱理学的反动，但其思想来源却正是后者；清代乾嘉学派主张朴学，是为了反对陆王心学的空疏无物，但二者之间也建立了内在关联。古希腊思想作为欧洲思想发展的源头,使后来西方思想史的演进,几乎都可看作是对它的解释与演绎,"西方哲学史都是对柏拉图思想的演绎"的极端说法,却也说出了部分的真实。

其四,强调内在理路,并不意味着对学派出现的外部条件重要性的否定;恰恰相反,外部条件有时对于学派的出现是至关重要的。政治的开明、社会经济的发展、科学技术的进步、交通的发达、移民的汇聚等,都是促成学派产生的重要因素。名震一时的扬州学派,就直接得益于富甲一方的扬州经济与悠久而发达的文化传统。纵观中国学派出现最多的明清时期,无论是程朱理学、陆王心学,还是清代的吴学、皖学、扬州学派、浙东学派,无一例外都是地处江南(尤其是江浙地区)经济、文化、交通异常发达之地,这构成了学术流派得以出现的外部环境。

学派有大小之分,一些大学派又分为许多派别。学派影响越大分支也就越多,使得派中有派,形成一个学派内部、学派之间相互切磋与抗衡的学术群落,这可以说是纷纭繁复的学派现象的一个基本特点。尽管学派有大小之分,但在人类文明进程中发挥的作用却各不相同,既有积极作用,也有消极作用。例如,法国百科全书派破除中世纪以来的宗教迷信和教会黑暗势力的统治,成为启蒙主义的前沿阵地与坚强堡垒;罗马俱乐部提出的"增长的极限""零增长"等理论,对后来的可持续发展、协调发展、绿色发展等理论与实践,以及联合国通过的一些决议,都产生了积极影响;而德国人文地理学家弗里德里希·拉采尔所创立的人类地理学理论,宣称国家为了生存必须不断扩充地域、争夺生存空间,后来为法西斯主义所利用,起了相当大的消极作用。

学派的出现与繁荣,预示着一个国家进入思想活跃的文化大发展时期。被司马迁盛赞为"盛处士之游,壮学者之居"的稷下学宫,之所以能成为著名的稷下学派之诞生地、战国时期百家争鸣的主要场所与最负盛名的文化中心,重要原因就是众多学术流派都活跃在稷门之下,各自的理论背景和学术主张尽管各有不同,却相映成趣,从而造就了稷下学派思想多元化的格局。这种"百氏争鸣、九流并列、各尊所闻、各行所知"的包容、宽松、自由的学术气氛，不仅推动了社会文化的进步，而且也引发了后世学者争论不休的话题，中国古代思想在这里得到了极大发展，迎来了中国思想文化史上的黄金时代。而从秦朝的"焚书坑儒"到汉代的"独尊儒术"，百家争鸣局面便不复存在，国家文化发展也必将受到极大的制约与影响。

深圳的追求

改革开放40多年来，面对百年未有之大变局的历史背景下，随着中国经济的高速发展以及在国际上的和平崛起，中华民族伟大复兴的中国梦正在实现。文化是立国之根本，伟大的复兴需要伟大的文化。树立高度的文化自觉，促进文化大发展大繁荣，加快建设文化强国，中华文化的伟大复兴梦想正在逐步实现。可以预期的是，中国的学术文化走向进一步繁荣的过程中，将逐步构建起中国特色哲学社会科学学科体系、学术体系和话语体系，在世界舞台上展现"学术中的中国"。

从20世纪70年代末真理标准问题的大讨论，到人生观、文化观的大讨论，再到90年代以来的人文精神大讨论，以及近年来各种思潮的争论，凡此种种新思想、新文化，已然展现出这个时代在百家争鸣中的思想解放历程。在与日俱新的文化转型中，探索与矫正的交替进行和反复推进，使学风日盛、文化昌明，在很多学科领域都出现了彼此论争和公开对话，促成着各有特色的学术阵营的形成与发展。

一个文化强国的崛起离不开学术文化建设，一座高品位文化城市的打造同样也离不开学术文化发展。学术文化是一座城市最内在的精神生活，是城市智慧的积淀，是城市理性发展的向导，是文化创造力的基础和源泉。学术是不是昌明和发达，决定了城市的定位、影响力和辐射力，甚至决定了城市的发展走向和后劲。城市因文化而有内涵，文化因学术而有品位，学术文化已成为现代城市智慧、思想和精神高度的标志和"灯塔"。

凡工商发达之处，必文化兴盛之地。深圳作为中国改革开放的"窗口"和"排头兵"，是一个商业极为发达、市场化程度很高的城市，移民社会特征突出、创新包容氛围浓厚、民主平等思想活跃、信息交流的"桥头堡"地位明显，形成了开放多元、兼容并蓄、创新创意、现代时尚的城市文化特征，具备形成学派的社会条件。在创造工业化、城镇化、现代化发展奇迹的同时，深圳也创造了文化跨越式发展的奇迹。文化的发展既引领着深圳的改革开放和现代化进程，激励着特区建设者艰苦创业，也丰富了广大市民的生活，提升了城市品位。

如果说之前的城市文化还处于自发性的积累期，那么进入新世纪以来，深圳文化发展则日益进入文化自觉的新阶段：创新文化发展理念，实施"文化立市"战略，推动"文化强市"建设，提升文化软实力，争当全国文化改革发展"领头羊"。自2003年以来，深圳文化发展亮点纷呈、硕果累累：荣获联合国教科文组织"设计之都""全球全民阅读典范城市"称号，被国际知识界评为"杰出的发展中的知识城市"，连续多次荣获"全国文明城市"称号，屡次被评为"全国文化体制改革先进地区"，"深圳十大观念""新时代深圳精神"影响全国，《走向复兴》《我们的信念》《中国之梦》《永远的小平》《迎风飘扬的旗》《命运》等精品走向全国，深圳读书月、市民文化大讲堂、关爱行动、创意十二月、文化惠民等品牌引导市民追求真善美，图书馆之城、钢琴之城、设计之都等"两城一都"高品位文化城市正成为现实。

城市的最终意义在于文化。在特区发展中，"文化"的地位正发生着巨大而悄然的变化。这种变化不仅在于大批文化设施的兴建、各类文化活动的开展与文化消费市场的繁荣，还在于整个城市文化地理和文化态度的改变，城市发展思路由"经济深圳"向"文化深圳"转变。这一切都源于文化自觉意识的逐渐苏醒与复活。文化自觉意味着文化上的成熟，未来深圳的发展，将因文化自觉意识的强化而获得新的发展路径与可能。

与国内外一些城市比起来，历史文化底蕴不够深厚、文化生态不够完善等仍是深圳文化发展中的弱点，特别是学术文化的滞后。近年来，深圳在学术文化上的反思与追求，从另一个层面构成了文化自觉的逻辑起点与外在表征。显然，文化自觉是学术反思的扩展与深化，从学术反思到文化自觉，再到文化自信、自强，无疑是文化主体意识不断深化乃至确立的过程。大到一个国家和小到一座城市的文化发展皆是如此。

从世界范围看，伦敦、巴黎、纽约等先进城市不仅云集大师级的学术人才，而且有活跃的学术机构、富有影响的学术成果和浓烈的学术氛围，正是学术文化的繁盛才使它们成为世界性文化中心。可以说，学术文化发达与否，是国际化城市不可或缺的指标，并将最终决定一个城市在全球化浪潮中的文化地位。城市发展必须在学术文化层面有所积累和突破，否则就缺少根基，缺少理念层面的影响，缺少自我反省的能力，就不会有强大的辐射力，即使有一定的辐射力，其影响也只是停留于表面。强大而繁荣的学术文化，将最终确立一种文化类型的主导地位和城市的文化声誉。

深圳正在抢抓粤港澳大湾区和先行示范区"双区"驱动，经济特区和先行示范区"双区"叠加的历史机遇，努力塑造社会主义文化繁荣兴盛的现代城市文明。近年来，深圳在实施"文化立市"战略、建设"文化强市"过程中鲜明提出：大力倡导和建设创新型、智慧型、包容型城市主流文化，并将其作为城市精神的主轴以及未来文化发展的明确导向和基本定位。其中，智慧型城市文化就是以追求知识和理性为旨归，人文气息浓郁，学术文化繁荣，智慧产出能力较强，学习型、知识型城市建设成效卓著。深圳要大力弘扬粤港澳大湾区人文精神，建设区域文化中心城市和彰显国家文化软实力的现代文明之城，建成有国际影响力的智慧之城，学术文化建设是其最坚硬的内核。

经过40多年的积累，深圳学术文化建设初具气象，一批重要学科确立，大批学术成果问世，众多学科带头人涌现。在中国特色社会主义理论、先行示范区和经济特区研究、粤港澳大湾区、文化发展、城镇化等研究领域产生了一定影响；学术文化氛围已然形成，在国内较早创办以城市命名的"深圳学术年会"，举办了"世界知识城市峰会"等一系列理论研讨会。尤其是《深圳十大观念》等著作的出版，更是对城市人文精神的高度总结和提升，彰显和深化了深圳学术文化和理论创新的价值意义。这些创新成果为坚定文化自信贡献了学术力量。

而"深圳学派"的鲜明提出，更是寄托了深圳学人的学术理想和学术追求。1996年最早提出"深圳学派"的构想；2010年《深圳市委市政府关于全面提升文化软实力的意见》将"推动'深圳学派'建设"载入官方文件；2012年《关于深入实施文化立市战略建设文化强市的决定》明确提出"积极打造'深圳学派'"；2013年出台实施《"深圳学派"建设推进方案》。一个开风气之先、引领思想潮流的"深圳学派"正在酝酿、构建之中，学术文化的春天正向这座城市走来。

"深圳学派"概念的提出，是中华文化伟大复兴和深圳高质量发展的重要组成部分。树起这面旗帜，目的是激励深圳学人为自己的学术梦想而努力，昭示这座城市尊重学人、尊重学术创作的成果、尊重所有的文化创意。这是深圳40多年发展文化自觉和文化自信的表现，更是深圳文化流动的结果。因为只有各种文化充分流动碰撞，形成争鸣局面，才能形成丰富的思想土壤，为"深圳学派"形成创造条件。

深圳学派的宗旨

构建"深圳学派"，表明深圳不甘于成为一般性城市，也不甘于仅在世俗文化层面上做点影响，而是要面向未来中华文明复兴的伟大理想，提升对中国文化转型的理论阐释能力。"深圳学派"从名称上看，是地域性的，体现城市个性和地缘特征；从内涵上看，是问题性的，反映深圳在前沿探索中遇到的主要问题；从来源上看，"深圳学派"没有明确的师承关系，易形成兼容并蓄、开放择优的学术风格。因而，"深圳学派"建设的宗旨是"全球视野，民族立场，时代精神，深圳表达"。它浓缩了深圳学术文化建设的时空定位，反映了对学界自身经纬坐标的全面审视和深入理解，体现了城市学术文化建设的总体要求和基本特色。

一是"全球视野"：反映了文化流动、文化选择的内在要求，体现了深圳学术文化的开放、流动、包容特色。它强调要树立世界眼光，尊重学术文化发展内在规律，贯彻学术文化转型、流动与选择辩证统一的内在要求，坚持"走出去"与"请进来"相结合，推动深圳与国内外先进学术文化不断交流、碰撞、融合，保持旺盛活力，构建开放、包容、创新的深圳学术文化。

文化的生命力在于流动，任何兴旺发达的城市和地区一定是流动文化最活跃、最激烈碰撞的地区，而没有流动文化或流动文化很少光顾的地区，一定是落后的地区。文化的流动不断催生着文化的分解和融合，推动着文化新旧形式的转换。在文化探索过程中，唯一需要坚持的就是敞开眼界、兼容并蓄、海纳百川，尊重不同文化的存在和发展，推动多元文化的融合发展。中国近现代史的经验反复证明，闭关锁国的文化是窒息的文化，对外开放的文化才是充满生机活力的文化。学术文化也是如此，只有体现"全球视野"，才能融入全球思想和话语体系。因此，"深圳学派"的研究对象不是局限于一国、一城、一地，而是在全球化背景下，密切关注国际学术前沿问题，并把中国尤其是深圳的改革发展置于人类社会变革和文化变迁的大背景下加以研究，具有宽广的国际视野和鲜明的民族特色，体现开放性甚至是国际化特色，融合跨学科的交叉和开放，提高深圳改革创新思想的国际影响力，向世界传播中国思想。

二是"民族立场"：反映了深圳学术文化的代表性，体现了深圳在国家战略中的重要地位。它强调要从国家和民族未来发展的战略出发，树立深圳维护国家和民族文化主权的高度责任感、使命感、紧迫感。加快发展和繁荣学术文化，融通马克思主义、中华优秀传统文化和国外学术文化资源，尽快使深圳在学术文化领域跻身全球先进城市行列，早日占领学术文化制高点。推动国家民族文化昌盛，助力中华民族早日实现伟大复兴。

任何一个大国的崛起，不仅伴随经济的强盛，而且还伴随文化的昌盛。文化昌盛的一个核心就是学术思想的精彩绽放。学术的制高点，是民族尊严的标杆，是国家文化主权的脊梁骨；只有占领学术制高点，才能有效抵抗文化霸权。当前，中国的和平崛起已经成为世界的最热门话题之一，中国已经成为世界第二大经济体，发展速度为世界刮目相看。但我们必须清醒地看到，在学术上，我们还远未进入世界前列，特别是还没有实现与第二大经济体相称的世界文化强国的地位。这样的学术境地不禁使我们扪心自问,如果思想学术得不到世界仰慕,中华民族何以实现伟大复兴？在这个意义上,深圳和全国其他地方一样,学术都是短板,理论研究不能很好地解读实践、总结经验。而深圳作为"全国改革开放的一面旗帜",肩负着为国家、为民族文化发展探路的光荣使命,尤感责任重大。深圳这块沃土孕育了许多前沿、新生事物,为学术研究提供了丰富的现实素材,但是学派的学术立场不能仅限于一隅,而应站在全国、全民族的高度,探索新理论解读这些新实践、新经验,为繁荣中国学术、发展中国理论贡献深圳篇章。

三是"时代精神":反映了深圳学术文化的基本品格,体现了深圳学术发展的主要优势。它强调要发扬深圳一贯的"敢为天下先"的精神,突出创新性,强化学术攻关意识,按照解放思想、实事求是、求真务实、开拓创新的总要求,着眼人类发展重大前沿问题,聚焦新时代新发展阶段的重大理论和实践问题,特别是重大战略问题、复杂问题、疑难问题,着力创造学术文化新成果,以新思想、新观点、新理论、新方法、新体系引领时代学术文化思潮,打造具有深圳风格的理论学派。

党的十八大提出了完整的社会主义核心价值观,这是当今中国时代精神的最权威、最凝练表达,是中华民族走向复兴的兴国之魂,是中国梦的核心和鲜明底色,也应该成为"深圳学派"进行研究和探索的价值准则和奋斗方向。其所熔铸的中华民族生生不息的家国情怀,无数仁人志士为之奋斗的伟大目标和每个中国人对幸福生活的向往,是"深圳学派"的思想之源和动力之源。

创新,是时代精神的集中表现,也是深圳这座先锋城市的第一标志。深圳的文化创新包含了观念创新,利用移民城市的优势,激发思想的力量,产生了一批引领时代发展的深圳观念；手段创新,通过技术手段创新文化发展模式,形成了"文化+科技""文化+金融""文化+旅游""文化+创意"等新型文化业态；内容创新,以"内容为王"提升文化产品和服务的价值,诞生了华强文化科技、腾讯、华侨城等一大批具有强大生命力的文化企业,形成了文博会、读书月等一大批文化品牌；制度创新,充分发挥市场的作用，不断创新体制机制，激发全社会的文化创造活力，从根本上提升城市文化的竞争力。"深圳学派"建设也应体现出强烈的时代精神，在学术课题、学术群体、学术资源、学术机制、学术环境方面迸发出崇尚创新、提倡包容、敢于担当的活力。"深圳学派"需要阐述和回答的是中国改革发展的现实问题，要为改革开放的伟大实践立论、立言，对时代发展作出富有特色的理论阐述。它以弘扬和表达时代精神为己任，以理论创新、知识创新、方法创新为基本追求，有着明确的文化理念和价值追求，不局限于某一学科领域的考据和论证，而要充分发挥深圳创新文化的客观优势，多视角、多维度、全方位地研究改革发展中的现实问题。

四是"深圳表达"：反映了深圳学术文化的个性和原创性，体现了深圳使命的文化担当。它强调关注现实需要和问题，立足深圳实际，着眼思想解放、提倡学术争鸣，注重学术个性、鼓励学术原创，在坚持马克思主义的指导下，敢于并善于用深圳视角研究重大前沿问题，用深圳话语表达原创性学术思想，用深圳体系发表个性化学术理论，构建具有深圳风格和气派的话语体系，形成具有创造性、开放性和发展活力的理论。

称为"学派"就必然有自己的个性、原创性，成一家之言，勇于创新、大胆超越，切忌人云亦云、没有反响。一般来说，学派的诞生都伴随着论争，在论争中学派的观点才能凸显出来，才能划出自己的阵营和边际，形成独此一家、与众不同的影响。"深圳学派"依托的是改革开放前沿，有着得天独厚的文化环境和文化氛围，因此不是一般地标新立异，也不会跟在别人后面，重复别人的研究课题和学术话语，而是要以改革创新实践中的现实问题研究作为理论创新的立足点，作出特色鲜明的理论表述，发出与众不同的声音，充分展现深圳学者的理论勇气和思想活力。当然，"深圳学派"要把深圳的物质文明、精神文明和制度文明作为重要的研究对象，但不等于言必深圳，只囿于深圳的格局。"深圳学派"应以开放心态面对所有学人，严谨执着，放胆争鸣，穷通真理。

狭义的"深圳学派"属于学术派别，当然要以学术研究为重要内容；而广义的"深圳学派"可看成"文化派别"，体现深圳作为改革开放前沿阵地的地域文化特色,因此除了学术研究,还包含文学、美术、音乐、设计创意等各种流派。从这个意义上说,"深圳学派"尊重所有的学术创作成果,尊重所有的文化创意,不仅是哲学社会科学,还包括自然科学、文学艺术等,应涵盖多种学科,形成丰富的学派学科体系,用学术续写更多"春天的故事"。

"寄言燕雀莫相唣,自有云霄万里高。"学术文化是文化的核心,决定着文化的质量、厚度和发言权。我们坚信,在建设文化强国、实现文化复兴的进程中,植根于中华文明深厚沃土、立足于特区改革开放伟大实践、融汇于时代潮流的"深圳学派",一定能早日结出硕果,绽放出盎然生机!

2016 年 3 月初稿
2021 年 6 月修订

序　破解资源诅咒的理论探索

过去几个世纪里，许多国家都在探寻能够实现经济起飞的发展道路，而一部分国家则是在寻找能够带来经济持续增长的道路。

不是所有的努力都富有成效，也不是所有的尝试都获得了成功，能够证明的客观事实到处都是。如果按世界银行标准，2018年人均国民总收入低于995美元的为低收入国家，996—3895美元的为中等偏下收入国家，3896—12055美元的为中等偏上收入国家，高于12055美元的为高收入国家。那么，在218个经济体中，高收入国家有81个，中等偏上收入国家有56个，中等偏下收入国家有47个，低收入国家有34个。[①] 也就是说，从2018年的绝对收入水平来看，依然有34个国家的国民收入低于995美元，47个国家的国民收入水平在3895美元以下。这些低收入国家主要出现在资源丰富的非洲大陆，2006年非洲探明的原油总储量为156.2亿吨，被誉为"第二个海湾地区"，是近几年世界上原油储量和石油产量增长最快的地区，利比亚、尼日利亚、阿尔及利亚、安哥拉和苏丹排名非洲原油储量前五位。尼日利亚是非洲地区第一大产油国，目前，尼日利亚与利比亚、阿尔及利亚、安哥拉和埃及等四国一起，其石油产量占非洲总产量的85%。这些经济体虽然有着丰裕的资源条件，但它们的经济没能够实现起飞，国民生活处于困难境地，得到改善的曙光一直没有出现。

相比之下，另外一些国家要幸运一些，一段时间里的经济增长带来国民收入水平大幅度提升。在这些国家的发展历史上，先后有

---

① 世界银行数据库（https://data.worldbank.org.cn/）。

过一个黄金增长期使得它们摆脱了经济发展长期落后的窘境，成为世界上的中等收入国家，其中印度、巴基斯坦、越南、菲律宾等国家在中等收入国家里发展水平处于较低之列，为中低收入国家；而另外一部分国家则处于中等发展水平国家群体中的更高收入水平，比如巴西 2007 年人均 GDP 已经超过 7000 美元，墨西哥 2005 年人均 GDP 超 8000 美元[①]。

中等收入国家队伍里，资源禀赋强大的国家众多。如俄罗斯其资源总价值为 75.7 万亿美元，是世界上资源最丰富的国家，它拥有世界上最大储量的矿产和能源资源，包括煤、黄金、木材、钻石、稀土、铁等。俄罗斯还是世界上最大的天然气生产国，拥有世界上最多的钻石储备、森林储备，还是第二大稀土储量国。另一个被广泛列举的资源国家是巴西，其资源总价值约为 21.8 万亿美元，拥有丰富的黄金、铁矿石、铀储量与木材储备，其资源价值位列世界第 7 位。这些中等收入国家在从经济起飞到经济发达的全程中仅仅收获了一半的幸运，因为它们在增长的第一阶段基础上至今仍然没有出现继续前行的景象，相反，大多数的中等收入国家都止步于这一阶段，有的长期停滞，而有的甚至倒退。2016 年巴西人均 GDP 为 8680.7 美元，相比 2007 年增加甚微，如果算上通货膨胀，2007 年 7323.2 美元的购买能力比十年后 8680.7 美元反而更强。墨西哥 2010 年人均 GDP 达到了 9400 美元，十年后是 10145.2 美元，但十年来居民生活质量不增反降。更有甚者，俄罗斯 2014 年 GDP 增速 0.7%，通货膨胀率为 7.8%；到了 2015 年 GDP 增速 -2%，通货膨胀率高达 15% 以上[②]。

当然，也有不同的情形出现，资源非常富足的发达国家在这个世界上强大地存在着，美国是众所周知的，澳大利亚和新西兰也不例外。就澳大利亚来说，其拥有十分丰富的自然资源，是国际市场上主要的矿产和农产品出口国，因为拥有的资源禀赋条件而被誉为坐在矿车上的国家、骑在羊背上的国家。其经济起飞与增长均紧紧地立足资源条件，成就了发达的采矿业与农牧业。澳大利亚 2017

---

① 世界银行数据库（https://data.worldbank.org.cn/）。
② 世界银行数据库（https://data.worldbank.org.cn/）。

年人均 GDP 为 53934.2 美元，居世界第 12 位。①

有意思的是，一些资源十分匮乏的国家却能顺利地走完从起飞到中等发达再到发达社会的三个发展阶段。爱尔兰就是这样一个典型案例。数十年前爱尔兰还是一个自然资源匮乏的农牧业经济体，被称为失业率高、经济落后的欧洲西海岸岛国。1975 年爱尔兰人均 GDP 只有 2973.4 美元，到了 20 世纪 80 年代，爱尔兰寻到了一条合适的发展道路，实施了一系列有效的经济发展政策，主张以技术创新作为推动经济增长的有利因素，创造了软件和生物技术等高科技产业的爱尔兰奇迹。爱尔兰通过实施贸易自由化、创办工业园区吸引外资和工业化三大策略，很快摆脱落后的农牧经济形态，进入中等收入经济体队列，其后，产业发展转向电子、医药、软件、生物等，由技术产业向知识经济过渡，实现在中等发达基础上的持续增长，顺利实现了在中等收入水平阶段的不停顿式增长，使整个爱尔兰经济顺利到达发达阶段。1985 年人均 GDP 为 6011.7 美元，1990 年达到 14031.3 美元，实现对"中等收入陷阱"的成功跨越。1997—2001 年，爱尔兰年均经济增长率达到 9%，在 1984 年至 2007 年间保持了二十几年的长期增长势头。1970—2008 年爱尔兰人均国民收入实际增长了 5 倍多，2009 年人均 GDP 达到 52133.1 美元，目前爱尔兰的人均 GDP 已经在 104038.9 美元水平上。②

以上所述只是世界经济发展历史上部分较为典型的国家例证，在百年发展史上，这样相同或者相似的历史表象还有很多。这些现象看起来各有特点，相当纷乱，似乎得不出什么确定的结论，例如，经济起飞更容易发生在资源丰富的国家还是资源稀缺的地区？如果是在资源稀缺的国家，那么起飞过程的发生是靠什么物质支撑呢？原来落后状态下的产业发展突破又是怎样离开资源禀赋这个条件的？如果撇开利用自己拥有的物质资源而依靠利用外来的经济要素，那么，比较优势理论的解释力和经济发展的成本原理都难以立世。

---

① 世界银行数据库（https://data.worldbank.org.cn/）。
② 世界银行数据库（https://data.worldbank.org.cn/）。

著名的"资源诅咒"论出自资源与经济增长历史事实的观察和实证分析，经济学家通过选取95个发展中国家作为样本，测算自1970年至1989年这些国家GDP的年增长率，结果发现仅有两个资源丰裕型国家的经济年增长速度超过2%。回归检验表明，自然资源禀赋与经济增长之间有着显著的负相关关系，资源型产品（农产品、矿产品和燃料）的出口占相应经济体GNP的比重每提高16%，经济增长速度就将下降1%。即使将更多的解释变量纳入回归方程，比如制度安排、区域效果、价格波动性等，负相关性依然存在，由此提出了"资源诅咒"的概念，意为丰裕的资源对于一些国家的经济增长而言并不是充分有利条件，反而是一种制约。

至于原因，曾有过这样的解释：首先，单一的资源型产业结构容易使资源丰裕地区患上"荷兰病"，资源部门的扩张和制造业的萎缩降低资源配置的整体效率；其次，资源型产业扩张导致人力资本积累不足，难以支撑持续高速度的经济增长；再次，在产权制度不清晰、法律制度不完善、市场规则不健全的情况下，丰裕的自然资源还会诱使资源使用过程中的"机会主义"行为和"寻租"活动的产生，这会造成大量的资源浪费和掠夺性开采；最后，资源的开发加大了生态环境的压力，对资源的过度开采导致经济的发展不可持续；等等。

令人遗憾的是，无论对"资源诅咒"的解释做怎样的理解，根据世界上的种种表现，无论如何都得不到一个确定的结论，换言之，得不出资源与经济增长间的因果关系，资源不是经济增长或不增长的充分条件。那么在资源与经济增长二者之间，一定存在着一些重要因素，正是这些因素使得资源成为经济起飞的动力，抑或这些因素的存在使得资源成了经济增长的"障碍"。由此，研究这些因素及其作用机制显然要比仅仅停留在"资源诅咒"现象的分析上重要很多，我认为这是"资源诅咒"问题上经济学者们的第一份责任！

令人遗憾的还有，对于资源丰裕与经济长期增长之间的必然联系，同样没有有说服力的证据证明资源禀赋与一个国家迈向发达水平的半途中出现经济停滞之间存在必然联系，即资源丰裕经济体是否一定会落入"中等收入陷阱",因为客观上存在着资源条件非常优越但是其经济增长并没有出现停滞的足够多的例证。

以上说明在资源与经济可持续增长二者之间,同样存在着重要的必然原因。我认为,原因就是一个经济体的发展路径及其转换。在我们探索并回答资源条件与经济可持续增长的关系时,研究一个国家的发展路径与路径转换显得更加重要,这是"资源诅咒"问题上经济学者们的另外一个责任。

关于经济发展路径,已经有了很多的讨论,但是直至今天,依然没有能够产生一个清晰而广为接受的界定。在我看来,经济发展路径可以这样理解,它是一个国家或者地区运用自身综合资源条件形成经济发展动力,以达到其特定发展目标的模式。

20世纪80年代,东南亚国家的经济增长表现出了良好的势头,不论是菲律宾、印度尼西亚、马来西亚还是泰国,都出现了令人兴奋的发展景象,在丰富资源的支撑下增长速度持续提升,走上了基于资源工业化的财富创造道路。根据彼时的发展态势,如果不得出这些欣欣向荣的国家将会在一段时间后摆脱贫困进入富足社会的估计与判断,定会令人觉得十分奇怪!但事与愿违,40年之后它们的发展并未全部达到世人的发展目标预期,国家之间大相径庭的表现在多年前就已经出现。在我看来,原因在于这些国家间的路径有效性问题与路径转换的成败。

关于经济发展路径的产生和路径变迁问题,学者们得出过有意义的结论与主张。对其清晰的认知可以表述为,一个国家里,经济发展路径有生成阶段和变迁阶段,在路径生成阶段,经济体的外生偶然因素促使路径的产生,然后出现路径的自我强化机制,在没有外生因素的冲击条件下,这个经济体的发展将在一段时间里沿着这条路径往前行进,这就是所谓的路径"锁定"现象,亦可以表述为"路径依赖"。在这种情形之下,一个好的状况是,在这条发展路径上呈现暂时稳定状态,但是建立一段时间后会产生内生力量以打破这种稳定状态,这样,一个国家的经济发展路径的创新过程就产生了。

那么,对于一个特定的国家而言,这条路径究竟是什么?特别是，这是不是一条有效的路径？这些问题引起过学界非常多的争论。如果路径产生或者路径创造的结果是低效甚至无效的，经济起飞将遇到困难，甚至不可能实现起飞，这是世界上很多国家依然落后的原因，路径选择的失败导致经济增长的失败。类似地，在经济增长一定时间之后，路径变迁或者路径转换不能出现问题，如果路径转换过程不发生或者过于缓慢，将引起路径依赖现象出现，经济增长的可持续能力难以产生，使得国家经济增长出现动力缺失，这就是陷入"中等收入陷阱"的一个根本原因。

资源丰裕的澳大利亚是发展路径形成和路径转换非常顺利的一个典型例证：基于自然资源起步的畜牧业是澳大利亚经济的基石，已有研究清晰地表明，澳大利亚在经过200多年的发展后实现畜牧业现代化、系统化和可持续发展，其间经过了品种选育、良种引繁、检疫监测、疫病防治、牧业机械的技术进步努力，使得这个传统产业的劳动生产率获得了提升的动力。2015年的数据是，澳大利亚的劳动生产率为11.3万美元/人，远高于中国（1.4万美元/人）、韩国（5.3万美元/人）和日本（6.7万美元/人），与美国（11.9万美元/人）水平相当。①

更引人入胜的是，随着资源投资景气值出现回落，澳大利亚已经为经济发展路径变轨做好了充足的准备，通过大量的社会创新活动积累经济持续增长的驱动力量，通过实施国家创新战略计划和高等教育人才资本创造两个主体策略为国家发展路径的变轨提供科技来源，进而完成了经济增长从资源驱动到创新驱动的成功切换，资源诅咒不复存在。发达的高等教育为科技创新提供了充足的人才储备和丰硕的知识创新成果积累，2015年澳大利亚全社会研发经费投入为234亿美元，其中高等学校研发经费占比为30%左右，这一比重在发达国家中居于前列。②

在澳大利亚的经济增长案例中我注意到，政府的引导行为和时机选择非常重要。政府在克服资源丰裕条件下容易出现的路径转换

---

① 世界银行数据库（https://data.worldbank.org.cn/）。
② 孙云杰、玄兆辉：《澳大利亚创新能力、创新战略及对中国的启示》，《全球科技经济瞭望》2019年第3期。

竞争性失灵中发挥了关键作用,当资源对增长的支撑力出现减弱时,澳大利亚政府通过创新战略引导经济和社会持续发展,不失时机地研判得出,要维持现有经济和社会发展水平,需要寻找新的增长动力,大力鼓励提高生产率,引导具有高盈利能力、强竞争力的知识密集型企业成长,为新的增长创造机会。至今澳大利亚政府的创新战略还在强化,其制定了2030年建成顶尖创新型国家的战略目标,将创新提升为促进国家繁荣的重要手段,引领这个国家的全面创新发展。

至此,我的讨论没有涉及一国经济发展路径的产生机制。实际上,在路径形成过程当中,应该相信自下而上的路径选择效率,所以在实践过程中如果政府通过资金、种种政策的大力扶持强力地干预路径形成过程,可能使市场机制下的路径产生过程的有关信息出现失真,最终的结果是一条低效率的路径出现了。一句通俗的表达富有深意:让市场走在前面,政府的基本作用就是辅助市场、制定规则、为市场消除障碍。这实际上就是要政府站在市场或者企业的"背后",这也是经济发展路径产生机制的建立过程中的应有精神,否则,一个国家经济发展路径的产生必将是一个充满坎坷的过程。

刘畅博士的著作《资源丰裕条件下的经济增长与创新纠偏——实践证据与理论分析》正是关于我这里所讨论的问题的一部学术成果。这部著作得出了诸多有趣的结论,如在长期发展中,过分地依赖资源产业会使其陷入资源"陷阱"中,这主要是因为资源密集型产业的"独大"发展,会对制造业、人力资本积累、良好的制度及投资造成严重的"挤出"。资源产业对制造业的"挤出"主要表现为资源产业的繁荣使得相关企业工资水平上升、福利待遇提高,从而挤压了制造业的发展空间,甚至引发罢工。同时,资源密集型产品及原材料的大量出口,使得国际资本市场上本币需求增加。与本币升值相伴的则是制造业出口品价格的上升,致使制造业严重萎缩,引发"荷兰病"。资源产业对人力资本的"挤出"主要表现为资源型产业通常是资源及资本密集型产业,对劳动者的技术水平及文化程度要求较低,致使资源型企业R&D程度、个人接受教育及再培训的意愿都较低。资源丰裕对良好的制度的"挤出"主要表现为丰裕的自然资源可以带来大量的资源租金，诱发各社会集团贪婪的寻租行为，致使腐败滋生、制度弱化，掌控尖端资源的政治精英们为了个人利益会反对工业化及现代化的发展，进而严重阻碍经济增长。除了以上这些结论外，她的这部著作还认为，资源丰裕对投资的"挤出"是当一国的经济发展严重依赖于资源产业时，丰裕的资源会对资源价格的变化非常敏感，致使投资风险加大，进而难以产生一个国家对投资者的吸引力。

《资源丰裕条件下的经济增长与创新纠偏——实践证据与理论分析》以世界上100多个经济体的历史与现实为对象，研究经济增长与资源丰裕之间的关系，虽然所选择的这些国家或者地区拥有不同的资源丰裕条件，但是在其经济发展的进程中都有着自己独特的经济增长故事，有的成为走出资源诅咒的典范，有的在发展的中期依然经历着"发展的烦恼"，而有的还处于"朝不保夕"的贫困境地。不论如何，这些经济体有过抑或正在努力地书写各自的精彩故事！它们的实践为资源诅咒的研究提供了非常有价值的数据与启示。

本书没有仅仅停留在对资源诅咒问题的讨论上，其着笔重点在于研究资源丰裕经济体怎样才能实现经济持续增长，即资源丰裕条件下当经济增长走上了"资源依赖"发展路径时如何产生路径转换，走上新的发展之路，避免落入路径依赖困境。本质上研究了资源丰裕条件下如何实现经济可持续增长，也就是资源与经济可持续增长的关系，这一成果将资源诅咒问题的探讨引到了一个新的领域。

对于怎样克服增长的资源依赖，本书通过分析资源丰裕国家增长历程中出现的创新扭曲及其纠偏，研究资源丰裕条件下创新的市场失灵，本质上是研究资源丰裕条件下创新过程的政府行为，这是本书的独到之处。

秉持实证主义的方法论，以对数量众多的国家进行考察的宽阔视野，选择并总结典型国家的历史实践，再具体地提炼出"着地"的路径与路径背后的策略，将通常较为"空泛感"的理论研究成果的政策启示挖掘了出来，其实践价值跃然纸上。

最后，还需要强调的是，在资源与增长关系领域还有诸多的问题有待回答，毫无疑问，我们不能停留在多年前经济学家提出的"资源诅咒"表象的讨论上而是需要进一步地证实或证伪，研究影响资源与增长关系的内在原因，比如文化、制度等，这是学界期待的下一步成果。

袁易明
2023 年 3 月 7 日

目　录

导　论 …………………………………………………………（1）

第一章　资源与经济增长的困惑 ……………………………（4）
　　第一节　资源与经济增长的关系 …………………………（4）
　　第二节　资源对经济增长的影响 …………………………（9）

第二章　资源丰裕条件下经济增长理论的演进 ……………（23）
　　第一节　资源丰裕条件下的经济增长理论 ………………（24）
　　第二节　资源丰裕条件下经济增长模式比较 ……………（28）
　　第三节　对资源丰裕条件下的经济增长反思 ……………（35）
　　第四节　资源丰裕条件下经济增长的理论深化 …………（42）

第三章　资源丰裕条件与经济增长的现实证据 ……………（47）
　　第一节　经济增长中的制度条件 …………………………（48）
　　第二节　落后国家起飞困境：加纳、尼日利亚、赞比亚 …（50）
　　第三节　拉美经济资源诅咒：巴西、阿根廷、委内瑞拉 …（60）
　　第四节　西方国家创新摆脱：美国、加拿大、澳大利亚 …（74）

第四章　资源丰裕条件下经济增长有效性的实证检验 ……（99）
　　第一节　增长有效性的实证检验：松弛变量模型 ………（101）
　　第二节　两种经济增长模式的有效性比较 ………………（106）

第五章 资源丰裕条件下的创新路径与比较 (112)
- 第一节 北欧国家创新体系建设 (113)
- 第二节 俄罗斯创新历史溯源与发展事实 (125)
- 第三节 典型国家创新发展成就比较 (135)

第六章 资源丰裕条件下的创新机制异化 (141)
- 第一节 资源丰裕条件下的创新发生：发生时点与前期准备 (141)
- 第二节 资源丰裕条件下的创新动力机制：政府行为选择 (150)
- 第三节 资源丰裕条件下创新驱动发展的实现机制 (156)

第七章 中国资源型城市的经济发展 (172)
- 第一节 资源型城市的增长轨迹与发展现状 (173)
- 第二节 资源型城市增长的驱动因素 (185)
- 第三节 资源型城市的发展路径 (193)

第八章 中国资源型城市的发展困境与转型抉择 (202)
- 第一节 资源型城市面临的共性问题 (202)
- 第二节 沉淀成本与资源型城市转型困境 (204)
- 第三节 资源型城市转型发展的实践——山西案例 (208)
- 第四节 创新式转型：走出困境的根本路径 (215)

第九章 中国资源型城市转型的策略选择 (219)
- 第一节 转型路径选择的核心要义 (219)
- 第二节 克服沉淀成本约束的短期政策选择 (221)
- 第三节 资源型城市转型政策着力点 (223)
- 第四节 创新转型与产业升级策略 (227)

结论：资源丰裕条件下的发展路径纠偏 …………（231）

参考文献 ………………………………………………（240）

后　记 …………………………………………………（246）

导　　论

经济学家通过对 95 个发展中国家的研究发现，自然资源禀赋与经济增长之间有着显著的负相关关系，当资源型产品（农产品、矿产品和燃料）的出口占 GNP（国民生产总值）比重每提高 16%，经济增长速度就将下降 1%。这表明丰裕资源对于经济增长而言并不是充分有利条件，而是一种制约。本书基于资源诅咒的事实研究资源丰裕经济体的增长与创新，即资源丰裕条件下，当经济增长产生"资源依赖"路径时，如何才能实现路径转换，走上新的发展之路。本质上是探讨资源丰裕条件下如何实现经济可持续增长，也就是资源与经济可持续增长的关系。按照威廉姆森制度层次与演化分析理论，政治制度与经济制度作为基本制度，其演变需要较长的时间周期。本专著的研究对象国家，在分析时期内没有发生显著的政治制度、经济制度变迁。因此在政治制度与经济制度给定条件下分析丰裕的自然资源对于经济增长与创新转型的影响。

本书通过构建资源—增长—创新—可持续发展的逻辑框架，分析世界上多个经济体的历史与现实，通过以加纳、尼日利亚、赞比亚为代表的非洲国家为何没能实现经济起飞，以巴西、阿根廷、委内瑞拉为代表的拉美国家遭受的"资源诅咒"困扰，以美国、加拿大、澳大利亚为代表的发达国家从资源驱动到创新驱动的转型为对象，探究资源丰裕条件下经济增长路径的差异；通过利用 Super-GRS-I-SBM 模型及 Malmquist 指数测度 54 个资源丰裕型国家经济增长的有效性差异，实证检验资源丰裕条件下经济增长有效性；通过创新发展一般理论视角，分析在资源丰裕为约束条件下创新的发生机制、动力机制、实现机制以及创新机制"异化"，探究资源丰裕条件下创新机制"异化"的规律与特征；进一步地研究中国 126 个资源型城市的增长表现与驱动要素，研判成长期资源型城市、成熟型资源型城市、衰退型资源型城市、再生型资源型城市的增长轨迹、增长驱动力、产业结构、创新能力、可持续发展水平，力图为中国资源型城市的发展转型提供路径启示。本书的具体内容如下。

第一章　资源与经济增长的困惑。通过理论分析和已有研究综述，对资源与经济增长关系的理论主张进行系统性梳理，找寻资源丰裕条件下经济起飞与增长停滞的影响因素，推演资源丰裕地区利用创新纠偏增长路径扭曲的逻辑。

第二章　资源丰裕条件下经济增长理论的演进。通过梳理从古典经济增长理论、新古典经济增长理论到内生增长理论再到发展经济学、新结构经济学中资源丰裕条件下的经济增长观点，刻画要素禀赋与经济增长间的关系，在特定资源禀赋条件下找寻增长动力、刻画增长模式、反思增长有效性、深化有效增长路径。

第三章　资源丰裕条件与经济增长的现实证据。通过分析以加纳、尼日利亚、赞比亚为代表的非洲国家为何没能实现经济起飞，以巴西、阿根廷、委内瑞拉为代表的拉美国家遭受的"资源诅咒"困扰，以美国、加拿大、澳大利亚为代表的发达国家从资源驱动到创新驱动的转型，探究资源丰裕条件下经济增长路径的差异。

第四章　资源丰裕条件下经济增长有效性的实证检验。利用Super-GRS-I-SBM模型及Malmquist指数测度54个资源丰裕型国家经济增长有效性差异，刻画资源禀赋条件相似下资源依赖型增长模式与创新导向型增长模式的增长与发展结果。

第五章　资源丰裕条件下的创新路径与比较。通过梳理芬兰、挪威、俄罗斯创新发展历程，分析资源丰裕条件下创新转型的有效举措与原因，甄别资源丰裕条件下创新实践产生不同成效的原因，论证资源丰裕对经济增长是"诅咒"还是"福祉"的关键在于创新能否有效纠偏增长路径的扭曲。

第六章　资源丰裕条件下的创新机制异化。遵循创新发展一般理论，分析资源丰裕约束条件和创新发生机制、动力机制、实现机制，从找寻创新转型发生时点与前期准备、研判政府与市场角色、甄别创新主体间的关系与创新环境要素，探究资源丰裕条件下创新机制"异化"的规律与特征。

第七章 中国资源型城市的经济发展。通过对126个资源型城市的增长表现与增长要素进行分析，研判成长期资源型城市、成熟期资源型城市、枯竭期资源型城市、再生期资源型城市的增长轨迹、增长驱动力、产业结构、创新能力、可持续发展水平。

第八章 中国资源型城市的发展困境与转型抉择。从产业结构单一、生态破坏严重、城市功能布局不合理、经济性与社会性沉淀成本对转型的阻碍等方面分析资源型城市转型发展的约束条件，通过对山西省创新投入、创新产出、技术获取方式、导向性政策与增长可持续性进行计量分析，论证创新发展是走出增长困境、实现可持续发展的根本选择。

第九章 中国资源型城市转型的策略选择。研究可持续发展与资源型产业和非资源型产业的关系、经济发展和环境保护之间的关系、城市转型和产业转型的关系，得出克服沉淀成本对创新转型的约束需要形成相机调整的短期政策选择，资源型城市转型的对策需着力于精准的政府角色、适时的产业结构升级、有效的制度创新，且产业延伸和更新的复合发展、人力资本的培育和开发、科技成果商业化与加速转化、政策和制度环境优化是创新转型与产业升级的有效策略组合。

结论：资源丰裕条件下的发展路径纠偏。从经济增长路径扭曲的纠偏、创新机制异化的纠偏、转型升级停滞的纠偏三个维度提炼研究结论。

第一章

资源与经济增长的困惑

本章通过理论分析和已有研究综述，试图对资源与经济增长关系的理论主张进行系统性梳理，引发对以下问题的思考：是什么力量推动了资源丰裕条件下的经济增长，而又是什么原因使得经济的持续增长变为中途停滞？资源丰裕条件下增长方式由资源推动转向创新驱动的时间节点是什么？资源丰裕经济体利用创新转型纠偏增长路径扭曲的过程中政府和市场分别扮演了什么角色？如果资源丰裕经济体在凭借资源依赖型增长方式完成了资本积累后，只有利用创新才能推动经济的可持续增长，那么为什么有的经济体能够在创新和适应各种路径变迁方面取得成功，有的却不能？本书基于一个内洽的逻辑框架，依据创新与增长的经济学理论，从探析典型国家和地区的增长与创新的轨迹入手，结合计量经济学测算与分析方法，通过理论抽象、实证演绎及经验归纳提炼出资源丰裕条件下经济增长与创新纠偏的逻辑机制，力图为资源丰裕条件下实现经济增长的有效创新转型提供理论支撑与实践依据。

第一节 资源与经济增长的关系

劳动、资本、土地三要素是经济增长的主要源泉，这样的论断是在给定资源禀赋条件下得出的。根据增长经济学框架，地理条件将决定一国的自然资源禀赋，可通过生产要素、贸易、制度作用于收入（见图1-1）。对于土地资源、气候、水源等资源禀赋，对经济增长的直接贡献是通过农业经济发展显现的，而石油、钻石、矿产、森林等自然资源，经过开采或初级加工便可通过贸易带来对经济增长的推进作用。此外，自然资源禀赋对于一国经济制度建立与演化也发挥着影响，比如，资源丰裕经济体常会衍生出寻租和配租制度。

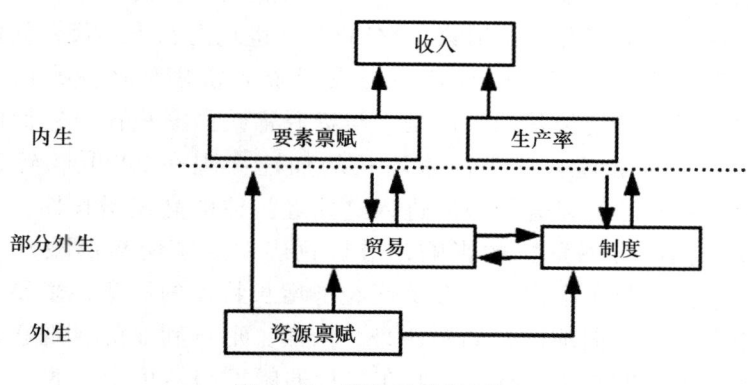

图1-1 增长经济学框架

同时，资源丰裕度会对一国经济增长的路径及其有效性产生重要的影响。有效的经济增长不仅要求实现数量上的增长，更重视增长的系统性与持续性。而系统性、持续性增长的实现，主要依赖于技术进步对经济增长的贡献，体现为经济增长中的技术效率、规模效率与配置效率的改善。也就是说，离开了技术进步，要素边际生产率递减规律作用下，要素积累的动机将出现减弱，资本深化的程度也将因此而显著下降。

20世纪中叶到21世纪初，世界主要经济体的增长轨迹表明，在13个从中等收入跨入高收入的经济体中，日本、韩国、新加坡、以色列、中国香港、中国台湾为资源稀缺经济体，其余均为资源丰裕经济体，占比53.85%；在28个人均收入与美国差距小于10%的经济体中，资源稀缺经济体与资源丰裕经济体的比例为3∶4。由此可见，在讲述富裕国家的美好发展故事时，资源丰裕经济体所占比重略占优势。然而，不得不正视的是，委内瑞拉、阿根廷等拉丁美洲资源丰裕经济体却从高收入国家降为中等收入国家。

进一步地对比，需要借助刻画资源稀缺与资源丰裕条件下的经济增长轨迹。不难发现，以日本、韩国、新加坡为代表的资源稀缺国家，它们在1985—1995年的十年间呈现出加速并持续的经济增长，之后虽然在数量上实现了进一步的增长，但是增长速度减缓且波动明显（见图1-2）。而在资源丰裕的国家群体里则出现了两种不同的增长轨迹（见图1-3）：一类是以挪威、澳大利亚、加拿大为代表的发达的资源丰裕国家，它们在20世纪七八十年代，凭借丰裕的自然资源，基于比较优势大力发展资源密集型产业，积累财富，奠定了经济增长基础。但是，与资源稀缺国家相比，它们的增长加速期来得较晚。此类国家增长的加速出现在2000年至2008年，经济增长速度显著加快并进入这些经济体的高速增长期，之后由于受到国际金融危机的影响，增长轨迹发生了明显的波动与改变。另一类是资源丰裕但具有不同经济增长特征的国家，主要分布在中南美洲与非洲地区，如墨西哥、巴西、尼日利亚等，观察这些国家经济增长的轨迹发现，它们在增长的幅度与速度上一直没能实现明显的突破，人均GDP一直处于20000美元以下。

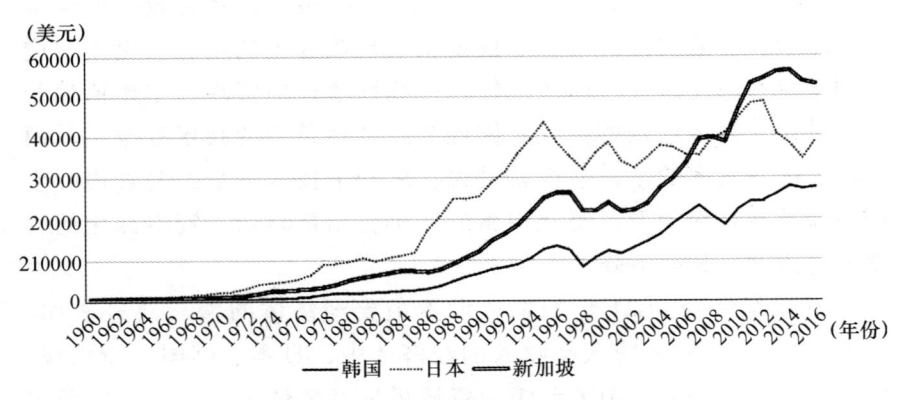

图1-2 资源稀缺国家的经济增长轨迹

资料来源：世界发展指标数据库（https://www.ceibs.edu/node/16822）。

通过刻画上述国家的经济增长轨迹发现，丰裕的自然资源可以使一国在短期内迅速发展起来。在一些国家，丰裕的自然资源不仅使其通过贸易迅速积累大量的财富，还能因为生产资料的富足而获得成本优势，吸引资源型企业及上下游企业，逐渐形成产业链。但

(美元)

——巴西　---墨西哥　……尼日利亚　——挪威　---澳大利亚　---加拿大

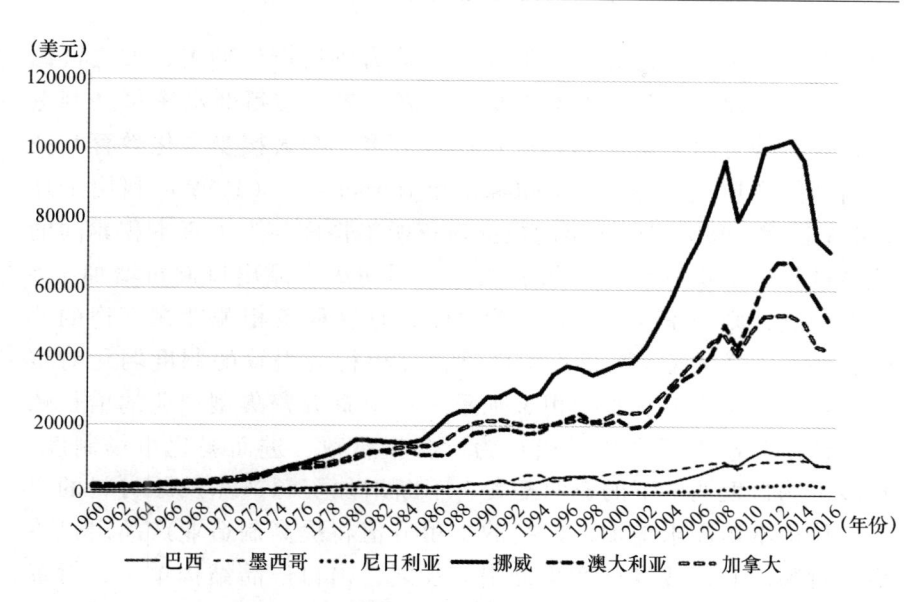

图1-3　资源丰裕国家的经济增长轨迹
资料来源：世界发展指标数据库（https：//www.ceibs.edu/node/16822）。

是，资源丰裕对经济增长的作用又具有两面性。20世纪50年代起，学术界已经开始关注资源出口对经济增长的作用，提出了"中心—外围"理论、贸易条件恶化论、"荷兰病"现象等，研究相对零散。直到90年代，Auty给出了"资源诅咒"的概念，使这方面的研究转向系统化。[①] 90年代中期以后，"资源诅咒"的理论分析与实证检验结合，实现了研究方法的正规化。[②]"资源诅咒"的内在机理与传导机制一直是研究的重点，Isham、Murshed指出资源密集型产业的"独大"发展，对制造业、人力资本积累、良好的制度及投资造成严重的"挤出"。[③] 在国内劳动力市场上，某一部门薪资待遇及福

---

① Auty R. M.，*Resource-Based Industrialization：Sowing the Oil in Eight Developing Countries*，New York：Oxford University Press，1990，pp. 29-33.

② Gylfason T.，Herbertsson T. T.，Zoega G. A.，"Mixed Blessing：Nature Resources and EconomicGrowt"，*Macroeconomic Dynamics*，Vol. 3，No. 2，1999，pp. 204-225.

③ Isham J.，"The Effect of Social Capital on Fertiliser Adoption：Evidence from Rural Tanzania"，*Journal of Comparative Economies*，Vol. 11，No. 1，2002，pp. 39-60. Murshed S. M.，"When does Natural Resource Abundance Lead to a Resource Curse?"，Environmental Economics Programme，Discussion Paper，2003.

利待遇的大幅改善，会对其他部门劳动力供给产生冲击，加之资源型产业部门通常对劳动力素质要求不高，势必使得劳动密集型制造业企业劳动力净流出加速。从长期效应看，个人接受文化教育与技能培训的意愿均会下降。Gylfason 和 Herbertsson（1999）利用全球104个国家1980—1996年的数据对资源丰裕度与人力资本积累间的关系进行了定量分析，结果表明，一国初级产品出口额每增加1.5个百分点，则中学生入学率下降1%，且这种负相关性在富裕的北欧五国也同样成立。① 开放条件下，寻租行为引致的制度弱化对贸易、投资产生影响。资源租金加重一国对资源密集型产业的增长依赖，诱使利益集团产生寻租行为，滋生腐败，进而弱化市场制度。打破市场自发调节下的资源配置，不断增加资源产品及原材料的出口，使得本币需求增加，持续的本币升值将提高制造业产品出口价格，对国内制造业发展产生冲击。加之，出口产品结构单一，对资源价格变动会越发敏感，国内市场稳定性下降将加大外商投资风险，削弱对投资者的吸引力。Sala-i-Martin、Subramanian 与 Hjort 都认为寻租行为引发的制度弱化是"资源诅咒"形成的主要原因。② 但是，也有一些学者认为"资源诅咒"并不存在。如 Papyrakis 和 Gerlagh 在 Sachs 和 Warner 的分析框架中加入了控制变量——教育，则资源丰裕国家的经济增长与资源出口间的线性关系不再显著。③ Stijns 基于资源分类探讨资源出口、资源丰裕度对经济增长的影响，发现只有石油资源易使出口国陷入增长"陷阱"。④

通过比对资源稀缺国家与资源丰裕国家的经济增长轨迹，发现"资源诅咒"更多地发生在中南美洲与非洲地区的资源丰裕国家，

---

① Gylfason T., Herbertsson T. T., Zoega G. A., "Mixed Blessing: Nature Resources and EconomicGrowt", *Macroeconomic Dynamics*, Vol. 3, No. 2, 1999, pp. 204 – 225.

② Xavier Sala-i-Martin and Arvind Subramanian, "Addressing the Natural Resource Curse: An Illustration from Nigeria", *Journal of African Economies*, Vol. 22, No. 4, 2013, pp. 570 – 615. Hjort, "Citizen Funds and Dutch Disease in Developing Countries", *Resources Policy*, Vol. 31, No. 3, 2009, pp. 183 – 191.

③ Papyrakis E. and Gerlagh R., "The Resource Curse Hypothesis and its Transmission Channels", *Journal of Comparative Economics*, Vol. 32, No. 1, 2004, pp. 181 – 193.

④ Stijns J. P. C., "Natural Resource Abundance and Economic Growth Revisited", *Resource Policy*, Vol. 30, No. 2, 2005, pp. 107 – 130.

挪威、澳大利亚、加拿大等国的加速增长期虽然出现得较日韩等资源稀缺型国家晚，但是现阶段的增长表现却更胜一筹。就资源丰裕条件下的有效增长的实现机制与影响因素，具有以下主张：Hausmann 和 Rigobon 提出通过建立完善的产权制度使资源在所有者及代际间合理分配；① Grossman 和 Helpman、Findlay 和 Lundahl 认为通过改革政治体制，建立民主化、平民化的社会可以防止过度垄断、寻租及腐败的发生；② Murshed 提出发展分散式、多元化的经济模式。③ 相比之下，以多元化的经济发展模式摆脱"资源诅咒"已经在北欧国家的转型发展中得到了有效验证，使得丰裕的自然资源成为经济增长的"福祉"。通过构建国家创新发展体系，将资源从进口消费品、购买军事武器投向国内生产性制造业、基础设施建设，加快新产业与新业态培育、研究与开发、教育事业发展，自身的点源型经济成功转变为分散型经济，利用创新带动经济增长和可持续发展。

第二节　资源对经济增长的影响

已有研究主要从丰裕的自然资源对于经济增长而言究竟是"诅咒"还是"福祉"开始追根溯源。其中，定性分析主要侧重于探析资源与经济增长关系，既关注资源禀赋差异对经济增长的直接作用，又探究增长轨迹与增长方式的变迁；定量检验将着力点放在找寻资源是"诅咒"还是"福祉"的条件约束；国别研究主要刻画经济起飞与发展的轨迹，并甄别其影响因素。

---

① Hausmann and Rigobon, *An Alternative Interpretation of the Resource Curse: Theory and Implications for Stabilization, Saving, and Beyond*, Paper Prepared for the Conference on Fiscal Policy Formulation and Implementation in Oil Producing Countries, International Monetary Fund Washington D. C., 2004.

② GROSSMAN G. M. and HELPMAN E., *Innovation and Growth in the Global Economy*, MIT Press Books, 1991, pp. 323 – 324. Ronald Findlay and Mats Lundahl, *Natural Resources*, "Vent-for-Surplus", *and the Staples Theory*, Palgrave Macmillan Books, 1994, pp. 68 – 93.

③ Murshed S. M., "Finance in Conflict and Reconstruction", *Journal of International Development*, Vol. 41, No. 7, 2001, pp. 951 – 964.

一 资源对经济增长的作用：是"诅咒"还是"福祉"

传统经济学理论认为，自然资源是促进经济增长的源泉之一，早在17世纪时，威廉·配第就提出"土地为财富之母"。依据这一观点，资源丰裕型国家或地区相较于资源稀缺型国家或地区而言，应更具备发展潜力。然而在实际情况中，事实并非如此。从短期来看，一些国家或地区能够依靠丰裕的自然资源实现快速增长；但从长期来看，大多数资源丰裕型国家或地区（如荷兰、刚果、尼日利亚等）相较于资源相对匮乏型国家或地区（如日本、韩国、新加坡等）更容易出现增长受限。显然，资源稀缺型国家或地区的增长路径与资源丰裕型国家或地区的增长路径存在着差异。下面将从刻画资源稀缺与资源丰裕条件下的增长路径、资源对经济增长是"诅咒"还是"福祉"的影响因素、"资源诅咒"的破解之道三个维度探究资源对增长的作用。

（一）资源稀缺与资源丰裕条件下的增长路径

自从马尔萨斯在1798年提出了他的经典论断，许多人开始相信，自然资源、污染及其他环境要素对经济长期增长的影响至关重要。对于资源丰裕型国家或地区而言，良好的自然资源禀赋，尤其是丰富的矿产资源是工业化起步的基础和经济发展的"引擎"。[①] 纵观世界经济发展历史，大多发达国家早期经济能得以迅速发展的原因在于其丰富的自然资源，如澳大利亚、加拿大和美国等，最初的资本积累和快速工业化均与其拥有的自然资源密切相关。这些国家的增长路径主要是利用其资源大力发展工业、完善产业结构，即将资源作为产业发展的动力，而不是将出口资源作为其经济发展的支撑。

根据李嘉图的比较优势理论，对于资源丰裕的国家或地区，就应当按照其资源优势进行经济开发。但是，地球上的自然资源数量有限。因此，任何试图进行永久性增加产出的路径都将最终耗尽资源。这也就产生了"资源诅咒"，即在长期时间维度里，资

---

① 张复明、景普秋：《资源型经济及其转型研究述评》，《中国社会科学》2006年第6期。

源丰富的国家或地区经济发展的速度要低于资源相对贫乏的国家或地区。20 世纪 50 年代，荷兰在其海岸附近发现了大量天然气，天然气出口迅速成为荷兰的支柱产业，使得制造业及相关部门萎缩、创新动能不足、制成品在国际上缺乏竞争力，最终使其在 20 世纪 80 年代爆发了一场严重的经济危机，这也就是闻名于世的"荷兰病"。

那么，对于一些资源相对贫乏的国家，如新加坡、日本、韩国等，虽然缺少了资源作为产业发展的原动力，但其经济发展成就仍然排在世界前列，它们经济增长的路径又是如何呢？它们主要都是以创新驱动为经济发展的主要动力，寻求各种方式降低对进口资源的依赖以及回收再利用现有资源等。

（二）资源对经济增长是"诅咒"还是"福祉"的影响因素

一个国家或地区的贫穷与富有，是否与其拥有的自然资源的多寡有关？一个国家或地区的财富数量，在一定程度上取决于它所拥有的自然资源的数量。自然资源是财富的直接来源，正如恩格斯所说："劳动和自然界一起才是一切财富的源泉，自然界为劳动提供劳动资料，劳动把材料变为财富。"[①] 但是，从 20 世纪 80 年代末开始，一些经济学家发现，大多自然资源丰裕的经济体相比资源匮乏的经济体发展缓慢，例如，日本、韩国、中国台湾和中国香港等资源匮乏的国家和地区都成了世界上富有的经济体，而资源丰裕的尼日利亚、赞比亚、塞拉利昂、委内瑞拉等国家却进入了世界上最贫穷国家的队列，丰裕的自然资源似乎成了经济发展的"诅咒"而不是"福祉"。随后，大量实证研究也表明自然资源丰裕度与经济增长之间呈显著的负相关关系。也就是说，长期来看，自然资源丰裕的国家或地区被锁定在落后、不发达的状态。

1993 年，Auty 在研究产矿国经济发展问题时首次提出"资源诅咒"这一概念，[②] Satti 利用委内瑞拉 1971—2011 年的经验数据，证实丰裕的自然资源阻碍了经济增长，而金融发展、资本存量和贸易

[①] 《马克思恩格斯全集》第 20 卷，人民出版社 1971 年版，第 509 页。

[②] Auty R., *Sustaining Development in Mineral Economies: the Resource Curse Thesis*, London: Routledge, 1993, pp. 5–10.

开放促进经济增长。① 在此基础上，中国的一些研究如协天紫光等赞同资源是增长诅咒的观点，虽然在发展的初始阶段丰裕的资源成为一些国家或地区早期资本积累与经济增长的关键性因素之一，但是有更多的资源丰裕国家的增长历史表明，资源丰裕对实现一国经济快速增长并不是充分条件，反而更可能成为一种经济增长的"陷阱"。②

从一个较长的时间范围来看，资源丰裕国家或地区可能经历更缓慢的经济增长，即资源对经济增长产生"诅咒"。同时，研究还发现"资源诅咒"的负面影响将呈现逐渐增大的趋势，并有可能形成"依赖资源—经济增速低—更加依赖资源"的恶性循环。Sachs. J. D 等早在 1995 年就提出了"荷兰病内生经济增长模型"，认为一国包括可贸易的自然资源部门、可贸易的非自然资源部门以及不可贸易部门，自然资源禀赋越大，对不可贸易产品的需求就越大，从而分配给制造业部门的劳动力和资本就越少，导致制造业萎缩和经济增长减缓，即资源开发挤出了驱动经济增长的某些其他因素，从而导致经济增长缓慢甚至于经济发展停滞。③ 这一观点为后续相关研究奠定了基础并提供了参照物。20 世纪末期，更多学者就形成"资源诅咒"的更深层次原因进行了探讨。尽管也有部分研究表明，资源丰裕并不是"资源诅咒"产生的"原罪"，相较于资源丰裕，资源依赖才是产生"资源诅咒"的根本原因。但大量研究结果一致表明，"资源诅咒"普遍存在于资源丰裕型国家。

（三）"资源诅咒"的破解之道

在上述研究的基础上，如何研究已有"资源诅咒"的破解之道随之成为学者们讨论的热点课题。大多数学者认同，技术创新是消

---

① Satti S. L., Farooq A., Loganathan N., et al., "Empirical Evidence on the Resource curse Hypothesis in Oil Abundant Economy", *Economic Modelling*, Vol. 42, 2014, pp. 421 – 429.

② 协天紫光等：《资源依赖、投资便利化与长期经济增长》，《当代经济科学》2019 年第 2 期。

③ Sachs J. D., Warner A. M., "Natural Resource Abundance and Economic Growth", *NBER Working Paper*, No. 5398, 1995.

除"资源诅咒"现象的有效途径。① 从20世纪中期至今，资源丰裕的发展中国家和地区的经济发展走过了一条从资源繁荣到富饶，再到资源诅咒的艰辛历程；资源诅咒现象的出现对于资源丰裕型国家和地区来说，有一定的必然性。"资源诅咒"的内在机制在于丰裕的自然资源和较高的资源价格可以吸引劳动力去从事缺乏技术含量的简单的初级资源开采活动，使制造业部门和研发（R&D）部门的劳动力投入相对减少，从而导致技术创新和长期经济增长的速度减缓。② 因此，以创新发展方式促进资源型经济的产业升级和产业转换，引导资源型企业从资源依赖型向创新驱动型转变，有助于化解或减轻资源诅咒对资源型经济地区的伤害。③ 在这一观点的基础上，万建香等发现应加速积累社会资本，引导更多劳动力流向技术创新部门，激励技术创新可以弱化资源开发对技术创新的"挤出效应"，切断"资源诅咒"的传导途径；研究结果还表明，通过交叉引入社会资本与技术创新，资源与经济倒U形关系的拐点才会逐渐往后推移。④

国内学者也基于中国城市间数据进行了相关研究，其中安虎森等通过理论推理证明了技术创新有利于资源型与非资源型地区间的差距收敛，而只有当技术创新率大于资源衰减率时资源型地区才可能最终破解资源诅咒。⑤ 总之，资源丰裕型国家或地区要保持可持续发展首先必须制订严格的开采计划，杜绝过度开采；其次是有计划地不断强化对制造业的支持和扶助，不断鼓励制造部门的技术创新。从而减少地区经济对资源部门的依赖，并在资源枯竭之前，建立起强大的制造业基础，进而实现经济的可持续发展⑥。

---

① 马宇、杜萌：《对资源诅咒传导机制的实证研究——基于技术创新的视角》，《经济学动态》2013年第1期。

② 邵帅、齐中英：《资源输出型地区的技术创新与经济增长——对"资源诅咒"现象的解释》，《管理科学学报》2009年第6期。

③ 黄毅：《资源型经济转型与资源诅咒的化解》，《云南社会科学》2009年第2期。

④ 万建香、梅国平：《社会资本、技术创新与"资源诅咒"的拐点效应》，《系统工程理论与实践》2016年第36期。

⑤ 安虎森、周亚雄、薄文广：《技术创新与特定要素约束视域的"资源诅咒"假说探析——基于我国的经验观察》，《南开经济研究》2012年第6期。

⑥ 施祖麟等：《"资源诅咒"与资源型地区可持续发展》，《中国人口·资源与环境》2009年第5期。

二 资源作用于经济增长的影响因素

通过对相关文献的梳理发现，对资源是"诅咒"还是"福祉"进行讨论时，主要受资源类别差异、地域分布情况以及制度环境三个条件因素影响。

（一）资源类别与经济增长

大多数学者在对"资源诅咒"进行研究时会将资源确定为有形资源，如石油、钻石和木材等，很少有学者会选择其他种类的资源进行研究，然而事实上，资源诅咒效应有可能来自非传统来源。[①] 具体来说，煤炭、矿产、天然气和石油的租金对经济增长具有显著的正向影响，而森林租金具有负面的影响。估计结果表明，煤炭和矿产租金提高了资源稀缺型国家的经济增长，石油和天然气租金提高了资源丰裕型国家的经济增长，然而森林租金却使得资源丰裕型国家经济增长有所下降。通过对煤炭资源开发与煤炭城市经济增长之间的关联效应及其传导机制进行实证考察，发现煤炭资源的开发确实束缚了煤炭城市的经济增长而产生了资源诅咒效应。[②] 还有一些学者对区域森林资源丰裕度以及森林资源依赖度是否存在"资源诅咒"进行了验证，结论包括：1985—2012 年森林资源丰裕度与经济增长呈显著正相关，不存在资源诅咒；而林业政策的转变使得 1998 年前后森林资源丰裕度与经济增长关系发生了改变；森林资源依赖度存在明显的资源诅咒效应，即便在控制了影响经济增长各变量后，这种效应依然显著；森林资源丰裕度与森林资源依赖度并不具有必然联系，依托森林资源比较优势及在森林资源不丰裕情况下都可形成高资源诅咒区；在缓解高资源诅咒的过程中，对于依托森林资源比较优势而形成的森林资源依赖，应在提升林业产业效率，将森林资源由比较优势转化为竞争优势等方面

[①] Brass J. N., "Djibouti's Unusual Resource Curse", *The Journal of Modern African Studies*, Vol. 46, No. 4, 2008, pp. 523 – 545.

[②] 邵帅：《煤炭资源开发对中国煤炭城市经济增长的影响——基于资源诅咒学说的经验研究》，《财经研究》2010 年第 36 期。王保乾、李靖雅：《中国煤炭城市"资源诅咒"效应的实证研究》，《统计与决策》2019 年第 10 期。

做出努力；对于在自身森林资源并不具比较优势情况下，与其他产业相比形成的相对森林资源依赖，则应该转变区域产业结构，提升区域人力资本水平，走可持续的区域经济发展之路。① Olsson 研究发现许多生产毛坯钻石的国家都经历了极为不利的经济发展模式，也就是说钻石永远不可能成为经济持续增长的主要手段。② 另外，张志刚基于 1999—2016 年中国 31 个省份面板数据的实证研究发现，耕地资源与人均 GDP 和人均 GDP 增长率都呈显著的负相关关系，由此证明了耕地资源诅咒效应的存在。③ 且人力资本、物质资本、教育投入和技术创新都是耕地资源影响经济增长的传导机制，在这四个因素中人力资本的作用尤其重要，耕地资源通过挤出人力资本而间接抑制了经济增长。

（二）地域分布与经济增长

纵观世界上大多数资源丰裕国家的地理分布，可以看出大致的区域性特征是非洲、拉丁美洲以及中东欧的资源丰裕型国家大多出现了"资源诅咒"现象，而北美、大洋洲以及北欧的资源丰裕型国家大多避免了"资源诅咒"的发生。具体来看，"资源诅咒"在不同区域出现的原因也不尽相同，避免"资源诅咒"的方式也同样存在差别。

就非洲地区而言，对资源出口的过度依赖扭曲了当地的经济制度，使得产权体系不够完善，投资环境持续恶化。一方面，储蓄水平下降，使得创新活动受到排斥，技术进步减缓，制造业停滞不前；另一方面，腐败和权力寻租滋生，挤出了教育，降低了人力资本积累，使得政治制度成为阻碍非洲经济增长和可持续发展的决定性因素。也就是说，在政府的有效治理之下，鼓励生产、投资和多边互惠贸易，则可以实现经济增长。非洲如果要实现资源的有效利用，将"资源诅咒"变成资源福利，就必须努力建立稳健的和强有

---

① 刘宗飞、姚顺波、刘越：《基于空间面板模型的森林"资源诅咒"研究》，《资源科学》2015 年第 37 期。

② Olsson, "Diamonds Area Rebel's Best Friend", *World Economy*, Vol. 29, No. 8, 2006, pp. 1133–1150.

③ 张志刚：《耕地资源与经济增长之间的关系研究——基于"资源诅咒"假说的实证检验》，《农业技术经济》2018 年第 6 期。

力的民主政权。①

而拉美国家与其说是遭受着"资源诅咒",不如说是遭遇了"资源瓶颈"更为恰当。如果将国民经济进行划分,则可以分为三个部门,分别是可贸易的工业部门、可贸易的资源出口部门和不可贸易的国内生产部门。对于拥有丰富资源的拉美国家而言,在初始状态下资源出口部门膨胀极为迅速,产生了超高利润。然而,这同时也意味着,国民经济要随着国际资源(如矿产、石油等)价格的波动而波动,一旦该资源价格开始下降(比如在大萧条和石油危机时期),该国的经济就会陷于崩溃。对于可贸易的制成品部门而言,由于资源出口部门的比较优势,制造业不得不付出更大的成本来吸收资本和劳动力。制造业在这一类国家中存在被抑制的现象,而一旦资源出口受到价格变动影响而受阻,工资由于棘轮效应又无法及时调整,会相继发生国际收支恶化、政府财政紧张、通胀率大幅上升。

以挪威、丹麦、芬兰、冰岛和瑞典等为代表的北欧国家则展现出了经济与社会发展的另一种模式,该模式通过政策和制度将较高的收入水平、相对平等的收入分配、由高额税收支撑的大型公共部门带来的社会保障相结合,使得其避免陷入"资源诅咒"。② 此外,以挪威为例,虽然其经济模式仍然呈现资源密集型特征,但在发展过程中已通过应用新技术、实施良好的管理和生产方式成功转型为创新型经济。③

(三) 制度环境与经济增长

制度是改进和创新技术的基本推动力,也是影响物质资本和人力资本积累的动力,制度环境间接影响了经济增长的绩效。因此,制度环境对于自然资源禀赋是否能体现其自身价值,一个国家或地区是否会产生"资源诅咒"至关重要。近年来很多研究也认为,资

---

① 郑闻天、申晓若:《非洲经济发展中的"资源诅咒论"及启示》,《北华大学学报》(社会科学版) 2020 年第 2 期。
② Cappelen Å, Mjøset L.,"Can Norway be a Role Model for Natural Resource Abundant Countries?", *WIDER Research Paper*, 2009.
③ [挪] 奥韦·朗格兰德:《挪威经验:区域发展、创新政策与区域凝聚》,《"城市化与城乡一体化——新趋势、新挑战、新突破"国际论坛》,2009 年 12 月 6 日。

源是"诅咒"还是"福祉"取决于该国的制度安排。① Inge Amundsen 以非洲安哥拉为例，研究得出其租金提取制度（启用和保护租金提取的制度）受到保护以实现租金分配，而再分配制度（权力和收益分享制度）则受到限制和削弱以防止权力和财富再分配。② 提取制度的优势和再分配制度的劣势导致了垄断、精英掠夺和篡夺；研究结果表明只有在石油繁荣出现之后，且在建立和巩固负责任的民主国家机构之前，资源才会发生"诅咒"。

协天紫光等在其研究中发现制度环境在一定程度上也会影响"资源诅咒"的产生，资源依赖往往伴随着更低的投资便利性。③ 这一研究突破了传统上学术界对资源型国家难以实现长期经济增长的悲观情绪，表明适宜的制度环境有可能使资源丰富的国家避免落入"资源诅咒"陷阱。Jorgen Juel Andersen 等利用自然资源在国家之间随机分配的事实，研究发现不同的制度环境下对长期经济影响产生的结果不同，并得出以下三个结论：第一，民主总统制国家存在"资源诅咒"，而民主议会制国家则不存在；第二，国会或总统制对自然资源的增长影响更多，而不是民主或专制；第三，与按多数制选举相比，采用比例选举制的自然资源国家更有可能弱化增长。④

拉美国家的发展普遍受到发达国家和国际组织的干预、施压，早在 20 世纪 70 年代石油危机爆发期，美联储和其他发达国家的央行均采取了宽松的货币政策，拉美国家大量举借外债，从事石油开发。然而到了 80 年代，美联储提高利率，拉美国家普遍跌入债务危机。随后世界银行和国际货币基金组织主导下的债务重组，要求拉美国家推广"经济自由化"、变卖国有资产，严重削弱了拉美国家的自主发展能力。加之，拉美国家忽视制度完善和改革，90 年代开

---

① 郑义、秦炳涛：《政治制度、资源禀赋与经济增长——来自全球 85 个主要国家的经验》，《世界经济研究》2016 年第 4 期。
② Amundsen I., "Drowning in Oil: Angola's Institutions and the 'ResourceCurse'", *Comparative Politics*, Vol. 46, No. 2, 2014, pp. 169 – 189.
③ 协天紫光等：《资源依赖、投资便利化与长期经济增长》，《当代经济科学》2019 年第 2 期。
④ Jorgen Juel Andersen, Silje Aslaksen, "Constitutions and the Resource Curse", *Journal of Development Economics*, Vol. 87, No. 2, 2008, pp. 227 – 246.

始推行"新自由主义"模式，单方面放任市场作用，忽视政府宏观调控和改革调整，导致贫富差距进一步扩大，失业率居高不下，社会矛盾成为经济增长方式转变的又一阻力。

三 资源丰裕条件下经济增长路径

（一）资源助力下的经济起飞

近年来非洲地区有几个国家实现了可喜的经济增长。其中，钻石产业导向型国家博茨瓦纳尤为显著。该国依赖资源型产业发展不仅没有出现所谓的"资源诅咒"，而且保持着高速经济增长。钻石产业约占国内生产总值的三成、出口额的六成、财政收入的五成，收益大部分来自博茨瓦纳政府与英国大型钻石生产企业戴比尔斯公司的合资企业德比斯瓦纳公司，作为股份红利、税收及矿区使用费上缴到国库。博茨瓦纳成功防止出现"资源诅咒"得益于政府重视"透明性"、"所有权"及"公正性"。① 在"透明性"方面，钻石产业由政府和民间的合资公司拥有及运营，将部分租金（超额利润）作为国家预算。由于需要经过国会审议，因此与仅依靠外资的经营体制相比更能确保透明性。在"所有权"方面，博茨瓦纳政府发挥了很大作用。1967 年在博茨瓦纳的奥拉帕发现了钻石之后，戴比尔斯就开始尽全力争取向全球垄断供应钻石原石的权益。奥拉帕每年可产出 1200 万克拉钻石，因此笼络住博茨瓦纳至关重要。博茨瓦纳政府与戴比尔斯经过谈判，最终决定设立合资公司，开始全面进行开采。在"公正性"方面，博茨瓦纳政府将钻石产业产生的租金通过公共事业分配给国民。约一半国家预算用于社会开发，建设了学校及医院，实施免费初等及中等教育，加快建设完善社会基础设施。

挪威借助巨额石油财富的有力支撑，经济不断发展，成为世界上重要的石油出口国。挪威与其他发生"资源诅咒"现象的国家不同的是，主权财富基金制发挥了有效作用。大量来自石油和天然气资源的财富并没有妨碍挪威经济的发展，而是成为其经济发展的主

---

① 庄红韬：《非洲的佼佼者——博茨瓦纳》，2013 年 6 月 3 日，人民网 – 财经频道（http：//finance.people.com.cn/n/2013/0603/c348883 – 21711481.html），2013 年 6 月 3 日。

要推动力。为了减少石油价格波动性的影响，挪威将由油价上涨产生的多余石油财富和预算盈余列入国家石油基金，以缓解国内总需求波动，降低通货膨胀压力。① 此外，挪威通过出口石油积累大量财富，并运用所获资金在各领域开展投资，利用资金为产业增长和技术升级提供动力，从而建立起一个良性循环，有效提升了国家创新能力。②

作为一个后起的发达资本主义国家，澳大利亚长期依靠出口矿产资源赚取大量的收入，丰富的矿产资源一直支撑着经济增长。澳大利亚之所以直到现在经济也能继续平稳增长，没有遭受"诅咒"困扰，很重要的一个原因是自20世纪70年代以来，澳大利亚的经济经历了重大的结构性调整，迅速发展旅游业和服务业，这两个产业贡献国内生产总值的比重逐渐增加至70%左右。

（二）资源助力下的无效增长

石油探明储量世界第一的委内瑞拉，被当作"资源诅咒论"的范例。在油价高企时代人均GDP全球第四、跻身全球最富裕的20个国家之列，跌至如今社会动荡、通胀高企的局面，似乎是"资源诅咒"的应验。20世纪末期石油收入占委内瑞拉出口的60%—70%，在2008年至2014年间甚至高达96%，致使国际油价下跌对其经济产生致命影响。③ Shaxson研究发现石油资源丰富的几内亚湾之所以发展不起来，原因有两点，其一是石油公司过度开采以及虐待无辜的非洲人，其二归咎于腐败的非洲统治者。④

南非是另一个资源依赖型新兴经济体。南非矿产资源储量占非洲的50%，是全球第五大矿产资源储存国。铂族金属、黄金储量居世界第一位，还有锰、铬、金刚石等各种矿产资源储量都在全球名列前茅。南非经济过分依赖资源型行业的出口，也面临脆弱性和不

---

① 景普秋、范昊：《挪威规避资源诅咒的经验及其启示》，《经济学动态》2011年第1期。
② 吴桐：《挪威的创新系统和创新政策》，《法制与社会》2019年第24期。
③ 张峻榕：《"发展瓶颈"还是"资源诅咒"？拉美发展困于"债务危机泥沼"》，2019年10月14日，文汇网（https：//www.whb.cn/zhuzhan/huanqiu/20191014/294567.html）。
④ Shaxson N. Oil, "Corruption and the Resource Curse", *International Affairs*, Vol. 83, No. 6, 2007.

可持续的问题，且资源部门发展带来的收入不平衡在其国内引发社会和族群矛盾。① 2011 年 11 月，南非计划委公布的《2030 年国家发展规划》提到，南非面临九大挑战，其中就包括经济增长过度依赖资源和穷人不能享有发展成果，下一阶段的发展要进一步明确产权制度、放宽资源产业投资限制以及扩大资源型产品出口等。时至今日，学者们还得不出南非经济转型取得明显进步的结论。

中东地区一些国家亦饱受"资源诅咒"之困，除了石油所带来的频繁战乱和贫富分化外，"资源诅咒"使得经济改革难触根本。沙特是世界最大的石油出口国，其财政收入的绝大部分来源于石油出口。2014 年 6 月国际油价大跌后，沙特为保市场份额，坚持不减产，石油出口收入锐减。据国际货币基金组织统计，2015 年沙特财政赤字高达 1300 亿美元，占 GDP 的 19.5%，外汇储备大量消耗。沙特不得不开源节流，推行改革，挽救经济颓势。

拉美国家的发展情形是非常相似的。巴西自然资源丰富，是全球第九大石油生产国、第三大铁矿石生产国，也是全球大宗商品的重要出口国。在 21 世纪的第一个十年里，巴西在全球范围大力发展贸易伙伴关系，贸易条件得到极大改善。但是，巴西经济结构性问题仍未得到全面改变。在巴西的出口商品结构中，大宗初级商品的出口占到了总出口额的 50% 左右。单一的出口结构，使巴西经济对全球经济有较大风险敞口。2011 年后，全球大宗商品市场价格开始大幅下跌，巴西的石油、铁矿石、大豆等大宗商品价格指数下跌了 41%。铁矿石和石油价格出现"腰斩"，给巴西经济增长和财政收入带来重创。丰富的矿产资源使经济发展受资源部门主导，其他工业部门的发展受到不同程度的挤压，制造业长期发展不彰，其制造业商品的进口比重达到 72%。经济结构缺陷导致巴西国内收入不平衡和内需的长期低迷，收入的两极分化还引发了一些社会问题。②

（三）资源丰裕条件下经济增长战略选择

有学者通过理论推理证明了技术创新有利于资源型与非资源型

---

① 刘玮：《破解"资源诅咒之难"》，2017 年 7 月 5 日，新华网（http：//www.xin-huanet.com/globe/2017 - 07/25/c_136471111.html）。

② 刘玮：《破解"资源诅咒之难"》，2017 年 7 月 5 日，新华网（http：//www.xin-huanet.com/globe/2017 - 07/25/c_136471111.html）。

地区间的差距收敛，而只有当技术创新率大于资源衰减率时资源型地区才可能最终破解"资源诅咒"。通过技术创新实现非资源依赖型的经济增长方式是资源型城市最终走向可持续发展的根本路径。①张攀等利用中国30个省份的面板数据进行实证研究，发现技术创新与自然资源依赖度之间呈现显著的负相关关系，表明技术创新可有效遏制"资源诅咒"的影响。②郭俊华等以中国285个已获批"国家创新型城市"的地级市为研究样本进行面板数据实证分析，发现技术创新是降低城市对自然资源依赖度的重要渠道，应当积极促进技术创新以摆脱当地的资源依赖困境。③

对于可持续发展的其他战略选择，学者们也进行了探讨：罗浩在其研究中提到，解决资源瓶颈，实现可持续发展的两种途径为产业转移和技术进步，其中产业转移主要指在开放条件下，厂商可通过向外转移资本和劳动来摆脱资源瓶颈，同时又可以带动后起地区的经济发展；技术进步主要指在封闭条件下，厂商可将一部分产出投入于研发活动，不断开发出自然资源增进型技术，从而推动本地区的又一波经济增长。④也有学者从明确产权角度出发，Luong在其研究中首先论证了"资源诅咒"更容易发生在政府机构较为薄弱的国家或地区，然后基于这一观点提出了相应的解决方案，允许自然资源私有化，私有化使得国家与私人所有者之间建立明确的界限，即拥有资源的人为国内资本家，而国家仍要起到规范国内资本家的作用，俄罗斯的"尤科斯事件"再次证明了这个解决方案的有效性。⑤还有一些学者认为教育比科技更能避免"资源诅咒"，其中何雄浪等指出避免"资源诅咒"问题的发生，使丰裕的自然资源成为

---

① 安虎森、周亚雄、薄文广：《技术创新与特定要素约束视域的"资源诅咒"假说探析——基于我国的经验观察》，《南开经济研究》2012年第6期。
② 张攀、吴建南：《政府干预、"资源诅咒"与区域创新——基于中国大陆省级面板数据的实证研究》，《科研管理》2017年第1期。
③ 郭俊华、周丹萍：《国家创新型城市政策对城市绿色发展绩效的影响——基于技术创新、资源依赖的中介作用》，《软科学》2021年第10期。
④ 罗浩：《自然资源与经济增长：资源瓶颈及其解决途径》，《经济研究》2007年第6期。
⑤ Luong W. P. J., "Combating the Resource Curse: An Alternative Solution to Managing Mineral Wealth", *Perspectiveson Politics*, Vol. 4, No. 1, 2006, pp. 35–53.

地区发展的"福音",关键在于劳动者素质的提高,因为资源开发部门劳动力数量的增加所起的作用有限。① 也就是说,"资源诅咒"效应在经济发展水平不同的地区存在差异,而劳动力结构的异质性主导着这种差异。陈林等以省级面板数据进行了实证检验,研究得出以下结论:资源丰裕度与人均 GDP 之间仍存在显著负相关关系,"资源诅咒"理论在中国省级层面成立;教育投入对"资源诅咒"的经济连带效应的作用为负向,即教育投入减弱了资源禀赋对经济增长的阻碍效应;而科技投入虽然能够刺激 GDP 增长,但连续型交互项变量的回归系数表明,与教育投入截然相反,科技投入反而加剧了"资源诅咒"的边际作用。由此认为,扩大教育投入对"资源诅咒"具有显著的挤出效应,相对于科技投入,教育投入对国家和社会的长期作用更为深远。②

---

① 何雄浪、姜泽林:《自然资源禀赋与经济增长:资源诅咒还是资源福音?——基于劳动力结构的一个理论与实证分析框架》,《财经研究》2016 年第 12 期。
② 陈林、刘乾:《教育投入对"资源诅咒"的挤出效应》,《广东社会科学》2016 年第 2 期。

第二章

资源丰裕条件下经济增长理论的演进

　　本章通过梳理从古典经济增长理论、新古典经济增长理论到内生增长理论，再到发展经济学、新结构经济学中资源丰裕条件下的经济增长观点，刻画要素禀赋与经济增长间的关系，在特定资源禀赋条件下推演增长的动力，找寻增长模式，反思增长有效性，深化有效增长路径。

　　目前，理论界关于经济体资源丰裕程度的测度与界定，尚未形成统一的标准。因划分标准不一，资源对于经济增长影响的定量分析结果差异很大，引发资源对于经济与社会的发展而言究竟是"诅咒"还是"福祉"的争议。且对资源丰裕的界定在不同学科间也存在较大的差异，如环境学通常利用潜在的可开采资源数量作为衡量标准，而经济学则认为只有开采出来的自然资源才会对经济发展产生影响，因此利用已开采资源数量测算。增长与发展理论框架下，资源被看作一定的时间及技术条件下能够产生经济价值的自然物质，且不能通过人类有目的的投资及生产创造出来。因此，可用初级产品出口额占GDP的比重、初级产品部门就业情况、人均资源占有量、资源储量、资源租金占GDP百分比等具体指标进行量化评价。与此同时，资源丰裕还被划分为绝对资源丰裕和相对资源丰裕两种情形，绝对资源丰裕是指一国或者地区经济发展过程中投入使用的某一种禀赋要素比例大于其他要素；相对资源丰裕则是指一国或者地区经济发展过程中，某一种禀赋要素投入使用的比例大于别国或者地区相同要素的比例，且该要素的市场供给比较价格低于别国或者其他地区相同要素的价格，由此形成产品在国际市场上的竞争力。鉴于资源的相对稀缺性、绝对有限性、地理分布不均性，本书中所提及的资源丰裕条件是资源丰裕国家或者地区，其拥有的资源对经济发展的支撑作用呈现充分状态，主要以矿产资源、森林资源为研究对象。

第一节 资源丰裕条件下的经济增长理论

经济增长理论的演变起始于18世纪，古典经济学家第一次系统地提出经济增长的理论学说，奠定了主流经济学后来的研究方向，主要代表人物包括亚当·斯密、托马斯·马尔萨斯、大卫·李嘉图、约瑟夫·熊彼特等。只有厘清古典经济学关于增长的相关理论，才能知晓经济增长理论为何会在接下来的一段时间（1870年之后，凯恩斯革命之前的一个多世纪）沉寂下去（经济学关注的重点由增长问题转变为配置问题），以及之后（20世纪中期）又是如何走上了新古典经济学的道路，主要的代表人物包括罗伯特·索洛、雷弗·斯旺。在经历了萌发—消亡—复兴后，诞生于20世纪80年代之后的内生增长理论成为引领经济增长研究的主流理论，代表人物包括保罗·罗默、罗伯特·卢卡斯、宇泽弘文等。内生增长理论对增长与发展理论的贡献是制度经济学、结构经济学、发展经济学、国际经济学、产业组织理论等不可比拟的，而它与这些学科间的共识与争鸣又使得经济增长理论成为一个充满生机的领域。

经济增长理论从古典经济学到新古典经济学再到内生增长理论的演变过程，一直都在对资源丰裕条件下的增长问题进行着解释。在古典经济学理论中，资源丰裕条件下的增长终将陷入停滞，因为有规模报酬递减的存在；在新古典经济学理论中，因资源而陷入增长停滞的穷国可以与资本丰裕的富国实现条件趋同，之所以这种趋同迟迟未能发生是因为存在外生给定的技术进步；在内生增长理论中，技术进步的"黑箱"被打开了，这也为资源丰裕条件下的可持续增长提供了更有效的选择。

虽然新理论一直都在试图优化之前的研究局限、找寻更有效的策略，但是在指出"资源丰裕条件下的增长首先应当遵循要素禀赋条件实现经济起飞，之后再用好技术要素促进持续增长，且技术要素也是可以被准确认知的"之后，资源丰裕条件下的增长与发展仍面临着发展到什么程度算是实现了经济起飞、技术要素的引入如何权衡与资源要素间的关系等问题。

一 规模报酬递减与资源型增长的不可持续

在古典经济学研究框架下，尽管分工与专业化、比较优势与国际贸易、资本积累与新产品和新生产方式引致的技术进步等都被视为增长的源泉，但是规模报酬递减使得经济增长的悲观主义观点诞生，这也很好地解释了资源丰裕地区增长的不可持续性。

古典经济学在重商主义目标下，以探寻国民财富增加的途径为导向，且将对增长的衡量置于本国物质产品生产领域及其有效生产。因此，对于资源丰裕地区的经济增长其动力源不外乎天赋的自然资源。但是因规模报酬递减规律的存在，在土地这类天赋资源上的投资，得到的回报会不断地减少。这样的理论在资源丰裕地区的发展中，表现为随着人口的增长和资源的消耗，受规模报酬递减规律的支配，资本积累最终会停止，市场规模也不会持续扩大，由此经济会陷入停滞。但是，这种停滞可以因制造业的发展、开放程度的提升及创新而规避或者延迟，这也被古典经济学家所认知。

为解决规模报酬递减对经济增长的束缚，古典经济学家也做出了一些尝试与努力。首先是亚当·斯密，他试图通过区分工业部门的类别来界定规模报酬状态的差异，推动经济继续增长。规模报酬递增在制造业中是可以存在的，而规模报酬递减则更多地发生在采矿业中。原因主要有两点：一是采矿业的性质不同于制造业，很难进行很细的劳动分工，也不允许把不同的工作完全分开；二是采矿业作为以土地为基础的活动，因土地属于固定生产要素（存在规模上限），将可变生产要素增加到固定生产要素上，其边际产品最终将下降。其次是大卫·李嘉图建议引入对外贸易，这在一定程度上可以缓解这种停滞，但是稳态的到来是不可抗拒的，因为开放也是"治标不治本"的。他认为经济发展过程中，不论资本丰裕与否，除工资外没有其他因素会使得利润下降，随着工资的不断上涨利润会降为零，此时资本积累会停止，且这种静止状态一定会来临。后来约瑟夫·熊彼特基于创新论述经济增长的推动力。他认为经济增长的过程以周期性的波动呈现，停滞是短暂的，发展才是永恒的，且认为企业家的创新活动是造成经济波动与经济增长的主要原因。

特别需要强调的一点是，熊彼特的创新理论对于资源丰裕条件下的增长可谓是"第二春"。因为熊彼特理论的意义在于指出创新是经济系统的一个不容忽视与小觑的内生变量，会与大规模的投资相伴随，但是也是一种创造性破坏的过程，强调新产品的生产、新方法的找寻、新市场的开拓等。这也就意味着，对于资源丰裕的地区，创新要求经济结构不断地从内部开始发生革命，不断地摧毁旧的结构，并创造出新的经济结构，即从资源依赖路径转变到新的发展路径上，进而推动经济的持续增长。

二 外生技术进步对不同资源禀赋经济增长的解释

在新古典经济增长理论中，资本的规模报酬递减仍然有效，但是因为在穷国资本的投资回报率更高，穷国会比富国增长得更快，因此可以实现条件趋同，之所以世界各国发展水平相同迟迟未能实现，是因为存在外生的技术进步因素。

将这样的研究结论应用于资源丰裕地区的发展历程中，需要将资源地区的增长划分为两个阶段：第一阶段是经济起飞之前，等同于新古典经济增长理论中的穷国；第二阶段为经济持续增长，等同于新古典经济增长理论中的富国。将"穷国"与"富国"作为同一国家的两个经济发展阶段，在对新古典经济学家理论检验的研究中是可以寻觅到踪迹的。Barro、Robert J.、Sala-Martin、Xavier 对 16 个发达经济体由 19 世纪 70 年代的经济起飞到 20 世纪 70 年代实现富裕的增长率进行测算，以此验证新古典经济增长理论中"穷国会发展得更快"的论断。[①]

对于资源丰裕经济体而言，资本积累主要依靠资源开采与贸易，这也使得资本的供给相对恒定。也就是说，依靠在经济起飞阶段和经济持续增长阶段，若是不改变增长的核心要素，那么资本拥有量在两个阶段是相同的。但是在经济起飞阶段，等量的资本推动的经济发展速度会快于经济持续增长阶段。然而，不得不注意到的一个事实是，在经济完成起飞的过程中，食物会变得更充裕，医疗体系会逐渐建立起来，人们甚至会开始将闲暇时间用来锻炼，等等，这都会使得寿命延长、新生儿增加。因此，在经济起飞之后，若想实现持续增长，就不仅要解决边际资本增长率下降的问题以及找寻如何拓宽资本积累的途径（不能再单纯地依靠资源开采与贸易），还要面对越来越庞大的社会需求，这就迫不及待地需要推动技术进步。

新古典经济学家是承认技术进步作用的，但是其局限性在于认为技术进步是外生给定的。索洛1957年的经典之作《技术变化与总生产函数》(*Technological Change and the Aggregate Production Function*)，将不能由资本和劳动解释的增长剩余都归结为"技术进步"，为之后"揭秘"技术进步、利用数学模型量化技术进步埋下了伏笔。

三 技术进步内生化与经济增长可持续性

在内生增长理论框架下，资本的规模报酬并不是递减的，此时经济增长变得可持续。这也使得初始阶段资本存量差异下的穷国与富国之间无法实现趋同。对于促使资本规模报酬呈非递减趋势及穷国追赶富国的有效策略，内生增长理论也将其归因为技术进步，并将技术进步以人力资本积累、研究与开发、技术扩散、干中学及投资的外部性等形式植入增长模型中，实现了技术进步的内生化。

虽然上述理论为资源丰裕型国家在利用资源完成原始资本积累、实现经济起飞之后的持续发展阶段提供了有效的策略选择，有利于

---

① Barro, Robert J., Sala-Martin, Xavier, *Economic Growth*, McGraw-Hill, Inc, 1995.

资源经济体实现持续的增长。但是，内生增长理论一直都是在以内生化某一技术变量而促使经济可持续增长变得合理，却忽视了对以下约束条件的思考，如众多被内生化的技术变量之间是否存在有效性的差异、经济体要素禀赋的差异是否需要选择不同的技术变量，等等。这使得内生增长理论对资源丰裕型国家在完成经济起飞后，如何实现经济的可持续增长的指导意义大打折扣，也为发展经济学的研究留下空间，同时使得基于发展事实搜寻有效的经验变得更有价值。

依据内生增长理论，经济发展势必需要不断地进行技术创新，使得增长率长期维持正值（甚至是相对较高的正值）。但是新技术的应用与新生产方式的产生往往不会是一个帕累托改进的过程，对于资源丰裕的经济体更是如此。在初始阶段的发展上依靠的是丰裕的自然资源，会使得资源的生产者成为既得利益者，加之资源产业的发展与"寻租"的相关性较强，在实现经济起飞后，若要引入技术要素，也就是等同于转变增长的主要推动力，这必然会使得资源产业的既得利益者的利益受损，他们会阻碍新产品的生产、新技术的应用、新生产方式的引入。因此认为，资源丰裕条件下若想更好地发挥技术要素对持续增长的推动作用，政府行为会与长期增长率变得相关。财税政策和法律体系的设置，基础设施与公共服务的供给，产权保护制度的形成，以及金融市场、贸易市场规则的重置等势必变得与人力资本积累、研究与开发、技术扩散、干中学及投资外部性的发挥同等重要，且上述两种增长动力集合在时间上的先后顺序似乎也是一个值得探讨的有趣问题。

第二节　资源丰裕条件下经济增长模式比较

在古典经济学沉寂时期，增长问题一直秉持"萨伊定律"，强调市场机制的自发调节，将经济学推向了研究价值理论与配置理论的极端。20世纪30年代的"大萧条"沉痛地打击了供给理论，因总需求持续小于总供给的发展事实，经济学家不得不重新重视经济增长的分析，"凯恩斯革命"开启了对该理论的重新思考。"正确的两分法"将经济学划分为两部分：一部分是研究如何将一定量的资源在各部门间进行配置，这就是微观经济学；另一部分是研究社会全体的产量与就业，这就是宏观经济学。之后的"哈罗德—多马模型"是对凯恩斯宏观经济学的补充，将短期宏观经济分析进行了长期化，属于对宏观经济理论的拓展，但是供给生产函数仍处于缺位状态。在20世纪70年代之前，宏观经济学与微观经济学可谓泾渭分明。宏观经济学以众多经济主体的行为为研究对象，它关注的是消费者和企业的总体行为、政府的行为、单个国家的经济活动总体水平、各国间的经济影响，以及财政政策和货币政策的效应。宏观经济学与微观经济学的差别主要在于，宏观经济学涉及的是所有经济主体的选择对经济的总影响，而不是单个消费者或企业的选择对经济的影响。直到微观经济学家与宏观经济学家开始使用相似的分析工具，二者间开始产生交集。也就是说，宏观经济学家用来描述消费者与企业的行为、目标与约束，以及它们之间相互影响的经济模型，开始根据微观经济学原理建立。① 因此，本书选择用于分析增长模式与有效性的经济学模型——实际跨期模型进行研究。

一 包含投资的实际跨期模型

最优化原则是经济学中的利器，有助于加强经济模型的预测能力。给定消费者和企业的最优化行为，就可以分析经济主体对生存环境的变化会做出怎样的反应。在实际跨期模型中，消费者和企业的最优化原则是指：消费者在既定约束条件下，在消费和工作之间进行权衡取舍，以使自己的境况尽可能地得到改善；企业则根据市场环境对雇用多少工人做出决策，以实现利润最大化。

前提假设如下：分析典型消费者②、典型企业、政府三方主体的决策行为；涉及当期与未来两个时期；包括劳动力市场、产品市

---

① ［美］威廉森：《宏观经济学（第三版）》，郭庆旺译，中国人民大学出版社2010年版。

② 所谓"典型消费者"是指利用单个消费者行为代表经济中的所有消费者。之所以可以进行如此的替代，是因为同质假设的存在，即行为方式具有一致性。

场、货币市场。对于典型消费者而言，在当期和未来都要对消费和闲暇进行权衡取舍。典型企业利用资本、劳动、资源、技术在当期与未来进行产品生产，并通过投资实现资本积累。对于政府而言，在当期通过税收和发行政府债为政府购买筹资；在未来利用一次总付税偿还政府债的本息，并进行这一期的政府购买。

三方经济主体所面对的约束条件、最优化决策的数学表达式如下[①]：

典型消费者的当期预算约束：

$$C + S^p = w(h-l) + \pi - T \qquad (2-1)$$

典型消费者的未来预算约束：

$$C' = w'(h-l') + \pi' - T' + (1+r)S^p \qquad (2-2)$$

将（2-1）（2-2）两式联立消除 S^p，可推导出典型消费者的一生预算约束：

$$C + \frac{C'}{1+r} = w(h-l) + \pi - T + \frac{w'(h-l') + \pi' - T'}{1+r} \qquad (2-3)$$

典型消费者实现最优决策时应满足以下条件：$MRS_{lc} = w$；$MRS_{l'C'} = w'$；$MRS_{CC'} = 1 + r$。

典型企业当期生产函数：

$$Y = zF(K, N, R) \qquad (2-4)$$

典型企业未来生产函数：

$$Y' = z'F(K', N', R') \qquad (2-5)$$

典型未来资本存量：

$$K' = (1-d)K + I \qquad (2-6)$$

典型企业利润函数：

$$\text{Max } V = \pi + \pi'/(1+r) \qquad (2-7)$$

其中，$\pi = Y - wN - I - pR$；$\pi' = Y' - w'N' - p'R' + (1-d)K'$

---

① 对典型消费者而言，当期消费及未来消费：C，C'；私人储蓄：S^p；当期工资及未来工资：w，w'；当期及未来可支配时间：$(h-l)$，$(h-l')$；当期及未来股息收入：π，π'；当期及未来税收水平：T，T'；实际利率水平：r。

对典型企业而言，当期与未来产出：Y，Y'；当期与未来全要素生产率：z，z'；当期与未来资本存量：K，K'；当期与未来就业水平：N，N'；投资 K；折旧率 d。

对政府而言，当期及未来政府支出：G，G'。

通过对利润函数进行一阶求导,可以得到典型企业的利润最大化条件:

$$MP_N = w; \quad MP_{N'} = w'; \quad MP_{K'} - d = r \qquad (2-8)$$

根据政府的当期预算约束 $G = T + B$,未来预算约束 $G' + (1 + r) B = T'$ 推导出政府的现值预算约束:

$$G + \frac{G'}{1+r} = T + \frac{T'}{1+r} \qquad (2-9)$$

在实际跨期模型中(见图 2-1),均衡条件下的实际利率 r^* 及总产出 Y^* 由产品市场决定。产品市场由产出需求曲线 $Y^d = C^d(Y^d, r) + I^d(r) + G$ 及产出供给曲线 Y^s 组成。利用均衡条件下的实际利率 r^* 可以确定劳动供给曲线的位置,典型消费者的行为决策也将影响当期劳动供给。典型企业的行为决策决定劳动需求。在劳动市场上,劳动供给和劳动需求相互作用,形成均衡条件下的实际工资 w^* 及就业量 N^*。利用产品市场均衡条件下的利率 r^* 及总产出 Y^* 可以确定名义货币需求曲线的位置,即 $M^d = PL(Y, r)$。为简化模型,假定货币供给水平一定,即 $M^s = \overline{M}$。货币市场实现均衡时,得到价格水平 P^*。

就劳动力市场而言,实际利率提高或一生财富减少,劳动供给增加,$N^s(r)$ 右移;全要素生产率或者资本存量增加,劳动需求增加,N^d 右移。就产品市场而言,当期或(和)未来政府支出增加,或当期全要素生产率提高,产出供给曲线右移;税收现值降低、未来收入增加、未来全要素生产率提高、当期资本存量减少、当期政府购买增加都会使产出需求曲线右移。就货币市场而言,当期实际收入增加,货币需求曲线绕原点顺时针旋转;基于货币中性,货币供给保持不变。

二 资源导向型经济增长的均衡分析

按照传统经济增长理论,一国的增长与发展模式应当与资源禀赋状态具有一致性。因此,资源丰裕型国家大多建立了资源导向型经济模式。经过一段时间的发展实践,资源导向型经济模式对增长与发展产生了不利影响——资源密集型产业的独大发展、产业结构与出口结构单一化、人力资本培育与积累弱化、寻租与腐败现象滋

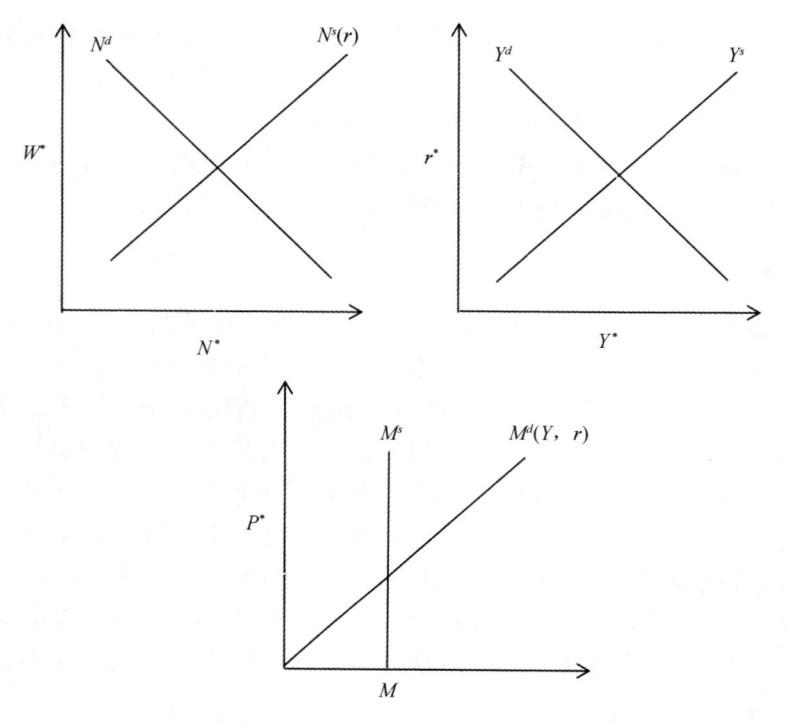

图 2-1 完整的货币跨期模型

生,这些都会使投资环境恶化,造成投资水平下降。在货币跨期模型中,投资的减少一方面造成总需求的下降,另一方面引起未来资本积累程度的降低。

投资减少引起总需求下降会对产品市场的初始均衡状态造成影响,此时产出总需求曲线左移,产出下降,利率下降。间接打破劳动力市场与货币市场的初始均衡状态:在劳动力市场上,劳动总供给曲线左移;在货币市场上,由于产出效应大于利率效应,因此货币总需求减少。与初始均衡状态相比,产出减少(直接作用结果)、就业减少、工资增加、物价上升。

投资减少引起未来资本积累程度的降低,主要通过 $MP_{K'}$ 的增加及 $MP_{N'}$ 的下降对初始均衡产生影响。为保证企业利润最大化条件 $MP_{K'} - d = r$ 的实现,$MP_{K'}$ 增加要求 r 增加(变为 r_2),致使劳动供给曲线右移。依据企业利润最大化另一条件 $MP_{N'} = w'$ 可知,$MP_{N'}$ 下

降要求 w' 下降。当企业预期到未来工资下降时，会减少当期劳动需求。但是，由于实际跨期模型中的未来并不是"指日可待"的，是一个长期概念，因此未来工资下降对当期企业决策的影响相对有限。与初始均衡状态相比，产出增加、就业增加（直接作用结果）、工资下降（直接作用结果）、物价上涨（直接作用结果）。

由此可知，在资源导向型经济模式下，投资减少会对初始经济均衡产生如下影响：产出减少，就业增加，工资下降，物价上涨（见图2-2）。当产出减少与就业增加并存时，表明劳动生产率的下降；工资下降而物价上涨会对消费造成明显冲击；产出减少而物价却在上涨则表明经济面临通胀的威胁。由此可见，资源丰裕型经济体在资源导向型经济模式下最终会陷入衰败的泥潭之中。

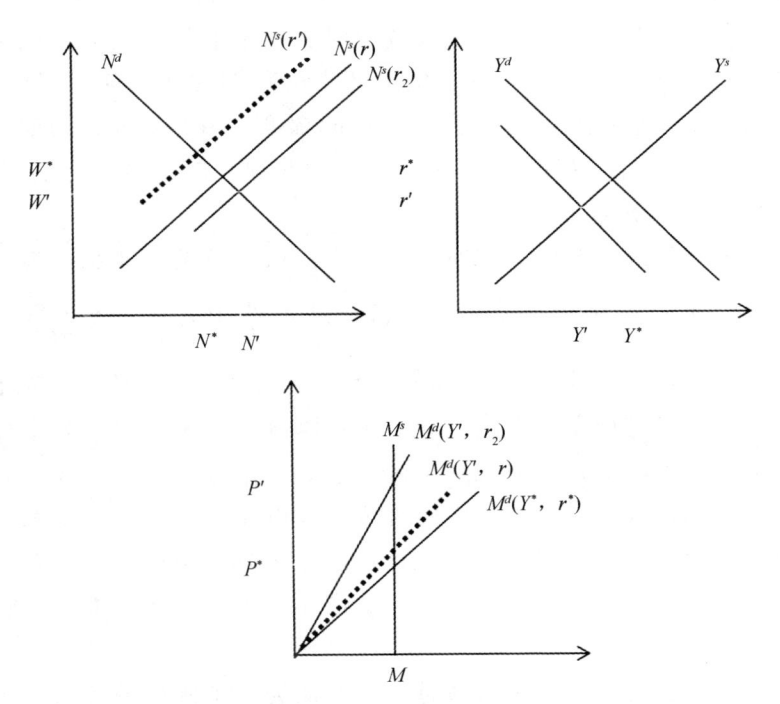

图 2-2 资源导向型经济增长模式的均衡分析

三 创新导向型经济增长的均衡分析

当资源丰裕型经济体转变增长方式，由资源导向型经济模式转变为创新导向型经济模式,会引起全要素生产率永久提高,即 z 与 z' 同时提高。

当期全要素生产率提高的经济效应:依据典型企业利润最大化均衡条件 $MP_N = w$ 可知,工资水平不变时,z 提高,要求 $\frac{\partial F}{\partial N}$ 同比例减少。因为 $\frac{\partial^2 F}{\partial N^2} < 0$,所以劳动需求增加,即 N^d 右移。劳动供给不变,劳动需求增加,致使均衡就业水平提高,进一步引起产出总供给增加。由于产出总需求不变,产出总供给增加,产品市场的初始均衡状态发生改变,即产出增加,利率下降。产品市场均衡状态的改变,对货币市场产生影响。均衡产出增加与均衡利率下降,都会引起货币需求增加。由于货币供给外生给定,因此价格水平下降。当利率变化的替代效应大于收入效应时,利率下降引起劳动供给的减少;且实际利率变化对劳动供给产生的跨期替代效应相对较小,因此 $N^S(r)$ 左移的幅度小于 N^d 右移的幅度。由此可知,当期全要素生产率提高时,新的均衡状态下产出增加、就业增加、工资增加、价格水平下降。

未来全要素生产率提高的经济效应:依据典型企业利润最大化均衡条件 $MP_K' - d = r$ 可知,z' 提高,要求 $\frac{\partial F'}{\partial K'}$ 减少。因为 $\frac{\partial^2 F'}{\partial K'^2} < 0$,所以 K' 提高。已知 $K' = (1-d)K + I$,所以 I 提高,产出总需求增加。产品市场均衡条件发生变化,产出增加,利率上升。利率提高引起劳动供给增加,致使就业增加,工资下降。当货币市场的收入效应大于利率效应时,产出增加引起的货币需求的增加大于利率增加引起的货币需求的减少,此时价格水平下降。由此可知,未来全要素生产率提高时,新的均衡状态下产出增加、就业增加、工资下降、价格水平下降。

当全要素生产率永久提高时,一般认为 z 提高对经济产生的影响大于 z' 的作用力。因此认为,当资源丰裕型经济体的增长模式为创新导向型时,均衡产出增加、就业增加、工资提高、价格水平下降,经济发展呈现出良好的态势(见图 2-3)。

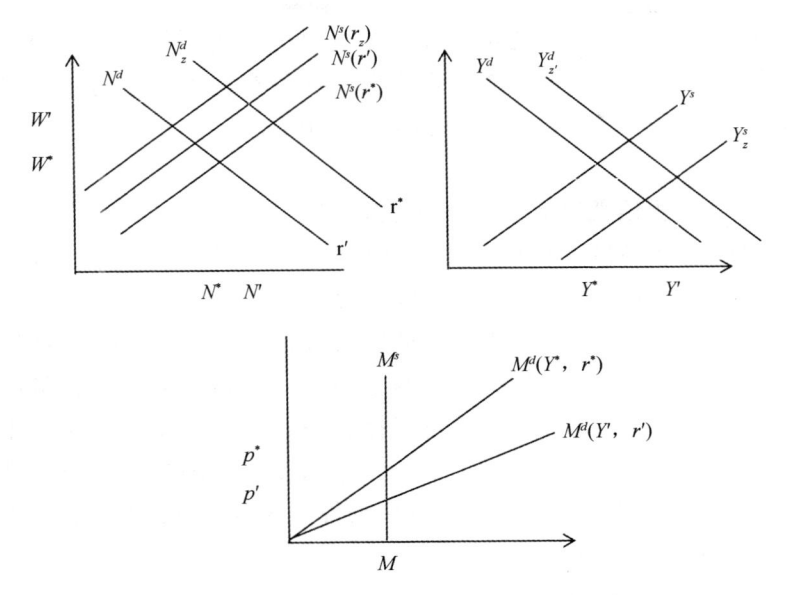

图 2-3　创新导向型增长模式的均衡分析

第三节　对资源丰裕条件下的经济增长反思

  与新古典经济学过度强调技术性、逐步丧失了技术与经济应用间的联系相反，发展经济学从应用的角度出发，旨在通过使用在技术上不太复杂但在实践上有用的模型为发展中国家的发展提供建议。虽然发展经济学以解决发展中国家所面临的问题、促进其经济发展为目标，但是对于发达国家而言，其在不太久远的过去也经历了一个"发展中"的过程，那段过程还是涵盖在发展经济学的研究范畴之内的，对现在发展中国家具有借鉴价值。

  发展经济学以问题为导向，以发展中国家及发达国家的"发展中"阶段为研究对象，同经济增长理论一道，关注经济增长的路径选择。发展经济学的独到之处不仅在于它是针对某一类特定群体的定制化研究，还表现为它所关注的经济增长不局限于总量因素，如资本扩张、技术进步等，其还关注经济增长的结构因素，如人口城镇化、城乡二元结构、制度改进、结构变迁等，使得一个国家从不发达到发达、从低收入向高收入过渡变得更有迹可循。发展经济学最富有创建性的研究成果是罗森斯坦－罗丹对规模报酬递增的研究及威廉·阿瑟·刘易斯对剩余劳动力的研究。①

一 "资源诅咒"作用下的不发达现象

发展经济学对影响经济增长的因素进行挖掘，并量化经济增长及其影响因素（见表2－1）。这些指标被综合运用到增长度量的例子中，如比较1965年和2014年世界收入分布的格局并构建1965—2014年世界收入转移矩阵，以此论述世界经济增长的基调为贫富差距拉大，且"中等收入陷阱"持续存在；② 通过对1960—1988年间人均GDP增长进行解释，强调有基尼系数度量的国际收入分配没有缩小的倾向，基尼系数减小的必要条件是穷国增长的速度快于富国，但是这并没有发生。③

表2－1　发展经济学中经济增长的影响因素及其量化方式

经济增长及其影响因素	量化指标选择	核心观点
经济发展	人均GDP、GNP	以综合性的取向研究增长，不仅关注收入增加，还关注健康、教育、环境、社会和谐等
物质资本	储蓄、投资	高储蓄并不意味着高投资，高投资也不一定带来高增长，储蓄能否转化为有效投资取决于金融体系、政局稳定性、政策导向、通胀情况、产权保护、税收等，在1975—2015年间148个国家（地区）投资对增长的贡献为0.93%

---

① Paul Rosenstein-Rodan, "Problems of Industrialization of Eastern and South-Eastern Europe", *Economic Journal*, Vol. 53, No. 210/211, 1943, p. 202. Lewis, W. Arthur, "Economic Development with Unlimited Supplies of Labour", *The Manchester School*, Vol. 22, 1954, pp. 139–191.

② 姚洋：《发展经济学（第二版）》，北京大学出版社2018年版。

③ ［美］A. P. 瑟尔沃：《发展经济学（第九版）》，郭熙保等译，中国人民大学出版社2018年版。

续表

经济增长及其影响因素	量化指标选择	核心观点
人力资本	人的教育水平和技能、健康情况	2003年全球112个国家（地区）识字率每提高1%，人均收入提高4.8%；预期寿命提高一岁，人均收入提高7.7%
技术进步	产品技术复杂度指数	当资本积累属内生因素时，长期经济增长取决于技术进步。依据诱导性技术变迁理论，发展中国家在经济起飞阶段，资本积累特别重要，通过引进发达国家成熟的技术，实现后发优势
人口	人口密度、人口增速	人口规模对增长的正向促进作用取决于消费—生产间的正反馈效应；人口增长速度对人均收入的负影响因为"人口红利"的消失（被扶养人口增长快于劳动力）而产生
自然资源	自然资源收入占GDP的比重	"关汉姆之谜""荷兰病""资源诅咒"
对外贸易	对贸易的依存度	较高的贸易依存度不一定带来高增长，因为发展中国家对发达国家的出口具有依附性，一方面表现为受发达国家经济发展波动的影响大，另一方面表现为发展中国家可能会陷入国际贸易分工陷阱，成为发达国家的原料供应国。贸易能否促进经济增长，与技术进步、制造业能力及产业结构优化息息相关
产业结构	三次产业附加值比	产业结构优化不仅仅是经济发展的结果，更是能促进经济发展，二次产业的劳动生产率最高，三次产业与之差别不大，然而一次产业却是极低的
收入分配	基尼系数	收入分配的不平等程度与收入水平呈倒U形关系，随着收入的增加，不平等先升后降
制度因素	政府廉洁度、民主化程度	制度因素与增长之间的关系相对复杂，不能以简单的线性关系描述

发展经济学关注的重点问题之一是穷国与富国之间的趋同是很难发生的，且差距持续存在甚至不断放大。当农业或传统服务业长

期占据支配地位、资本积累持续低迷、人口迅速增长、出口以初级产品或者资源产品为主,且在经济发展进程中持续存在,那么经济增长和长期增长就将变得非常困难。正是因出口以初级产品或者资源产品为主使得一个国家陷入不发达,自此"资源诅咒"成为发展经济学研究的一个重要内容。

  按照发展经济学"一般性介绍—经验事实—理论分析"三者结合的研究方法,对于"资源诅咒"主要利用经验事实梳理的方法判断其对经济发展的影响。以1965—2015年间撒哈拉以南非洲地区、南亚、东亚及太平洋地区、拉丁美洲及加勒比海地区、经合组织国家的国家为研究样本,研判"资源诅咒"对经济增长的影响。通过比较上述五个区域1965年、1990年及2015年的人均GDP,可以具体分析三个时间点上经济规模的变化,及与世界总体水平间差异的变化(见表2-2)。丰裕的自然资源不一定会促进经济规模的放大,非洲在三个时间点的规模均位居最后,且与世界总体水平的差距持续放大;虽然丰裕的资源促进了拉丁美洲及加勒比海地区的发展,但是拉动作用是不具有持续性的;相比之下资源相对匮乏的东亚及太平洋地区凭借劳动密集型产业及其转型升级取得了较好的发展。从区域间经济增长率比较分析发现,在50年的时间跨度内,东亚及太平洋地区、南亚分别凭借3.5%和3%的高增速引领着全球经济增速;经合组织国家、拉丁美洲及加勒比海地区与全球总体增速较为接近;而撒哈拉以南非洲地区却处于经济持续低迷的状态。这在一定程度上也印证了较高的经济增速与资源丰裕地区"无缘"。以1990年为界,观察分阶段的增速,结果对量化"资源诅咒"对经济增长的影响更具说服力。撒哈拉以南非洲地区、拉丁美洲及加勒比海地区凭借着资源促进经济增长分别起始于20世纪90年代、20世纪70年代,因此这两个阶段中上述地区基本达到了全球的总体增长水平,由此可以看出,资源对于增长是有利的,但是却不能引起高增长,因为东亚及太平洋地区的持续高增长及20世纪90年代之后南亚的高增长均与资源经济的发展无关。

表 2-2　　1965—2015 年全球五大区域经济规模及增长速度

地区	1965 年人均GDP（美元）	1990 年人均GDP（美元）	2015 年人均GDP（美元）	1965—2015增长率（%）	1965—1990增长率（%）	1991—2015增长率（%）
撒哈拉以南非洲地区	163.69	663.11	1671.40	0.7	0.2	1.1
南亚	116.43	359.27	1541.80	3.0	1.8	4.3
东亚及太平洋地区	197.57	2596.93	9532.63	3.5	3.7	3.2
拉丁美洲及加勒比海地区	470.55	2666.85	8862.92	1.7	1.8	1.5
经合组织国家	1836.28	17513.07	36624.21	2.1	2.8	1.3
世界总体情况	592.56	4289.74	10223.95	1.7	2.0	1.4

资料来源：世界银行数据库（https://data.worldbank.org.cn/）。

二　"资源诅咒"现象发生的机理探究

为厘清资源丰裕地区经济规模体量为什么不会持续放大，增长速度为什么不会出现明显的优势，运用发展经济学小国开放经济模型推演"资源诅咒"作用于经济发展的机理。在生产函数方面，矿产资源部门产量 A 是关于资源开采量 T 和劳动投入 La 的函数，对于服务业的生产函数 S 和制造业的生产函数 M 假定只取决于劳动投入 Ls 和 Lm，且社会劳动总量 L 由三部门劳动投入的加总所决定。在价格方面，采矿业 Pa 和制造业 Pm 的产品价格由世界市场决定，而服务业 Ps 的产品价格及工资 w 水平则由国内市场决定。在预算约束方面，消费者面临的预算约束为 $I = PmCm + PsCs$，因矿产资源属于中间产品不能消费未纳入消费者的预算约束内；其中，社会总财富 I 由资源租金 rT、工资 wL、制造业和服务业的利润 $\pi_M \pi_s$ 加总得到。

研判"资源诅咒"作用于经济发展的机制就是要搞清资源开采量 T 增加的情况下，国内物价、制造业产出水平是如何变化的。因资源部门和制造业部门的价格由国际市场决定,因此只需判断T增加后Ps的变动方向。通过对上述预算约束、生产函数进行数学推导,可以得到劳动力市场出清与服务业产品出清条件下的初始均衡状态(见图2-4)。当T增加时,一方面对劳动需求增加,劳动力市场出清曲线向右平移;另一方面使得收入增加,引起消费需求增加,服务业产品出清曲线向上平移。因此,T增加使得初始均衡点E变为E',显然国内物价随之上升。

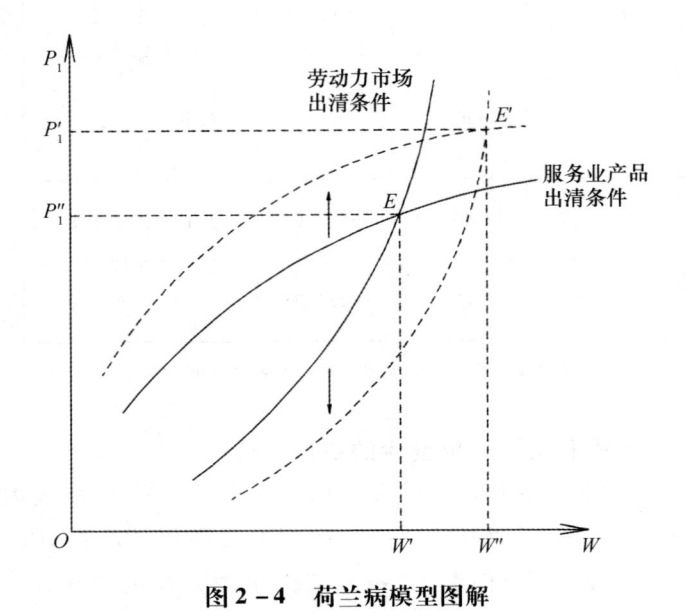

图2-4 荷兰病模型图解

对于资源开采量T增加时制造业部门的变动情况,主要观察就业的变动,因为制造业的生产函数是由劳动投入决定的。对于一个凭借着资源产业出口发展经济的国家而言,采矿业属资源密集型产业,对就业的变动是不敏感的。而制造业则不同,尤其是对于经济处于起飞阶段的国家或地区而言,制造业多为劳动密集型产业。当资源开采量T增加时,工资w随之上升,因石油部门劳动力的产出弹性小于制造业,因此劳动力在制造业和采矿业的分布比Lm/La下降。对于劳动力在制造业和服务业的分布比Lm/Ls,若服务业的劳动力密集度更高,则取决于国内价格和工资上升的幅度差异;否则该比例会下降。由此可见，采矿业的发展会引起就业在制造业分布规模紧缩，而又因为制造业的产出函数对于就业是十分敏感的，因此会导致制造部门的萎缩。

上述资源开采量上升引致的国内商品价格上升、制造业萎缩便是"荷兰病"的表现。当然发展经济学对于"资源诅咒"对于经济发展的作用机制也并不局限于上述推导与论述，还提出了资源部门对于资本（物质资本和劳动力资本）增加的边际报酬会因资源总量有限而呈现边际报酬递减。这一作用机理与"荷兰病"共同构成了"资源诅咒"作用于经济发展的纯经济路径。

而对于社会治理路径发展经济学也是有所关注的，并且认为社会治理路径是"资源诅咒"难以破除的主要约束。"资源诅咒"作用于经济发展的社会治理路径主要包括两个方面：一是资源开采需要政府授权，因此该产业越发达，则越容易滋生腐败；二是资源产业的垄断性与规模性容易形成超大企业，当这些企业的所有者参与政治，便形成了寡头政治的温床。

三 自然资源与经济增长关系认识的延展：环境与可持续发展

在古典经济学中，环境对于经济增长而言是一个外部性变量，古典经济学家对增长持悲观观点，认为要素的边际报酬递减规律存在且普遍适用。最早引起环境与增长间关系讨论的是20世纪60年代雷切尔·卡森的《寂静的春天》，之后德内拉·梅多斯、乔根·兰德斯、丹尼斯·梅多斯等人合著的《增长的极限》成为这个领域最具代表性的著作，强调目前消费的非再生资源将在不远的将来耗竭，这也是大部分环境学家的观点。而站在理性人假设前提下的经济学家们，利用有效市场运行下非再生资源的稀缺性会使得其价格升高，因而引起直接消费降低、刺激找寻新供给、较少使用的技术进步、替代品的出现等等，对不受约束的增长将引起非再生资源耗竭进而影响人们的生活甚至生命提出了质疑。

发展经济学对这一问题也给予了关注，承认"环境库兹涅茨曲线"，即初始阶段环境污染与经济增长相伴随，之后污染会随着经济增长而下降。同时也指出，发展中国家无须重复发达国家的发展路径，可通过引入发达国家的环境保护技术而使得本国的增长不以环境破坏为代价。但是，发达国家环境改善技术的扩散程度与可得性、发达国家对污染产业的转移等，使得不发达的国家和地区面临更为严峻的增长与环境间的博弈难题。

对于依靠丰裕的资源进行资源开采与出口，进而拉动经济起飞的国家（地区），这一问题更显严峻。因为虽然这些地区相比其他地区有着天赐的资源禀赋优势，但是这并非取之不尽、用之不竭的。这样的增长与发展模式势必不具有可持续性，它似乎可以满足当代人的需要和抱负，但却是以损害后代人为代价的。

第四节 资源丰裕条件下经济增长的理论深化

新结构经济学试图构建"反思发展问题的一个理论框架"，考虑由禀赋结构和比较优势的改变驱动的结构变化，为结构转型国家提供更为专业的市场功能设计和发展战略实施指导。新结构经济学是在回顾工业革命以来各成功经济体发展史，综合发展经济学提出的理论思想基础上掀起了"第三波发展思潮"，以此展望发展经济学的未来。相比之下，关注市场失灵的国家主导发展的"第一波发展思潮"与关注政府失灵的华盛顿共识的"第二波发展思潮"，都未能有效指导差异悬殊的国家之间实现发展趋同，皆因未能促进发展中国家包容性可持续增长而淡去。

新结构经济学在考虑要素禀赋条件和发展阶段的前提下，提出一条因国而异，严谨的、有创见的、对于发展政策的制定切实可靠的路线。通过系统地回顾与发展性地应用新结构经济学的支柱观点，为资源丰裕条件下增长路径的深化与细化提供指导。

一 资源丰裕条件下的增长甄别

新结构经济学的理论可用于建立资源丰裕条件下增长的分析框架，分析政府和市场在各发展阶段的作用，并给出增长路径扭曲的应对之策。例如，对于石油资源丰裕的尼日利亚，在"增长甄别与因势利导"研究框架的指导下,若遵循"雁阵模式"将新兴市场经济体产业升级过程所提供的功能工业化机遇,与本国劳动力成本优势结合,将会有效地推动经济起飞。正如林毅夫教授在他的新结构经济学理论中所指出的,每一个发展中国家,包括撒哈拉以南的非洲国家,都能以8%或者更高的增长率持续增长数十年,显著地减少贫困,并在一两代人的时间内成为中等甚至高收入国家,只要它的政府根据本国的比较优势采取了正确的政策体系促进该国私人部门的发展并充分发挥后发优势。[1]

新结构经济学考虑了要素禀赋条件的变化,并将发展阶段加入分析的前提假设中,因此该理论不仅对于落后地区的经济起飞与资本原始积累有指导价值,对于资源丰裕的中等收入(或者凭借着资源租金跨入高收入层级的)国家如何实现动态高增速发展也有深刻洞见。新结构经济学对于治愈"荷兰病"的举措首先直指对自然资源租金以透明的方式进行管理,并进行经过认真挑选的投资。也就是说,要实行有效的财政政策,不再将资源租金存入主权基金、投资于国外股权或外国项目,而是将相当大的比例用于投资可促进本国结构变迁的项目,进而刺激制造业发展、实现产业多样化、拉动就业。若能将资源租金谨慎地投资于基础设施、人力资本与社会资本积累中,促进非资源部门的多样化发展,就可以提高劳动生产率,降低生产和交易成本,摆脱"资源诅咒"。

二 要素禀赋结构演化与经济增长

关于要素禀赋结构,新结构经济学认为它是经济持续发展的动力源之一,另一个动力源则为技术创新,且二者间存在逐层递进的关系。经济体的经济结构内生于要素禀赋结构,要素禀赋结构随着时间的推移是可变的,这决定了一国的比较优势,比较优势又对最优产业结构起决定性作用,产业结构的升级要求要素禀赋升级,即基础设施改善、技术创新等。

对于资源丰裕的国家,经济起飞的初始阶段发展资源密集型产

---

[1] 林毅夫:《新结构经济学:反思经济发展与政策的理论框架》,北京大学出版社2014年版。

业是无可厚非的，但是当完成资本的原始积累之后，这类国家应当意识到产业转型升级的必要性，且他们在这一过程中是具有后发优势的。若想实现资源密集型产业向资本密集型产业的转型升级（即使得产业结构偏离上一发展阶段下的最优产业结构），需要升级要素禀赋条件，这就要求资本积累的速度要高于资源开采的速度。其实，随着时间的推移，资源产业的发展势必会为产业结构的升级与经济的发展不断地积累物质和人力资本，这就是一个经济体自身的要素禀赋结构升级的表现，使得国内企业在资本或者技术密集型产业的发展中逐渐具有优势。这种充分认识要素禀赋结构演化、遵循比较优势的发展方式，对于资源丰裕型国家而言，可能无法达到经济起飞阶段资源密集型产业引领下的高增速，但是绝对可以使得这类国家在完成经济起飞后，避免面临令人沮丧的持续缓慢增长，乃至停滞或倒退，因此这样的方式便成为资源丰裕条件下可持续增长的有效举措。

三　资源配置的市场最优机制

新结构经济学提出的要素禀赋升级带动产业结构升级的实现，要求市场是富有竞争力的。也就是说，自发条件下，企业会准确地进入该国具有比较优势的产业，这就要求要素的相对价格可以反映要素的相对稀缺程度，这样的价格机制仅能在良性运转的市场中通过竞争实现。

对于资源丰裕型国家而言，初始阶段资源要素具有相对价格优势，因此凭借着资源产业的发展可带动经济增长、资本积累，推动经济起飞。而与资源拉动型增长过程相伴随的，是其他生产要素与资源要素相对价格差异的缩小，这就要求对源于要素相对价格的产业结构进行适度调整。由此可见，要素价格作为市场竞争机制的有效标志，一直主导着资源丰裕条件下经济增长的实现。

四　经济结构转化中的政府作用

对于新结构经济学中经济增长的另一动力源即技术创新，以及与技术创新发挥作用相伴随的改善基础设施、优化营商环境等，需要政府扮演投资行为协调者的角色,并对先行者及无法内部化的外部性予以补偿。

对于资源丰裕型国家的政府在促进转型升级推动可持续发展中,避免或走出"资源诅咒"需要承担两方面的责任。一是对技术创新的外部性进行补偿。这主要是因为创新不论是否成功,都能提供"有利可图"的信心。假如创新失败了,那么参与创新的企业要承担巨额的损失,且失败的可能性是很大的,创新与高风险相伴随是在学界得到了一致认同的。如若创新成功了,模仿很容易发生,随着市场主体的不断增加,创新的租金会很快被瓜分,使得创新主体的积极性被重创。此时未参与创新的企业却可以不支出任何成本,由此规避投资风险,沿着前人的足迹进行"修正"。二是在改善软环境和硬件基础设施过程中扮演协调者的角色。这主要是因为单个企业无法将交易成本内部化,此类成本的减少来自电力、交通、物流、教育、法律、融资等,在此过程中政府的介入则可以很好地打开商业竞争力的"黑匣子"。

五 政策选择与经济增长

对于资源丰裕条件下增长路径深化与细化的政策举措,新结构经济学在基于上述主张进行论述的同时,也就财政政策、货币政策、金融政策、利用外资政策、人力资本政策等的制定提出了设想。就财政政策而言,主要是基于对自然资源财富基金的管理与运用,将大部分比例投资于促进本国发展与结构变迁的国内投资项目,而不是一味存入主权基金并用于投资国外股权或项目;就货币政策而言,对于处于经济起飞阶段的资源丰裕型国家,可利用利率作为反周期的调控工具,因为基础设施是相对不完善的,在萧条时期降低利率可有效地促进投资;就金融政策而言,地区性的中小银行是金融体系的基础,随着产业升级,即经济发展由资源密集型逐渐完成了向资本密集型的转变后,大型银行和复杂的股权市场在金融体系中的地位才能不断显现;就利用外资政策而言,外商直接投资要比全球化背景下的资本完全自由流动更有效,因为在逐利的动力驱动下,外商投资项目通常是符合本国要素禀赋条件的项目,这样外商投资便会带来本国发展所需的技术支持、管理理念、市场渠道和社会网络；就人力资本政策而言，教育、培训、健康是最重要的人力资本投资，由于人力资本积累需要较长的时间，尤其是对于处于经济起飞阶段的资源丰裕型国家，这一时间可能会更长，因此在整个发展的过程中要努力促使人力资本积累与物质资本积累齐头并进，低速人力资本积累会使其成为经济发展的紧约束，超前又会使高学历者成为"沮丧的一代"。

第三章

资源丰裕条件与经济增长的现实证据

本章在制度条件外生给定下,通过研判多国实践,找寻资源对经济增长的影响。本章将从资源禀赋条件与经济能否实现起飞开始展开论述。世界各国发展事实表明,在 20 世纪 70 年代之前,非洲的加纳、尼日利亚、赞比亚与东南亚的马来西亚、泰国、印度尼西亚十分相似,都属于基于资源禀赋条件高度依赖自然资源发展的国家。然而 20 世纪 70 年代之后,非洲国家单一性的资源出口导向战略与过度化的国有化配置选择,使资源无法成为经济增长的"福祉";通过与东南亚三国经济起飞战略的比较分析发现,资源丰裕下的路径依赖制约了经济起飞的实现,从而使资源丰裕经济体的经济增长表现不及甚至远远落后于资源稀缺经济体,构成了"资源诅咒"的一种表现形式。

进一步跟进分析发现,依靠丰裕的自然资源虽然可以加速完成资本积累,但是增长是否具有可持续性,受到工业化战略、政治制度、外向型路径等多种因素的影响。拉丁美洲的巴西、阿根廷、委内瑞拉凭借着丰裕的自然资源实现了经济起飞,在 20 世纪 60 年代甚至可与新加坡相媲美;然而却因深受"资源诅咒"的另一种表现——"荷兰病"的滋扰,出口结构严重单一化,制造业不断地被"挤出",难以跨越"中等收入陷阱"。

为阐释资源助力下经济增长与创新升级的佼佼者从完成资本原始积累,向工业化迈进,再向创新转型下的可持续发展升级之路,选取两组资源禀赋差异明显的发达国家作为典型案例。研判资源丰裕的美国、加拿大、澳大利亚三国依靠丰裕的自然资源实现工业化道路,资源稀缺的日本、韩国、新加坡三国依靠对外开放与出口导向模式实现工业化道路。可以看到从工业化到现代化,以及成为发达国家,两组案例均以技术进步与创新转型为共同路径。

第一节　经济增长中的制度条件

资源禀赋对经济增长的影响大多以几十年为一个研究周期,增长与发展实现过程中政治制度与经济制度通常不会发生显著的变迁。制度虽然是经济社会发展中不可缺少的,但是在一个制度体系较成熟的国家里,可以在一定条件下假定制度结构与制度变迁是给定的,这并不会影响决策的正确性,此时制度被视为外生变量。即使对于新制度经济学家,他们视制度为经济领域的一个重要内生变量,但是反复论证后也提出制度是在长期经济增长实现过程中才可发挥主导作用的。正如新结构经济学所提出的,从某种现行的制度安排转变到另一种制度安排是一个代价高昂的过程,除非在新的制度安排下所得到的净收益超过制度变迁所带来的成本,否则就不可能出现自发的制度变迁。

诺斯作为提出制度在经济发展中作用的第一人,认为制度在社会中具有根本性作用,是长期经济绩效的潜在决定性因素。然而,发展经济学却认为,与制度相比,人力资本、地理环境、气候变化等是影响一个国家(地区)早期经济增长更深层次的因素。这便是经济增长中制度条件与禀赋条件间的"博弈"。其实,新制度经济学也赞同历史是起决定性作用的,且强调路径依赖对一个国家锁定在特定制度的重要性。

本章分析以加纳、尼日利亚、赞比亚为代表的非洲国家为何没能实现经济起飞,以巴西、阿根廷、委内瑞拉为代表的拉美国家遭受的"资源诅咒"困扰,以美国、加拿大、澳大利亚为代表的发达国家从资源驱动到创新驱动的转型,目的是探究与刻画资源丰裕条件下经济增长路径的差异。上述国家政治制度与经济制度在现行发展下存在差异,但是在非长期研究中具有相对稳定性,也就是说在本书研究的观测期内尚未发生显著的制度变迁。

政治制度体现在国家政权的组织形式、国家结构形式、政党制度及选举制度中，按政权组织形式划分，主要包含君主立宪制、总统制、半总统制、议会共和制、人民代表大会制度等类别。① 在本章选取的典型国家中，美国、巴西、阿根廷、委内瑞拉、赞比亚、加纳、尼日利亚均施行总统制，以总统为行政首脑，行政机关从属于总统而非议会。此政治制度下，总统在任职期间可以积极推行政策，在行政与立法相互制约的情况下，行政权力高度集中，运作效率充分发挥，适应国家形势变化。② 加拿大、澳大利亚在1931年英国议会通过《威斯敏斯特法案》后施行君主立宪制。在保留君主制的前提下，通过立宪，树立人民主权、限制君主权力、实现事务上的共和主义理想，但不采用共和政体；议会不仅是国家的最高立法机关，还是最高国家权力机关，由议会选举产生的政府首脑组织政府，是国家实质性权力中心；君主则为国家象征性元首，其职责以礼仪性为主。③

经济增长与发展需要一套完整的市场支持制度，包括市场创建制度、市场监管制度、市场稳定制度、市场合法化制度。在市场经济制度成为全球资源配置的基本制度条件下，鉴于历史和文化背景存在差别以及经济所处的不同发展阶段，采用市场调节与国家干预和调控相结合的程度各有不同，使得一国范围内商品和生产要素的流动过程、状态和方式存在差异，因此各国采用和选择的经济制度模式不尽相同。④ 非洲国家在欧美发达国家和世界银行等国际组织的经济援助下推行市场经济制度，大多数国家执行了基于西方市场经济运作模式的结构调整方案，以推行经济市场化、贸易自由化和产业私有化为主要原则。⑤ 拉美国家是新自由主义经济发展制度，由贸易保护主义、

---

① 邹瑜：《法学大辞典》，中国政法大学出版社1991年版。
② 张建武、吴临芳、张驰：《中西方政治制度比较研究》，《人大研究》2011年第2期。
③ 关颖：《发达国家政治制度比较与启示》，《国际公关》2021年第11期。
④ 刘嗣明：《关于市场、市场经济与"两个主义"深层关系的研究》，《社会主义研究》2005年第1期。
⑤ 舒运国：《试析独立后非洲国家经济发展的主要矛盾》，《西亚非洲》2020年第2期。

国有化、政府干预经济为主要特征的内向发展模式，向以贸易自由化、国有企业私有化、经济体制市场化为主要特征的外向发展模式转换。① 美国是高度竞争的市场经济制度，以私有制为基础、以经济决策高度分散为特征，各经济主体拥有充分的自主权，政府对市场干预相对有限，主要运用财政和货币政策进行间接调控。② 澳大利亚和加拿大是混合型市场经济制度，以计划与市场相结合的资源配置方式为特征，计划基本上是指导性计划，集中决策与分散决策并存，私营企业和消费者的分权决策是其决策类型的基本特征，国有企业的决策权则基本上控制在国家手中，由国家集中决策。③

世界上有多少国家，就有多少各具特色的制度。不同国家、不同民族、不同社群，有着不同的生产生活方式，有着不同的宗教信仰，有着长期形成的文化传承，有着各不相同的习俗习惯，必然也有着千差万别的政治制度与经济制度。没有放之四海皆准的制度，也没有一套适合所有国家的制度体系，有效的制度是能够引导个体在追求私利的同时增进社会利益的制度。

第二节　落后国家起飞困境：加纳、尼日利亚、赞比亚

非洲众多国家属于具有资源要素禀赋比较优势的国家，按照比较优势理论学说的观点，非洲国家可利用与生俱来丰裕的生物、石油、天然气、矿产等自然资源优势，向别国出口具有相对成本优势的产品，进口具有相对成本劣势的产品，通过国际贸易完成国家发展初期的资本积累。待资本积累到一定程度时，非洲国家具备了发展第二、第三产业的坚实基础，逐步升级优化产业结构，迈向以技

---

① 周冲：《拉丁美洲经济发展模式演变研究》，博士学位论文，吉林大学，2022年，第63—64页。

② 刘嗣明、郭晶：《当代世界市场经济模式及其最新演进》，经济科学出版社2008年版。

③ 刘嗣明、郭晶：《当代世界市场经济模式及其最新演进》，经济科学出版社2008年版。

术创新推动经济发展的可持续发展阶段。但实际情况是，非洲国家经过数十年的发展仍未实现经济可持续发展，一方面，多数非洲国家对资源密集型经济发展模式过度依赖，致使产业结构单一。例如加纳、尼日利亚、赞比亚等国家都不同程度地出现过"资源诅咒"的现象，较高的人均自然资源拥有率导致国家货币汇率较高，阻碍制造业的发展；同时，过度投资资源开采业，增加国家对自然资源的依赖性，引起工业投资严重缺乏，削弱了工业在世界市场的竞争力。另一方面，多数非洲国家选择了与经济发展不相适宜的发展策略，即"进口替代"策略以及"国有化"策略。这些策略的实施使得这些非洲国家产业结构发展失衡，在国际贸易中处于不利地位，无法完成国家经济起飞过程中的原始资本积累，因而至今无法适应以技术创新驱动经济发展的全球化趋势。

一 非洲国家与东南亚国家资源禀赋条件

在国家经济发展的起步阶段，加纳、尼日利亚以及赞比亚等非洲国家与东南亚三国（马来西亚、印度、印度尼西亚、泰国）都是单一初级产品的出口国，高度依赖自然资源以实现经济增长。从20世纪开始加纳便是可可生产、出口量最大的国家之一。1927年，加纳出口可可18万吨，占当年世界总消费量的40%，到了1931年，这一比例上升到42%；在20世纪50年代末期加纳的可可出口值约占其出口收入的60%，占国内生产总值近20%，可可已成为加纳最主要的农产品和经济支柱。[1] 尼日利亚在发现大量石油存储后，由农业国转变为石油工业国，出口结构由可可、花生、棕榈油、棉花、橡胶等农产品转变为单一的石油资源。统计数据显示，尼日利亚石油出口额从1970年的7亿美元上升到1980年的250亿美元，石油占出口的比重由1970年的57%上升到1980年的96%。[2] 赞比亚在1964年独立之初便构建起以铜矿开采业为主的经济发展模式，

---

[1] 刘金源：《单一经济及其依附性后果——以加纳为例》，《西亚非洲》2022年第4期。
[2] 李峰、吴海霞：《尼日利亚经济增长机制和问题研究——基于荷兰病理论的分析》，《世界地理研究》2015年第3期。

1964年铜业贡献了该国90%的外汇收入和40%的国内生产总值,当时平均每年每个赞比亚人可以从铜矿出口中获得将近30英镑的收入。① 与非洲国家类似,马来西亚在1957年独立初期是以种植业为主的单一经济结构,第一大出口商品是橡胶,占出口收入的50%以上,贡献了国内生产总值的25%,第二重要的是锡产品生产,锡产品贡献了全部出口收入的10%以上。② 印度尼西亚也拥有大量石油资源,20世纪70年代原油产量增长50%,石油出口规模增长超十倍,由此产生的财政收入增长超40倍。到80年代初,石油出口占出口规模比重接近80%,由此产生的财政收入占财政收入总额比重接近70%。③ 泰国的木薯、大米、玉米和天然橡胶在国际市场上享有盛誉,农产品占据出口结构的绝对优势,1961年泰国农产品出口值占出口总额的87%,而工业产品则仅占4%。④

在国家经济发展过程中,非洲三国与东南亚三国在发展初期都是自然资源丰裕型国家,经济结构具有高度的资源依赖型特征,国家的经济发展主要依靠丰富的自然资源所带来的经济收入(见表3-1)。且在20世纪60年代初期,非洲三国的经济发展情况整体还要优于东南亚三国,加纳、尼日利亚、赞比亚在这一时期的最优增长速度均超过15%,然而马来西亚、泰国、印度尼西亚同期最优增长速度仅处于10%左右。

表3-1　　　　1960—1980年依赖资源发展的非洲三国
与东南亚三国比较

国家	经济发展所依赖的主要产品	占一国出口收入比重峰值(%)
赞比亚	铜矿	90
加纳	可可	60

---

① [赞比亚]恩琼加·迈克尔·穆里基塔:《非洲的发展型政治和工业化:赞比亚的教训》,《非洲研究》2017年第1期。
② 马来西亚统计局网站(https://www.dosm.gov.my/)。
③ G. S. Gray, "Survey of Recent Economic Developments in Indonesia", *Bulletin of Indonesian Economic Studies*, Vol. 3, 1982, p. 9.
④ 沈世顺:《泰国经济正在起飞》,《国际问题研究》1988年第3期。

续表

国家	经济发展所依赖的主要产品	占一国出口收入比重峰值（%）
尼日利亚	石油	96
马来西亚	橡胶、锡	60
泰国	木薯、大米、玉米和天然橡胶	87
印度尼西亚	石油	78

资料来源：世界银行数据库（https://data.worldbank.org.cn/）。

二 非洲国家经济起飞的要素禀赋条件

非洲三国与东南亚三国相比，经济发展的初始条件并不差，甚至在某些方面优于东南亚三国（见表3-2）：在人均国民收入（GNI）上，非洲三国总体优于东南亚三国，赞比亚GNI高于东南亚三国，是同期印度尼西亚GNI的5倍多；在国内生产总值方面，尼日利亚1967年GDP与泰国、印度尼西亚接近，高于马来西亚，而加纳落后于赞比亚，仅为同期泰国、印度尼西亚GDP的1/3左右；在教育投入强度上，总体来说非洲三国比东南亚三国更高，赞比亚1971年教育公共开支占GDP比例高达6.1%，明显领先东南亚三国，加纳的教育公共开支占GDP比例与马来西亚相近，高于泰国和印度尼西亚；在自然资源人均可支配数量上（依据人均耕地面积衡量），1967年赞比亚与尼日利亚的人均耕地面积远高于东南亚三国，赞比亚的人均耕地面积更是泰国的2倍多，而加纳也仅次于泰国，高于马来西亚和印度尼西亚，也就是说非洲三国在土地自然资源的丰富程度上也优于东南亚三国。

表3-2　　　　　　非洲三国与东南亚三国的经济对比

国家	1969年人均国民收入（美元）	1967年GDP（亿美元）	1971年教育公共开支占GDP比重（%）	1967年人均耕地面积（公顷）
加纳	220	17.47	4.22	0.21
赞比亚	410	13.68	6.10	0.70
尼日利亚	120	52.03	3.21	0.56
马来西亚	350	31.89	4.55	0.08

续表

国家	1969年人均国民收入（美元）	1967年GDP（亿美元）	1971年教育公共开支占GDP比重（%）	1967年人均耕地面积（公顷）
泰国	190	56.38	3.07	0.34
印度尼西亚	70	56.67	2.79	0.17

资料来源：World Bank Open Data（https://data.worldbank.org.cn/）。

非洲三国与东南亚三国在经济发展初期均具有自然资源禀赋优势，但经过数十年的发展后东南亚三国经济发展速度远超非洲三国，东南亚三国在1967年后的五十多年发展期，GDP增速全面高于非洲三国，并且在GDP总量上不断与非洲三国拉大差距。到了20世纪80年代，非洲三国与东南亚三国间的发展差距逐步拉大。东南亚三国开始进入加速发展期，马来西亚、泰国、印度尼西亚最优增速提升至13%左右，然而赞比亚、加纳、尼日利亚的最优增速不超过8%。至2018年，印度尼西亚的GDP总量已是加纳同期水平的39倍（该差距水平在1967年仅为3倍左右）。造成非洲三国在数十年发展中远远落后于东南亚三国，以及非洲三国无法实现经济起飞的原因主要有两个，一是对资源产业的过度依赖使得产业结构单一，二是错误地选择了与经济发展水平不相适应的发展战略。

三 资源依赖度与国家经济战略

加纳、尼日利亚、赞比亚以及东南亚三国都是典型的资源丰裕型国家，它们在经济发展初期都有着高度的资源依赖性，但自20世纪70年代起，东南亚三国逐渐降低了其经济发展对于自然资源的依赖程度，实现经济结构转型升级，逐步形成以工业发展为主导，以技术创新驱动经济发展的可持续发展格局，然而加纳、尼日利亚、赞比亚仍然处于"资源诅咒"困境中，迟迟未能实现经济起飞。也就是说，两个初始条件相似的地区之间形成了巨大差距的主要原因是，非洲三国无法摆脱资源依赖以及选择了错误的经济发展战略，而东南亚三国则充分运用了自然资源禀赋优势，并依靠外向型的"出口导向"发展战略促进了制造业的发展，抓住国际产业结构调整的机遇，实现经济快速增长。

（一）对资源产业依赖度影响经济发展绩效

以尼日利亚与印度尼西亚两国为例，可以清楚地展现，对资源的过度及单一依赖是造成资源丰裕国家经济发展绩效差异化的关键所在。尼日利亚将20世纪70年代获得的"石油意外收入"主要用于以下方面：一是偿还基础设施建设所欠外债，二是进一步增加公共性投资，三是提高公务员收入水平。然而，国民经济发展结构呈现明显的畸形之态，这一时期70%的劳动力从事农业生产，农业生产方式仍以小农经济为主，粮食不能自给自足，每年仍需从国外进口大量粮食。可见，对石油资源的过度依赖，严重制约了农业经济的转型升级，引致通货膨胀、财政预算赤字、产业结构不合理等一系列经济社会发展问题。

与尼日利亚相比，印度尼西亚选择了一条不一样的发展道路。在依赖石油资源创汇创收的同时，率先实现粮食自给自足。政府制定以增加农民收入、提高粮食产量、保证农业稳定为目标的政策举措，向农民持续提供种子和肥料等农用物资与补贴，并资助灌溉系统，加大农业基础设施的公共投资；并且积极实施本币贬值战略，避免大量石油美元流入引致印度尼西亚卢比升值，进而挤出制造业。1978年印度尼西亚卢比贬值33.4%，对美元汇率贬至623.5印度尼西亚卢比兑1美元，后又经过多次贬值，1986年印度尼西亚卢比对美元有效汇率贬值为1644印度尼西亚卢比兑1美元。

由此可见，印度尼西亚起先是靠石油资源带动国家经济发展，因注重国民经济部门的均衡发展，实施了积极的农业政策和有效的汇率控制政策，为20世纪80年代大量外资流入促进制造业迅速发展奠定了良好的经济社会发展基础。目前作为排名相对靠前的发展中国家，国内生产总值、人均可支配收入、外汇储备、财政收入等均远超初始条件惊人相似的尼日利亚。

（二）与进口替代相比，出口导向模式对于资源丰裕国家在完成经济起飞后，更利于推动持续发展

非洲三国之所以远落后于东南亚三国，还有一个重要原因是非洲国家采取了错误的经济发展战略（即"国有化"与"进口替代"

战略)。非洲的赞比亚与加纳都有经济发展战略的失误,为实现国家工业化,均在国家工业的发展上实施"进口替代"战略。

赞比亚采取了与国民经济发展阶段不相匹配的进口替代工业化战略,导致制造业创汇收入与为维持制造业发展而产生的进口成本间的差额严重不匹配。统计数据显示,20世纪80年代末期,制造业创汇比重也还不到5%,而这些制造业企业却占了进口总额的60%—70%。① 这主要是因为,赞比亚政府将资源收入投资于国企发展中,支持这类企业生产与本国技术水平不相符的工业制成品。首先,由于本国工业水平有限,此类幼稚产业的发展需要通过对同类进口产品施加高关税来保护,赞比亚的对外贸易政策呈现从资本商品零税率到对成品消费品征税150%不等。其次,辅之以进口许可制度和优先配外汇给重要经济部门,以推进"进口替代"工业化战略,造成产品生产过程中大量使用进口技术、进口工厂设备、进口中间材料和进口原料,外汇节省无法实现,反增外汇需求压力。再次,依赖大量的进口技术和原材料,制造业仅呈现出对进口零件和材料的最终成品组装加工,势必造成生产成本高昂又缺乏竞争力,加之工业生产过程对进口过度依赖,很难与国内其他部门和企业建立产业关联。此外,为突破外汇短缺束缚,政府根据产品"奢侈度"确定产业优先等级,以此分配外汇额度。最终造成很多行业被迫减产,产能闲置,管理费用上涨。

与赞比亚类似,加纳为打破以可可产品出口为支柱的国家单一经济结构,也使用"进口替代"策略以发展国家工业。加纳政府调整经济结构的主要措施有:一方面,大力推行"进口替代"工业化政策,加强国家对经济的干预和控制,严格控制工业产品从国外进口的数量,减少国外工业企业对本国工业企业造成的竞争压力,扶植与发展本国工业,试图通过"进口替代"策略保护本国工业的发展,使加纳从一个传统的农业国向现代工业化国家迈进;另一方面,大刀阔斧地调整产业投资比重,利用宏观调控政策确保国内大部分资本流向工业,与此同时,优化农业生产结构和布局。这种农

---

① [赞比亚] 恩琼加·迈克尔·穆里基塔:《非洲的发展型政治和工业化:赞比亚的教训》,《非洲研究》2017年第1期。

业生产布局的优化，实则也是为了更严格地实现"进口替代"，具体表现为大量压缩可可的生产，增加其他类型的粮食作物的种植面积，这既实现了由单一作物经济向多元化种植的过渡，又能控制农产品的进口规模。上述进口替代下的工业化道路，虽然有效地打破了单一农作物经济的一元化特征，助力经济生产部门向多元化迈进，但是可可产量的大幅缩减使得出口创汇受到了重创，且效果"立竿见影"。工业化的实现本就需要大量的资本投入，当国内尚未实现可以支持产业部门内生化发展的资本原始积累时，工业化所需资本投入大多来自出口创汇。然而加纳阻断了实时性的可出口创汇，势必只能选择动用已有的外汇储备，如此的"只出不进"，外汇储备呈现明显的减少之势。相关文献资料显示，在独立之初的 1957 年，加纳外汇储备达到 5.46 亿美元，然而实施经济结构调整后的 1961 年，这一数字猛降至 1.26 亿美元。[①]

由此可见，赞比亚与加纳错误的经济发展导向战略导致经济起飞失败。如果在资源产业创造一定的财富的同时，正确地配置农业、林业、初级产品加工业的资源需求，是可以在经济实现起飞后，获取足够的收入用以推动向进口替代的循序渐进的过渡。但在初级产品出口上大幅度减少投资，把发展的重点过早地、错误地转移到"进口替代"工业战略上，势必会没有能力弥补初级产品对增长的可观贡献这一缺口。

东南亚三国在工业化进程中选择了与非洲三国完全不同的发展战略，推行"出口导向"模式。马来西亚、印度尼西亚以及泰国在出口自然资源和原材料的基础上，发展原材料加工业和制造业，推动经济结构转型升级，逐渐走上了经济健康稳定发展的道路。例如，马来西亚在发展初期的经济结构也与赞比亚、加纳等国家相似，都呈现出单一经济结构，以橡胶、锡产品为主。但是，随着时间的推移与技术的进步，橡胶出现了廉价的合成替代品，需求减少使得马来西亚的橡胶种植业难以获得更大的发展；锡的产量也超过了市场的需求，马来西亚依靠初级产品出口模式的经济发展陷入了

[①] 刘金源：《单一经济及其依附性后果——以加纳为例》，《西亚非洲》2002 年第 6 期。

困境。此时，马来西亚一方面调整农作物结构，推行农业多元化政策，根据国际市场的变化，发展棕榈种植业、胡椒种植业，用新的初级产品出口来增加收入，农业从橡胶业转至油棕业，1966 年成为当时世界上最大的油棕出产国，到了 20 世纪 70 年代马来西亚又发展了第三个重要出口作物——可可；另一方面不断调整产业结构，推动制造业和服务业发展，实行"马来西亚新兴工业政策"，给予本国和外国企业三至四年税收优惠以推动新兴工业发展。依靠多元化的初级产品和原材料深加工产品的出口，马来西亚经济保持了较快的增长速度，在 20 世纪 80 年代和 90 年代中期，马来西亚年均增长率达 8%。可见，适时调整的"出口导向"的发展模式对于发展中国家来说，能够较好地改善现有生产要素的利用效率，增强国家的要素禀赋和促进相关产业的发展。

正因东南亚三国积极实施"出口导向"策略，如今这三个东南亚国家的进出口总额已远高于非洲三国（见表 3-3）。泰国 2018 年的进出口总额是赞比亚同期水平的 27 倍，然而，这一差距在 1967 年时仅为 1.6 倍左右。东南亚三国 2018 年出口额占 GDP 比重与 1967 年相比相差不大，维持在较高水平，马来西亚的比例更是接近 70%。相反，非洲三国 2018 年出口额占 GDP 比重与 1967 年相比大幅下降，赞比亚的下降幅度接近 50 个百分点。可见，"进口替代"策略严重制约了非洲国家的国际贸易发展，拖慢了经济资本的积累速度，无法发挥进出口贸易对经济发展的支撑作用，并且使得非洲国家至今难以融入全球化经济发展的浪潮之中。

表 3-3　　1967 年、2018 年非洲三国与东南亚三国进出口总额情况

国家	1967 年进出口总额（亿美元）	1967 年出口额占 GDP 比重（%）	2018 年进出口总额（亿美元）	2018 年出口额占 GDP 比重（%）
加纳	6.10	34.91	276.28	22.33
赞比亚	10.94	79.97	185.14	33.88
尼日利亚	13.03	25.04	1025.48	15.27
马来西亚	23.03	72.22	4648.36	68.98

续表

国家	1967年进出口总额（亿美元）	1967年出口额占GDP比重（%）	2018年进出口总额（亿美元）	2018年出口额占GDP比重（%）
泰国	17.48	31.00	5017.66	49.92
印度尼西亚	13.14	23.18	3689.27	17.29

资料来源：世界银行数据库（https://data.worldbank.org.cn/）。

（三）国有化背景下的资源配置机制

与东南亚三国相比，非洲三国在经济政策上还出现了一个重大失误：过度国有化。非洲大陆实行国有化非常普遍，无论是自称以社会主义为发展方向的国家还是以发展资本主义为主的国家，都建立了国有经济和准国有经济制度。在20世纪60年代初期出现了第一次浪潮，包括几内亚、加纳、马里等国；到20世纪60年代中期开始的第二次浪潮波及了坦桑尼亚、刚果、贝宁、索马里等国；发生在20世纪60年代末至70年代中期的第三次浪潮更为激进，席卷马达加斯加和埃塞俄比亚等国。[①] 国有化一方面导致公共部门膨胀，公共经费支出居高不下，将农业创造的财富消耗殆尽；另一方面使得公务员岗位激增，非洲的"精英"普遍选择在公共部门工作，致使企业家成长缓慢、科技人员数量不足。加之，国有企业普遍存在低效率、高浪费的通病，如要对国有企业进行改革，则面临更多的阻力。

综上所述，对资源高度依赖使非洲三国难以改变单一的经济结构，非洲三国也因此常常遭遇"资源诅咒"困境。又由于非洲三国都选择了错误的产业发展策略（进口替代与国有化），这些策略的实施使得非洲三国产业结构失衡，在国际贸易中长期处于不利地位，而东南亚三国则选择了与非洲三国相反的出口导向发展战略，充分发挥了自然资源禀赋优势，并依靠"出口导向"战略促进了制造业的发展，抓住国际产业结构调整的机遇，实现经济起飞，产生如今的发展水平远远高于非洲三国的结果。

---

① 李继东：《现代化的延误对独立后"非洲病"的初步分析》，中国经济出版社1997年版。

第三节　拉美经济资源诅咒：巴西、阿根廷、委内瑞拉

"资源诅咒"既可以指一个资源丰富的国家（地区）比一个资源贫瘠的国家（地区）增长更慢的现象；也可以指一个国家（地区）的经济发展过分依赖资源密集型产业，致使增长不具有可持续性，甚至陷入"中等收入陷阱"。"资源诅咒"的产生可能出自以下原因：其一，它可能是"荷兰病"的后果之一，资源出口导致国内物价上涨，物价涨幅超过工资涨幅，则工人的实际收入下降，当这种情况很严重时，全部人均实际收入可能下降；其二，还可能是要素边际报酬递减引致的，在自然资源总量有限的约束下，比较成本优势会吸引大量的生产要素投入资源部门，长期来看增长势必不可持续；其三，与人力资本要素间未能形成有效配置组合，与资源稀缺地方不同的是，资源丰裕地区的人们不会将目光更多地集中在人力资本投资上，然而人力资本的无限性缺失是破解资源总量约束最为有效的选择。从政治经济学角度找寻"资源诅咒"产生原因，一方面是资源开发需要政府授权，因而成为政府寻租工具，滋生腐败；另一方面是资源开发具有垄断性与规模经济特征，由此衍生资源型大企业，容易形成寡头政治。腐败诱导与寡头垄断共同作用下，资源型经济发展模式壁垒高筑，影响分配有效性，束缚经济长期增长。由此可见，"资源诅咒"事关在资源所有权之上构建的政治结构，比"荷兰病"更难治理。

　　拉丁美洲自然资源丰裕的巴西、阿根廷以及委内瑞拉均不同程度遭遇到了"资源诅咒"影响。丰富的自然资源并没有为这些国家带来快速且可持续的增长动力，反而使得这些资源丰裕国家出现人力资本积累不足、产业结构失衡、工业萎缩等"荷兰病"现象，经济发展对资源的依赖程度不断提高，国家经济增长长期停滞或处于低增长状态，难以迈入以创新驱动发展的可持续发展阶段。

一 资源丰裕与贫瘠地区的经济增长反差

资源丰富的国家（地区）长期经济增长不如资源贫乏的国家（地区）的例子却比比皆是，比如巴西、阿根廷、委内瑞拉等拉美国家，其初始资源禀赋条件远优于新加坡这样的"弹丸之地"。新加坡的人均耕地面积一直以来与巴西、阿根廷、委内瑞拉等拉美国家之间存在巨大差距（见图3-1）。2016年，阿根廷人均耕地面积达0.899公顷/人，是新加坡（0.0001公顷/人）同期水平的9000倍，而巴西（0.393公顷/人）、委内瑞拉（0.09公顷/人）两国耕地资源也比新加坡丰富，分别是新加坡同期水平的3900倍、900倍。从自然资源对经济增长的贡献看，新加坡自然资源租金总额占GDP的比重一直以来远低于巴西、阿根廷、委内瑞拉三国（见图3-2）。2014年，巴西（4.14%）、阿根廷（3.03%）、委内瑞拉（11.82%）三个国家的自然资源租金总额占GDP比重均超过新加坡（0.00054%）的5000多倍，其中，委内瑞拉为新加坡同期水平的20000多倍。

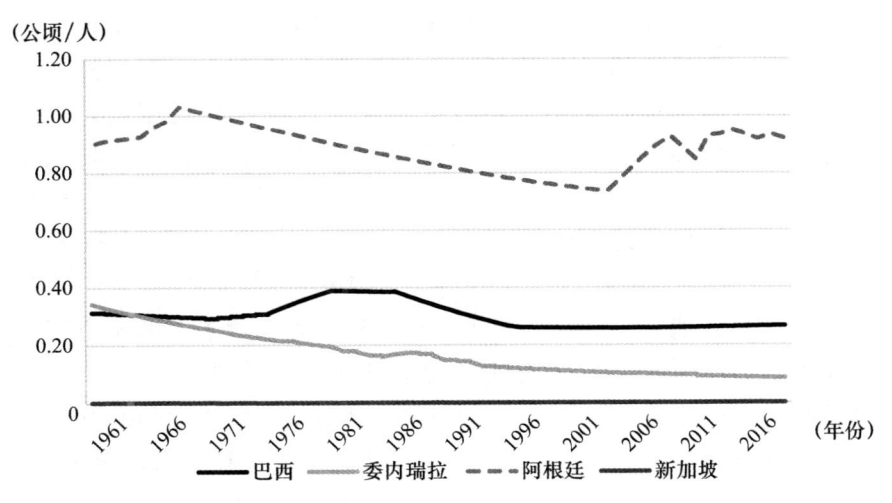

图 3-1 1961—2016 年四国人均耕地面积（公顷/人）情况

资料来源：世界银行数据库（https://data.worldbank.org.cn/）。

新加坡与拉美三国相比是一个自然资源极其匮乏的国家，由于资源要素的极度稀缺，对新加坡经济增长的贡献微乎其微，新加坡

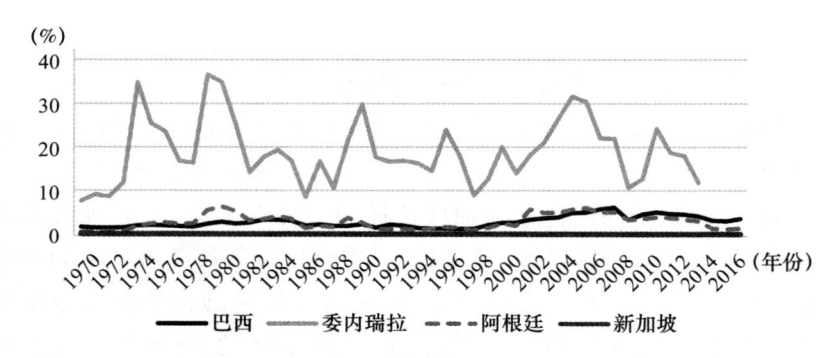

图 3-2　1970—2016 年四国自然资源租金总额占 GDP 比重情况

资料来源：世界银行数据库（https://data.worldbank.org.cn/）。

本土的自然资源不可能成为经济发展的强劲推动力。客观上，1975年之前凭借初始资源禀赋发展经济时期，新加坡人均 GDP 远落后于阿根廷及委内瑞拉。1962 年的统计数据显示，新加坡人均 GDP 仅为 472 美元，不到阿根廷、委内瑞拉两国同期水平的一半。[①] 但是，自 20 世纪 70 年代起，阿根廷、委内瑞拉等资源丰裕国家与新加坡等资源稀缺国家因增长与发展模式的不同，使得经济增长表现大相径庭。资源丰裕的拉美三国逐渐难以维持一度的高增速，而资源稀缺的新加坡却取得了良好的发展成就。半个世纪内，虽然在初始阶段依赖自然资源发展的巴西与资源贫瘠的新加坡均获得了高速增长，增速分别为 8.47% 与 9.2%，但是资源丰裕的巴西、委内瑞拉、阿根廷的平均 GDP 增长率（20 世纪 70 年代至 21 世纪 10 年代）分别为 4.01%、1.60%、2.50%，较资源稀缺的新加坡同期水平分别低出 3.29 个百分点、5.7 个百分点、4.8 个百分点（见表 3-4）。从增速变化的时间序列看，资源丰裕的拉美三国增速呈现断崖式下跌。与 20 世纪 70 年代相比，20 世纪 80 年代巴西 GDP 增速下降了 183%，委内瑞拉与阿根廷甚至出现负增长，相比之下新加坡 17.5% 的增速下滑显得微不足道。进入 21 世纪，资源丰裕的拉美三国第二个十年的表现与第一个十年相比，巴西、委内瑞拉、阿根廷的 GDP 增速又分别下降了 2.03、9.85、0.82

---

① 世界银行数据库（https://data.worldbank.org.cn/）。

个百分点,而新加坡同期 GDP 增长率仅下降 0.18 个百分点。若是从人均 GDP 规模看,相差更是悬殊(见图 3-3)。新加坡自 1975 年全面超过拉美三国后,便一直保持着领先地位,不断拉大与拉美三国之间的差距。2018 年,新加坡人均 GDP 高达 64581.94 美元,是巴西同期水平的 7.2 倍、阿根廷同期水平的 5.5 倍。从上述分析可见,拉美资源丰裕的三国如今的经济发展水平无法与资源稀缺的新加坡相比拟,新加坡已迈入世界发达国家行列,而巴西、阿根廷以及委内瑞拉则深受"荷兰病"困扰,在"中等收入陷阱"中苦苦挣扎。

表 3-4　　20 世纪 70 年代至 21 世纪第二个十年四国 GDP 增长率对比情况　　(单位:%)

时期	巴西	委内瑞拉	阿根廷	新加坡
20 世纪 70 年代	8.47	3.97	2.93	9.20
20 世纪 80 年代	2.99	-0.16	-0.31	7.83
20 世纪 90 年代	1.88	2.46	3.99	7.22
21 世纪第一个十年	3.39	3.98	2.58	5.36
21 世纪第二个十年	1.36	-5.87	1.76	5.18
平均增长率	4.01	1.60	2.50	7.30

资料来源:世界银行数据库(https://data.worldbank.org.cn/)。

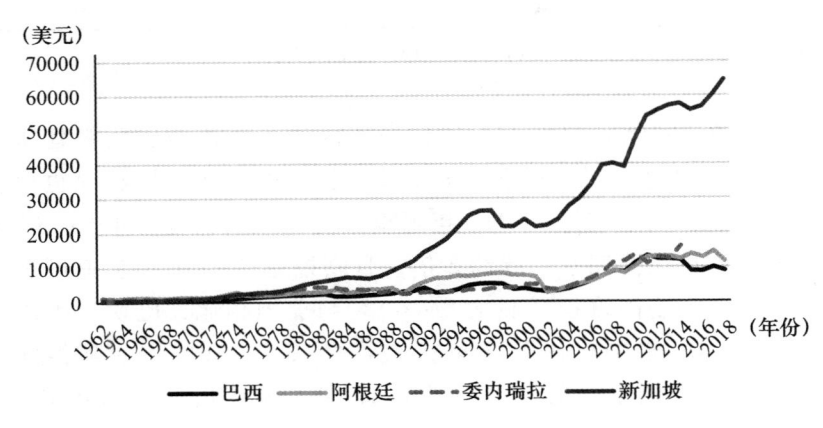

图 3-3　1962—2018 年四国人均 GDP 对比情况

资料来源:世界银行数据库(https://data.worldbank.org.cn/)。

二 资源依赖引致"中等收入陷阱"

在20世纪80年代之前，凭借丰富的自然资源，巴西与委内瑞拉均有着良好的经济增长，甚至可与美国的经济增长速度相媲美。20世纪60年代，巴西、委内瑞拉的GDP增长率均超越美国，20世纪70年代，巴西的GDP增长率上涨至接近美国同期水平的两倍，委内瑞拉GDP增长率虽对比上一时期有所下降，但也与美国同期水平相近（见表3-5）。然而进入20世纪80年代后，巴西、委内瑞拉的经济增长速度骤降，甚至出现经济负增长现象，并且再也没有出现经济增长速度超越美国的盛况，自此进入经济发展停滞或低增速阶段。

表3-5　　　1960—2010年巴西、委内瑞拉、美国GDP增长率对比情况　　　　　　（单位：%）

时期	巴西	委内瑞拉	美国
20世纪60年代	5.90	4.81	4.65
20世纪70年代	8.47	3.97	4.37
20世纪80年代	2.99	-0.16	4.05
20世纪90年代	1.88	2.46	4.15
21世纪第一个十年	3.39	3.98	4.13
21世纪第二个十年	1.36	-5.87	3.36

资料来源：世界银行数据库（https://data.worldbank.org.cn/）。

在资源依赖增长路径下，相较于委内瑞拉与巴西，阿根廷所遭遇的"资源诅咒"严重程度稍低一些，目前的经济发展状况也比巴西、委内瑞拉相对较好。2017年阿根廷的人均GDP达14591.86美元，是委内瑞拉同期水平的约2倍，且阿根廷的GDP增长速度也明显高于巴西和委内瑞拉（见表3-6）。与美国相比，巴西、委内瑞拉的人均GDP水平仅达美国同期水平的10%—20%，而阿根廷人均GDP已达美国水平的25%左右，其GDP增速也比美国高出0.5个百分点左右。

表 3 - 6　　　　2017 年巴西、阿根廷、委内瑞拉经济情况对比

国家	人均 GDP（美元）	GDP 增速（%）
巴西	9880.95	1.06
阿根廷	14591.86	2.67
委内瑞拉	6822.00	-15.67
美国	59927.93	2.22

资料来源：世界银行数据库（https：//data.worldbank.org.cn/）。

三　资源丰裕国家的增长共性与个性

巴西、委内瑞拉、阿根廷遭受"资源诅咒"的成因既有相同之处，亦有不同之处。相同之处在于对资源的过度依赖，导致出口结构单一、制造业萎缩。1970—2014 年，巴西、委内瑞拉、阿根廷三国的自然资源租金占 GDP 比重呈明显上升趋势（见图 3 - 4），2014 年阿根廷自然资源租金占 GDP 比重是 1970 年水平的近十倍，2014 年巴西（与 1970 年相比增幅超 150%）、委内瑞拉（与 1970 年相比增幅超 50%）的自然资源租金占 GDP 比重也有较大幅度的增长。与此同时，拉美三国的资源型商品出口占商品出口总额比重长期以来都保持着高位水平（见图 3 - 5），1970—2014 年间阿根廷的食品饮料烟草出口占商品出口总额比重保持在 40% 以上，最高时接近 77%。同样，巴西也高度依赖食品饮料烟草这类资源型商品的出口，1970—2014 年间巴西的食品饮料烟草出口占商品出口总额比重仅有个别年份低于 30%，其余年份均高于 30%，最高时为 63%。更有甚者，委内瑞拉的燃料出口占商品出口比重在 2013 年已增长至 98% 左右。由此表明，拉美三国对于自然资源的依赖程度自 20 世纪 70 年代以来日益严重。过度依赖自然资源的增长模式使得拉美国家的工业发展受到严重阻碍，工业增加值占 GDP 比重均有不同程度的下降。与 1970 年相比，2014 年巴西工业增加值占 GDP 比重下降了近 12 个百分点，阿根廷的工业萎缩更为严重，降幅接近 20 个百分点，仅为 1970 年的一半。巴西、阿根廷、委内瑞拉三国均经历过经济发展的黄金时期，但却因自身发展战略路径选择、外部经济环境变化以及政治制度的影响，始终无法突破"中等收入陷阱"、摆脱"资

源诅咒",迟迟未能走上以创新驱动发展的现代化可持续发展道路。

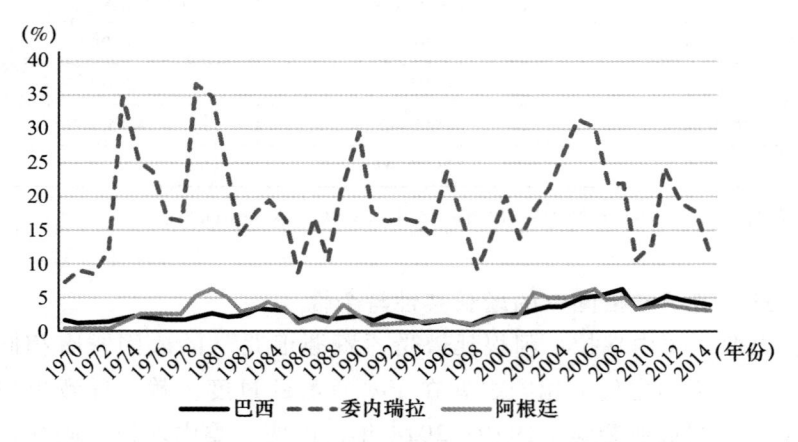

图 3 - 4　1970—2014 年拉美三国自然资源租金占 GDP 比重

资料来源：世界银行数据库（https：//data. worldbank. org. cn/）。

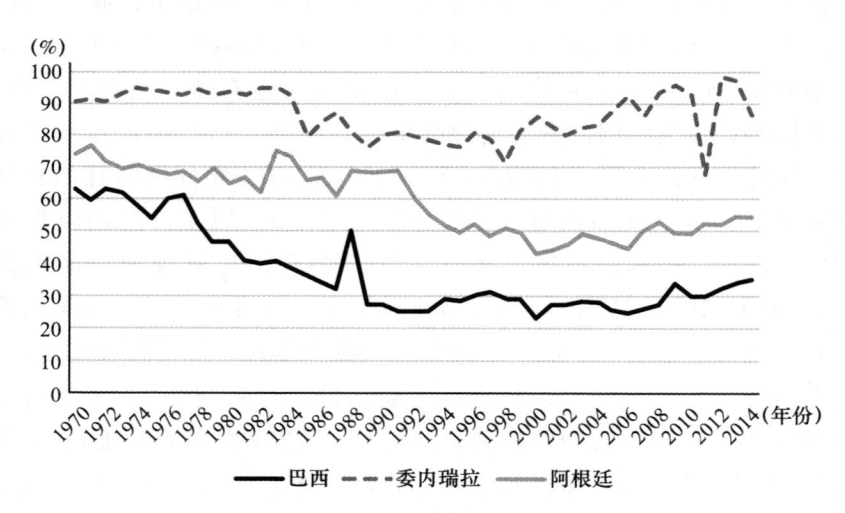

图 3 - 5　1970—2014 年拉美三国资源型商品出口占商品出口总额的比重

资料来源：世界银行数据库（https：//data. worldbank. org. cn/）。

（一）巴西"资源诅咒"与依赖国际资本推进工业化

巴西资源依赖型增长模式主要依靠矿物、农业等资源，从出口商品类型来看,矿产品、植物产品和食品饮料烟草是巴西的主要出口商品,2017年出口额分别为418.0亿美元、372.6亿美元和251.9亿美元,分别占巴西出口总额的19.2%、17.1%和11.6%。其中,矿产品出口在铁矿砂和原油出口大幅增长的情况下猛增49.0%,成为巴西第一大出口产品,植物产品出口增长24.2%,食品饮料烟草和矿产品出口增长3.1%。①

巴西在20世纪80年代末和90年代初的经济增长停滞主要和去工业化有关,巴西全面转向资源出口,经济增长高度依赖世界市场上的资源价格,经济增长受资源价格变化产生急剧波动。巴西在20世纪60年代早期工业化快速推进,工业增加值占GDP的比重达到40%,到1989年达到42.28%的高峰(见图3-6)。在这一阶段,虽然巴西工业增加值占GDP比重有所提升,但其中的制造业增加值占工业增加值比重从78%(1960年)下降至69.2%(1989年),下降了11.28%;矿产租金占GDP比重则从0.489%(1970年)上涨至0.614%(1989年),增长了25.56%。可见,巴西对于矿产资源的依赖程度正逐步提升,而制造业在工业中的占比则逐渐萎缩。从1990年开始,巴西的工业增加值占比呈现"断崖式"下跌,1990年巴西工业增加值占GDP比重同比下降了近10个百分点,到90年代末期跌至25%以下。后来出现过一段稳定发展时间,2010年后再次下跌,到2018年已经低至18.44%,这一水平仅为1962年的一半左右(1962年该占比为36.6%)。自1990年之后,巴西制造业不断萎缩,2018年巴西制造业增加值占工业增加值比重仅为52.4%。

"去工业化"是每个正常工业化的国家都要发生的,但巴西的去工业化发生过早。罗德里克指出,早熟的去工业化主要发生在拉美国家,巴西属于其中的典型。② 根据罗德里克的研究结论,成功

---

① 中商产业研究院:《2017全年中国与巴西双边贸易概况:进出口额为748.1亿美元,增长27.9%》,2018年1月,中商情报网(https://www.askci.com/news/finance/20180129/161340117189_2.shtml)。

② Rodrik, Dani, "Premature Deindustrialization", *Journal of Economic Growth*, Vol. 21, No. 1, 2016, pp. 1 - 33.

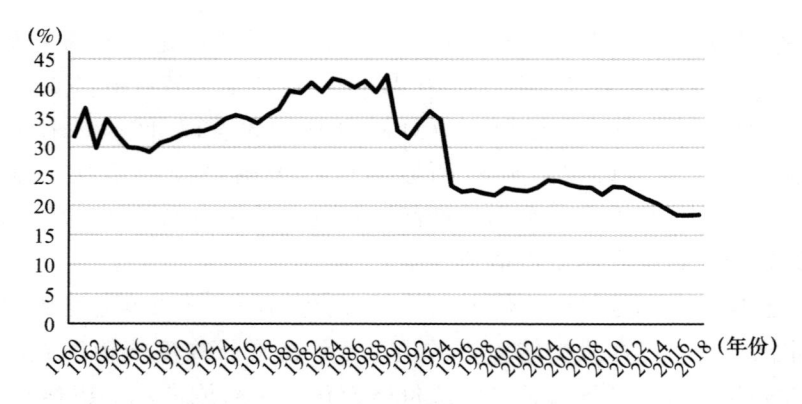

图 3-6　1960—2018 年巴西工业增加值占 GDP 比重情况

资料来源：世界银行数据库（https://data.worldbank.org.cn/）。

经济体的工业增加值占比在跨越中等收入门槛后第 13 年停止增长，但随后可以在高位上维持 10 年左右，到第 24 年才开始实质性的去工业化，此时，它们的人均 GDP 按 2005 年可比价格计算已经超过 14000 美元，而巴西达到这个收入水平要等到 21 世纪第一个十年的末期，彼时离这个国家开始去工业化已经过去整整 25 年。

那么，为什么巴西会在 20 世纪 80 年代急剧发生"去工业化"呢？由于 20 世纪 80 年代中期的石油价格比较平稳，不可能让一个大国的经济结构发生如此剧烈的改变，对于资源产业过度"挤出"制造业的解释显然是不够的。真正的原因在于，巴西的工业化过分依赖国际资金的支持，当拉美主权债务危机发生之后，巴西资金断流，工业化进程被打断。1973 年第一次石油危机之后，石油价格大涨，导致石油美元泛滥，全球流动性过剩。在低利率的诱惑之下，巴西和其他拉美国家大量举债，以支持国内的工业化进程。1979 年沃克尔就任美联储主席之后，实施紧缩政策，大幅度提高利率，这不仅加重了拉美国家的债务负担，而且致使资金大量回流美国，由此巴西的工业经济一泻千里。

为解决工业化发展过程中的资金缺口，巴西只能更加依靠初级产品的出口换取外汇。具体表现为，在资本原始积累不充足的情况下，错误地选择了大规模的进口替代工业化战略，因此势必需要利用大量的外汇购买工业化发展所需的中间品及技术资本品，使得外汇需求短期内大幅上涨。而对于自然资源丰裕的巴西而言，这一阶段获取外汇最有效的办法就是扩大初级产品出口规模。加之20世纪80年代国际利率攀升，巴西面临利息支付压力，再度助长了巴西对初级产品出口的依赖性。进入21世纪，中国、印度等新兴国家蓬勃发展，再次掀起初级产品价格上涨的浪潮。自此，巴西彻底"沉迷"于资源依赖型经济发展路径。从2009—2011年巴西出口商品结构来看，初级产品和自然资源类出口占据主要地位，分别为铁矿砂及其精矿，石油、原油及衍生品，初级农牧产品包括大豆、甘蔗或甜菜、肉类、咖啡。相关统计数据显示，在21世纪的第一个十年内，能源和基础金属的实际价格是十年前的3倍。在这波价格上涨的潮流中，包括巴西在内的众多拉美国家实现国际收支盈余。然而，不得不正视的是，初级产品贸易虽然为巴西进口替代工业化发展带来了国际收支平衡，但是经济增长由此变为高度依赖自然资源，且具有很强的发展惯性。

由此看来，巴西陷入"资源诅咒"的特定原因，是与工业化发展中错误的战略导向密不可分的。现阶段，每当国际市场自然资源的价格发生波动，巴西的经济增长也会发生剧烈的波动，经济发展深受自然资源贸易掣肘，难以回到以工业经济或以创新驱动经济发展的可持续发展阶段。

（二）委内瑞拉"资源诅咒"主要表现：工业萎缩与腐败滋生

委内瑞拉资源依赖型增长模式主要依靠石油资源，长期以来，委内瑞拉商品出口结构高度单一。第二次世界大战之前，委内瑞拉已经成为世界上第二大石油输出国，第二次世界大战之后，委内瑞拉石油产业对增长的贡献主要得益于美国工业经济的发展。1970年至今，委内瑞拉燃料出口占商品出口总额总体维持在90%以上。1962—2005年间，委内瑞拉的石油出口占GDP的比例基本在20%—30%，平均为23%；尽管石油部门只雇用了2%的劳动力，却提供了该国90%以上的外汇收入。2013年委内瑞拉商品出口总额为887.53亿美元，其中，燃料出口占比高达97.67%。[1]

---

[1] 英国石油公司：《BP世界能源统计年鉴》，2016年（https://www.bp.com.cn/zh_cn/china/home/news/reports/statistical-review-2016.html）。

与石油产业加速发展相伴的，是本国货币的持续高估。从1964年开始，委内瑞拉货币玻利瓦尔大幅高估，币值从1963年的1美元兑3.35玻利瓦尔直接跃升至1964年的1美元兑0.00435玻利瓦尔。在1964—1986年间，委内瑞拉货币一直维持着极高的币值，直至1987年之后玻利瓦尔币值有所下降（见图3-7）。本币高估的目的在于进一步扩大石油资源收入进而维持高增长，在1950—1980年间，委内瑞拉人均GDP增长了78%，工资水平增长了近两倍。

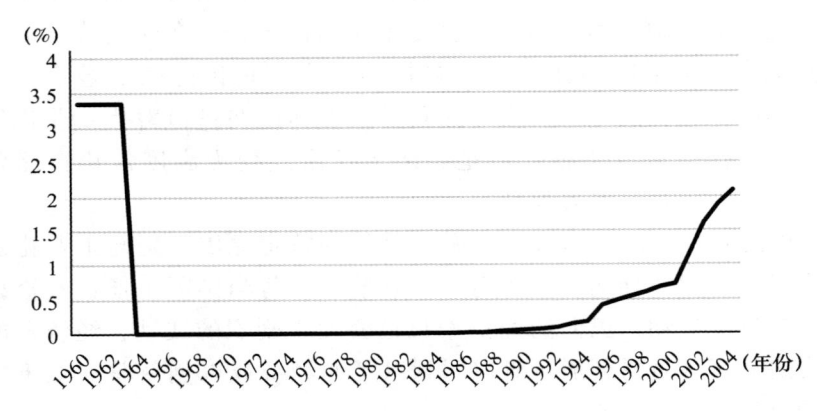

图3-7　1960—2004年美元兑玻利瓦尔汇率（美元/玻利瓦尔）

资料来源：世界银行数据库（https://data.worldbank.org.cn/）。

然而好景不长，委内瑞拉因自身发展战略的错误，导致工业经济发展低迷，接踵而至的主权债务危机改变了一切。长期对石油的高度依赖让委内瑞拉错失了国内工业的发展期，大部分消费品依赖进口。在委内瑞拉，与石油美元收入大增相伴随的是大举对外举债。但是，委内瑞拉通过外债举借的资金并未用于国内建设，而是用于进口消费。该国的进口量从1973年的260万美元飙升到1981年的1230万美元，国内所需的大部分工业制成品和基本生活用品要依靠进口，70%以上的消费品需要进口，制造业进口占商品进口的比重一直维持在70%以上。这样的消费模式在主权债务危机之后再也无法为继，委内瑞拉国内开始持续地通货膨胀，经济萎缩，工资大幅度缩水，政府不得不取消固定汇率。与此同时，政治也进入动荡期，1989年2月爆发群众暴动，1992年连续发生两次流产的军事政变。1998年查韦斯在选举中获胜，因恰好赶上了石油价格的大幅度上涨，他基本上是将1980年以前的发展政策进行了简单的"复制粘贴"，即用石油美元购买民众的支持。2013年查韦斯去世之后，他的继任者马杜罗却没有他那么幸运。面对中国经济增长速度的放缓，石油价格"腰斩"，委内瑞拉的经济变得比第二次石油危机之后还差，通货膨胀率奇高，从2013年到2017年，委内瑞拉玻利瓦尔贬值99.5%，民众财富被恶性通货膨胀灭失殆尽，政治和社会因此再次进入极不稳定的时期。加之丰厚的石油收入吸引众多利益集团耗费过多的资金、精力和时间从事非生产性活动，即一方积极"寻租"、另一方积极谋求"行贿"，使得石油部门成为腐蚀公共部门的温床。贪污腐败等问题的普遍存在，对企业的投资、生产活动形成"挤出"，影响了长期生产能力的提升，造成大量国家资源利润损失。世界清廉指数显示，从2012年到2015年，委内瑞拉得分仅为20分（满分100分），位列第158，排名倒数第一。①

委内瑞拉的失败，是"资源诅咒"的"教科书式"案例。该国1960年时几乎已经成为高收入国家，但到2010年却倒退到中等收入国家的中游水平。历史上两次石油危机所导致的石油价格暴涨让委内瑞拉也获得了一大笔"意外的收入"，但委内瑞拉并没有利用好这份大量的石油收入去发展自身的工业经济从而实现国家工业化，大部分消费品仍然依赖进口，资金较少用于工业发展中，加之"寻租"这一市场失灵现象横行、对生产部门产生"挤出"作用。委内瑞拉巨额的石油财富足以让几乎每个人都获得政府的补贴，这也使得在经济发展上没有人愿意投资国内工业，民主政治完全以分配和收买为基础。这样的经济和政治结构只能在"风调雨顺"的时候得以维持，一旦石油价格下降，它们就会分崩离析。

---

① 国际透明组织：《世界清廉指数2015》，2016年（http://www.transparency.org/cpi2015.）。

(三) 阿根廷"资源诅咒"与工业持续低迷

阿根廷土地面积名列全球第八,且先天自然资源得天独厚。受益于潘帕斯草原(世界著名的大面积优秀天然草场),阿根廷的畜牧业一向非常发达。19世纪末欧洲市场对农产品的需求急剧增加,阿根廷利用海运技术和冷冻技术的进步,紧紧抓住这一机会,向欧洲出口大量农产品。到20世纪初期,阿根廷的人均国内生产总值为美国的一半,略高于芬兰和挪威,接近意大利和瑞典。到了1913年,阿根廷的人均收入达到3797美元,高于法国和德国。可见,凭借动植物产品原料的出口和初加工,阿根廷成了当时最富有的国家之一。①

20世纪30年代,阿根廷在贸易壁垒林立的情况下,同许多拉美国家一样选择了进口替代工业化战略,发展至1962年,已执行20余年进口替代工业化战略的阿根廷,农业原材料出口占商品出口的23.09%,食品出口占商品出口的71.52%,然而制造业出口仅占商品出口的3.47%。② 可见高度依赖自然资源的经济结构并没有发生根本改变。由于现代工业体系未能建立,贸易结构仍然呈现以附加值较低的原材料和农产品出口为主,进口主要集中在对技术有一定要求的运输设备、化工产品、机电产品等。即使到了21世纪,这种贸易结构也未能有效调整与发生改变(见图3-8)。

因经济增长模式对初级产品的过度依赖,阿根廷本土工业起步以及发展较为迟滞,加之阿根廷政府为了保护国内的"幼稚工业",实施了进口替代模式,使得本国工业技术含量低,难以成为阿根廷经济发展的支撑。高筑的贸易壁垒使本国"幼稚工业"(包括国有企业和私人企业)生存在一个缺乏有效竞争的环境,一方面降低了企业提高生产率的积极性,另一方面也错失了核心技术攻关升级的发展期。尤其需要指出的是,对于阿根廷而言,贸易壁垒林立的局面在乌拉圭回合谈判之前几乎没有改变,这导致进口替代工业化战略实施的时间跨度远远超过了预期,这也成为阿根廷经济变革的主

---

① 李湛:《阿根廷屡陷债务危机怪圈的原因》,《金融博览》2018年第1期。
② 高庆波、芦思姮:《阿根廷经济迷局:增长要素与制度之失——阿根廷中等收入陷阱探析》,《拉丁美洲研究》2018年第2期。

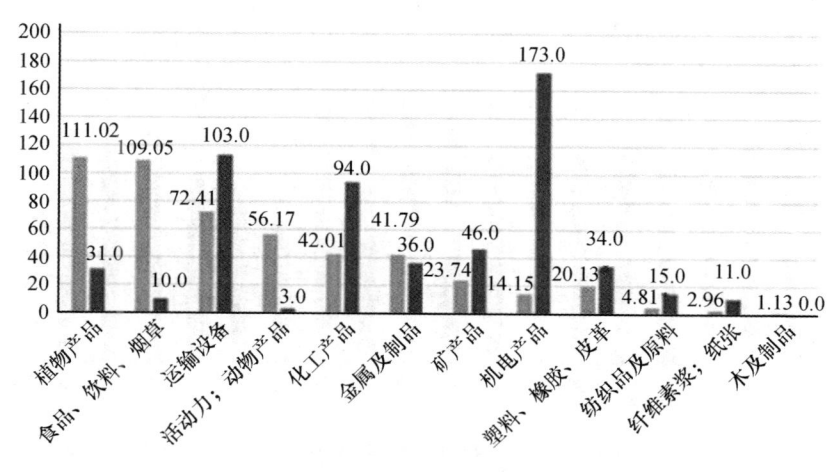

图 3-8 2018年阿根廷主导产业对外进出口金额

资料来源：朱琳慧：《2018年中国与阿根廷双边贸易全景图》，2019年6月19日，前瞻经济学人（https://www.qianzhan.com/analyst/detail/220/190618-a037c24d.html）。

要制约要素。可见，工业经济发展的持续低迷对阿根廷的影响极为深远，且与低增长长期相伴。纵观2001—2018年阿根廷制造业的发展情况可以看出，年均制造业进口额占总商品出口额的83.31%，而年均制造业出口额仅占总商品出口额的30.24%，制造业贸易逆差态势明显（见图3-9）。目前商品成品（包括化学品、基本制成品、机械和运输产品、设备混杂的制成品）占阿根廷总进口比重达到了84%，排名全球第四。由于关税原因，阿根廷大部分的汽车、化工产品和电子产品的价格都比国际市场高出几倍。2017年，IntegraGo咨询机构在收集对比7个国家43家商店里14个商品目录中的1200多个不同商品的价格后发现，阿根廷各类电子产品的平均价格是美国的两倍，比智利电子产品的价格高出30%—90%，比墨西哥电子产品价格高出78%。

还有一个值得重点关注的问题是，阿根廷盛行"民众主义"的政治制度。民众主义具有城市性、多阶级性、广泛性、大众性和魅力领袖主导性等特征，这种政治思潮下形成的经济政策包括国有化、贸易保护、高工资与高福利等，使进口替代工业化发展模式陷

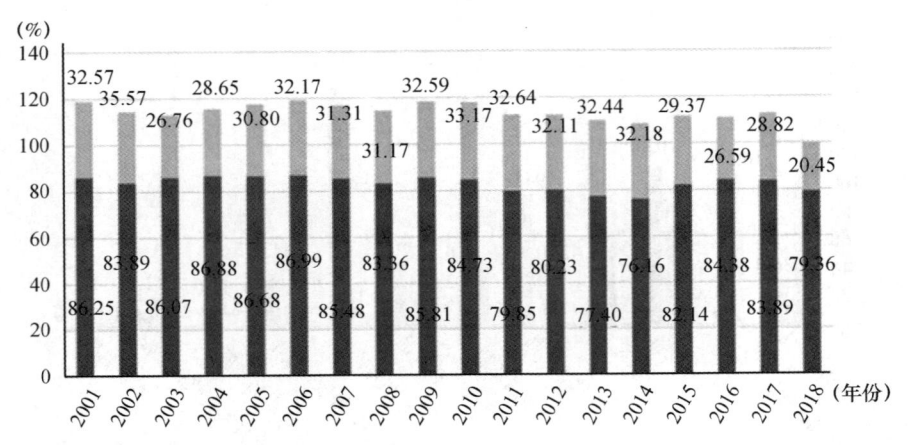

图 3-9　2001—2018 年阿根廷制造业进出口占总商品进出口比例

资料来源：世界银行数据库（https://data.worldbank.org.cn/）。

入困境——国有企业效率低下，贸易保护降低了国有企业产品的竞争压力，高工资导致成本上升，高福利导致财政赤字。这些因素累加，使得成本推动型通胀难以避免。

通货膨胀造成的储蓄率下降也为外债累积提供了外部条件，阿根廷历史上的债务危机的成因正是如此。在工业化进展缓慢，工业品竞争乏力，进口替代工业化策略还需要大量外汇的情况下，具备竞争优势的农牧业出口成为主要外汇来源，顺理成章地，调整农牧业出口成为经济结构转型升级的优先领域，资源型的农业产业的支撑作用使阿根廷始终无法摆脱对自然资源的高度依赖性，"资源诅咒"由此发生且日益严重。

第四节　西方国家创新摆脱：美国、加拿大、澳大利亚

虽然"资源诅咒"在自然资源丰裕国家时常发生，但世界上也有不少国家得益于自然资源禀赋优势，顺利完成资本原始积累，实

现国家工业化,通过创新转型推动经济可持续发展。

一 不同资源禀赋条件下经济起飞路径比较

(一) 资源丰裕条件下的历史道路:资源驱动下的工业化

得益于巨大的自然资源禀赋优势,美国、加拿大以及澳大利亚三国在经济发展起步阶段的成长道路是十分顺畅的,迅速实现了经济起飞并顺利进入全面工业化发展阶段。

美国从18世纪末期到20世纪初期,历经130年从摆脱殖民统治的新独立国家发展成为世界经济的领先者,丰裕的自然资源功不可没。这一资源导向型经济发展主要包括以下阶段:1790—1810年间,水力资源、森林资源及土地资源为生产生活提供支撑,同时也触发了工业动力的形成与基础燃料的积累,为美国工业革命奠定基础;1810—1860年间,资源的进一步开发利用在满足基本的生产生活需要的同时,拉动了工业经济的发展,使得这一时期工业总产值增长了9倍;1860—1915年间,美国基于丰裕的自然资源积累的资本,完成了工业革命,并且取得了世界工业霸权。可见,丰裕的自然资源开发与利用为美国提供了工业化所需的资本原始积累。20世纪初期,全球14种主要矿产资源中,有12种以美国为产量之首,其余2种美国产量位居第二;80%以上的经济增长来自资源要素投入的增加,年均GDP增速超4%;1894年美国工业总产值超过英国跃居世界第一,1913年经济总量超过英国、德国和法国三国之和;也正是因为矿产资源的开发带动了经济中心的西移,使得这一时期西部中心对国民收入的贡献接近55%。① 由此可见,在美国经济崛起过程中,丰裕的自然资源为经济增长与产品竞争力提供了发展动力,为工业化速度提升注入了有效催化剂,甚至还带动了区域经济的振兴,优化了国家经济空间格局。

加拿大同样依靠丰富的自然资源为经济起飞奠定基础。连片优质的土地资源、广袤的森林资源分别为农作物与林产品的生产与出口提供支撑,加之基于自然资源的开发和利用发展起来的采矿业和

---

① 崔学锋:《19世纪美国的自然资源开发与经济崛起:经验与启示》,《学习与探索》2012年第12期。

初级产品加工业，不仅塑造了加拿大国民经济部门的雏形，还推动了资本原始积累的实现。曾几何时，加拿大矿产品的产量仅次于美国和苏联，工业经济处于全球头部地位。加拿大生产的主要矿产品多达60多种，其中多种矿产品居世界领先地位，譬如铀和锌的产量居世界首位，钾碱、钦、镍、硫、石棉和石膏的产量为世界第二，镉、铝、金和白金为世界第三，铜、铂、铅和钴为世界第四，银产量居世界第五，等等。① 与资源开采相伴随的是造纸工业、非金属生产、化工、采矿、印刷等产业的大规模发展，甚至还生产出一些新产品，如滚动轴、镁、光学玻璃、防爆汽油等。总之，到第二次世界大战结束时，加拿大已经依靠丰裕的自然资源实现了工业化，是仅次于美国的第二富裕国家。1930—1945年，加拿大年均国内生产总值接近150亿加元，其中制造业贡献超过30%，产业结构与经济结构日趋合理化。②

澳大利亚也是受到"资源祝福"的经典案例。20世纪初期，畜牧业、农业及采矿业作为澳大利亚国民经济的支柱与核心，影响和决定着其他经济部门的发展。统计数据显示，20世纪第一个十年间，澳大利亚畜牧业拥有近亿只羊，超千万头牛，是当时世界上羊毛、牛肉、牛油等的主要生产国；农业产值规模十年间增长翻倍；逐步从采金业向多元化矿产品开采升级，银、铅、铜、锌、铁、煤及其他矿业产品相继投入市场，十年间铁矿产值增长11倍，锌产值增长高达32.5倍。基于农业、畜牧业、采矿业的高速发展，澳大利亚迅速完成原始资本积累，此后，社会大量资本开始进入工业领域，澳大利亚经济结构发生巨变。③ 统计数据显示，1930—1939年的十年间，澳大利亚工业总产值增长了1.22倍，建立起完整的工业体系，拥有多种工业部门，包括矿石、玻璃、化学、钢铁、纺织、制革、服装、制烟、制酒、木材、家具、造纸、印刷、电气、橡胶，甚至还有乐器、珠宝、瓷器等，且技术工艺水平和机械化程

---

① 张新元、张伟波：《全球矿业发展风向标——聚焦加拿大矿业勘查投入》，《资源导刊》2013年第1期。
② 世界银行数据库（https://data.worldbank.org.cn/）。
③ 澳大利亚统计局网站（https://www.abs.gov.au/）。

度亦显著提高。① 到 1940 年,出现了一批工业发达的城市,诸如墨尔本、悉尼、布里斯班,工厂数目增加到 2.7 万家,工业就业人数接近 60 万人,工业固定资产总值达 2.75 亿英镑,工业产品总值高达 5.5 亿英镑。②

(二) 资源稀缺下的历史路径:技术性出口导向模式的工业化

世界上还有不少发达国家在其经济发展初期并不具备自然资源禀赋优势,那么,这些资源贫瘠国家是如何实现经济起飞的呢?答案是,对外开放是资源贫瘠国家实现经济起飞的必由之路。日本、韩国、新加坡三国国土面积狭小、自然资源匮乏,这些国家在经济起飞前并没有自然资源禀赋优势,"资源祝福"无法降临在这些资源贫瘠国家之上,加之受到战争、殖民侵略等外部因素的影响,这些国家在初始阶段的发展基础并不尽如人意。日本就是一个自然资源贫瘠之国,加之第二次世界大战摧毁其国民财富的 45%,使得 1946 年日本的 GNP 只有战前的 62%,工业生产只有 1941 年的 14.3%,煤炭生产只有 1941 年的 12.5%,生铁产量只有 1941 年的 5%。③ 资源的匮乏使得生产停滞,物价上涨、失业加剧、贸易断绝,经济社会发展严重倒退。在第二次世界大战结束前,韩国是典型的殖民地经济。受到日本殖民统治当局对朝鲜半岛"南农北工"经济布局和"北重南轻"工业布局的影响,韩国只有少量的纺织和食品等轻工业,重工业基础几乎为零;其后又经历了战争的严重破坏,韩国的基础设施和生产设施损失惨重,导致本已脆弱的工业基础雪上加霜,国民经济各部门全部负增长。新加坡是东南亚的一个微小岛国,总面积仅 647.5 平方公里,是世界上面积最小的国家之一。本地只生产少量蔬菜、花卉、鸡蛋、水产品和乳制品等,其余维持国民经济的基本生活品均从马来西亚、中国、印度尼西亚和澳大利亚进口。

日本、韩国与新加坡在国家经济发展的起步阶段均大力发展对

---

① 世界银行数据库 (https://data.worldbank.org.cn/)。
② 郑友敬、潘小松:《竞争、开放与技术进步:经济发展的动因——对澳大利亚考察的基本结论》,《数量经济技术经济研究》1993 年第 10 期。
③ 联合国人口活动基金组织网站 (www.unfpa.org/)。

外贸易。1962—1980 年间三个国家的对外贸易迅速壮大，商品进出口总额占 GDP 比重均有大幅提升，韩国商品进出口提升幅度尤其突出，日本与新加坡也有优秀表现（见表 3-7）。与 1962 年相比，发展至 1980 年日本、韩国、新加坡商品进出口总额占 GDP 比重提升幅度分别高达 41.43%、260%、23.74%。随着对外贸易的快速发展，日本、韩国与新加坡的总体经济发展获得了强大的动能。在 20 世纪 60 年代至 70 年代，日本、韩国与新加坡的 GDP 增长率明显高于美国以及世界平均水平（见图 3-10）。

表 3-7　1962—1980 年商品进出口总额占 GDP 比重　（单位：%）

年份	日本	韩国	新加坡
1962	17.38	16.99	294.71
1963	17.54	16.22	276.04
1964	17.87	15.09	228.48
1965	18.27	20.38	228.18
1966	18.27	24.62	221.63
1967	17.86	27.13	208.31
1968	17.71	31.39	205.58
1969	18.01	31.89	216.16
1970	17.97	31.34	209.05
1971	18.20	35.00	203.16
1972	16.65	38.25	205.19
1973	17.45	53.90	237.54
1974	24.48	58.07	271.76
1975	21.80	56.30	239.79
1976	22.55	55.37	247.44
1977	21.13	54.51	282.72
1978	17.57	53.57	308.56
1979	20.11	53.17	342.87
1980	24.58	61.25	364.68

资料来源：世界银行数据库（https://data.worldbank.org.cn/）。

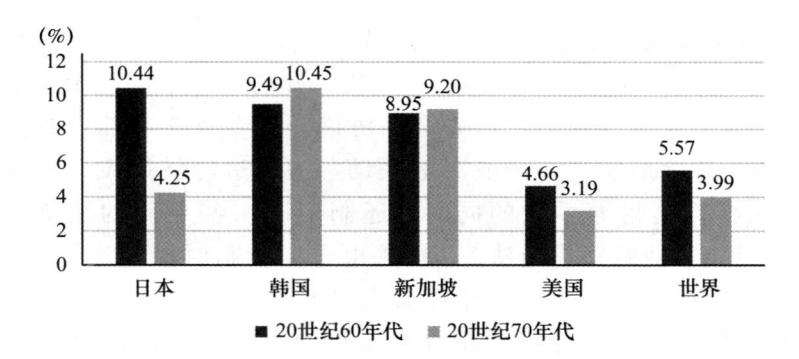

(%)
12
10.44   9.49 10.45
10   8.95 9.20
 8
 6   5.57
      4.25   4.66
 4   3.19   3.99
 2
 0
    日本   韩国   新加坡   美国   世界
         ■ 20世纪60年代 ■ 20世纪70年代

图 3-10　20 世纪 60 年代、70 年代 GDP 增长率（%）

资料来源：世界银行数据库（https://data.worldbank.org.cn/）。

技术性出口导向模式下的对外开放是日本、韩国与新加坡三国实现经济起飞的核心举措，且这三个国家在对外开放的实施路径上有明显的相似之处，即国家通过制定科学合理的政策或战略引导国家对外开放与国际贸易的发展。

对于日本，"二战"后如何重建国民经济部门是日本政府迫在眉睫的课题。因为人口多、资源少、国内市场有限，所以必须把经济的自立与发展问题放在世界范围内寻找出路。因此日本政府于1949年9月公布实行《经济复兴五年计划》，选择了"贸易主义"，通过扩大出口拉动工业尽快发展，为进口粮食和必需物资创造条件。日本政府也清楚地认识到，依靠出口拉动工业经济发展，关键是发展技术，提高劳动生产率，这样才能增强日本商品的国际竞争力。而在国民经济各部门受到战争严重冲击后，若想实现有效的技术进步与科技发展，必须实现有效的政府部门管理制度。日本于1949年成立了主管贸易和产业的通产省，1954年设立了受通产省指导的特殊法人——日本贸易振兴会，负责海外市场调查，收集经济信息与情报，联系和组织国际贸易活动，并向海外宣传日本的贸易政策，介绍日本的企业和产品等。同年，日本还设立了出口会议，由总理大臣出席，内阁各有关大臣及政府职能部门的官员参加，包括产业界和经济学界的企业家和学者代表，每年召开2—3次会议，议定年度出口目标，研究如何扩大出口等问题，对于提高出口商品的质量和信誉以及促进出口都起到了积极作用。通过行政指导和立法手段促进企业的合理化，推动产业向高级化方向发展，以加强日本出口商品的国际竞争力，并获得高附加价值。① 可见，在整个20世纪50年代，政府引导下的技术进步与对外开放呈现出审议会、调查会、协议会和专委会等部门共同参与，最大限度地实现与产业界的联动。为促进经济起飞，日本政府在依靠行政指导手段的同时，还制定了一些专门的法规，如《振兴特定工业临时措施法》《振兴电子工业临时措施法》《机械工业振兴临时措施法》《扶植石油化学工业对策》等。整个20世纪60年代，日本政府积极撮合汽车行业大企业之间的合并与协作，促进产业高级化；与此同时，兼顾对中小企业的指导照顾，促进其联合与协作，与大企业形成系列化分工，在金融税制方面亦给予优惠。此外，还积极采取一系列鼓励出口的政策措施。如对出口企业实行优惠的外汇配额和贷款，甚至实行出口预付金融制度，成立了进出口专业银行；在税收方面实行出口收入扣除制度，按出口多寡比例加速折旧等；还建立了出口保险制度，以降低出口企业的风险。

　　日本在上述贸易立国战略的推动下，在20世纪50年代中期至70年代初期实现了经济高速增长，增强了综合国力。也正是在兼具外向型与技术化的战略引导下，日本明确了发展方向与目标，在与国际市场接轨的过程中，增强了产品的竞争力，进而使得商品贸易规模不断扩大。20世纪80年代后，商品贸易对技术贸易、海外直接投资产生了有效带动，再度提升国民经济整体水平。从人均GDP增长速度看，1961—1973年，日本仅有一年的表现不及美国，而有六年为美国的2倍以上；与全球人均GDP增速水平相比，日本在1961—1973年仅有一年的表现不及全球水平，其余年份均高出全球水平一倍以上（见表3-8）。从经济规模体量看，1961—1973年，日本人均GDP与全球水平的差距不断扩大，从1961年的1.21倍逐年扩大至1973年的3.39倍；日本人均GDP与美国同期水平相比，两国之间的差距不断缩小，1961年美国人均GDP为日本同期水平的5.44倍，发展至1973年，两国差距缩

---

① 刘剑：《现阶段我国贸易战略的取向选择》，硕士学位论文，山西财经大学，2006年。

小至 1.68 倍。

表 3-8　　1961—1973 年日本、美国以及全球人均 GDP 及其增长率

年份	日本		美国		全球	
	人均 GDP（美元）	人均 GDP 增长率（%）	人均 GDP（美元）	人均 GDP 增长率（%）	人均 GDP（美元）	人均 GDP 增长率（%）
1961	563.59	9.16	3066.56	0.62	464.70	2.91
1962	633.64	7.90	3243.84	4.48	490.23	3.76
1963	717.87	7.38	3374.52	2.91	517.34	3.20
1964	835.66	10.52	3573.94	4.34	555.33	4.57
1965	919.78	4.69	3827.53	5.08	592.56	3.39
1966	1058.50	9.63	4146.32	5.28	629.62	3.59
1967	1228.91	10.05	4336.43	1.39	656.80	2.39
1968	1450.62	12.51	4695.92	3.76	694.92	4.20
1969	1669.10	10.18	5032.14	2.10	750.80	3.92
1970	2037.56	-0.71	5234.30	-1.41	805.01	1.42
1971	2272.08	3.36	5609.38	2.00	871.57	2.19
1972	2967.04	6.91	6094.02	4.14	985.79	3.62
1973	3997.84	7.14	6726.36	4.64	1179.61	4.45

资料来源：世界银行数据库（https://data.worldbank.org.cn/）。

对于新加坡，其经济起飞同样依赖于对外开放。自 1965 年起，为推动本国经济进入全球化发展体系，新加坡围绕新兴工业、投资、出口、国际咨询服务、海外贷款等制定了一系列的税收优惠政策（见表 3-9），一方面有效地吸引外国投资，增加本国就业机会，提升技术水平，优化管理模式；另一方面促进商品与服务的自由贸易，打通新加坡通往国际市场的途径，使得新加坡在国际市场上竞争力的提升涵盖商品生产、服务供给等多个领域。

表 3–9　　新加坡经济起飞阶段税收优惠政策情况

类别	优惠对象	税惠规模	税惠时长
新兴工业地位奖励	致力于新兴工业领域的企业	免交 40% 公司税	为期 5—10 年
投资津贴奖励	适用于制造业、专业工程和技术服务业、研究与发展活动、建筑业	减税额依据新产生的固定投资的一定比例，最高达 50%	无
出口奖励	普惠性	企业出口盈利如超过一定数目，可获得 90% 免税优待	新兴工业公司为 5 年，非新兴工业公司为 3 年
国际咨询服务奖励	从事技术援助、设计工程、配置装备和数据处理的海外工程	盈利如超过一固定数目，可获得 50% 免税优待	为期 5 年
海外贷款奖励	适用于向外国贷款最少 20 万美元，用于购置生产设备的制造业和有关行业企业	利息豁免预扣税	与贷款时长一致

资料来源：Singapore Economic Development Board（https：//www.edb.gov.sg/）。

得益于科学合理的对外开放政策，新加坡的经济部门被全面盘活且呈现出高度的国际化特征，国民经济水平快速提升。到了 20 世纪 80 年代末期和 90 年代初期，新加坡贸易总额超千亿美元，外商投资年均增速高达 26.68%（较内资投资年均增速高出近 11 个百分点），制造业多年外商净投资额超 20 亿新元（占行业净投资的比重超 90%），集聚外资商业银行超百家（占商业银行总量的 90%），旅游收入从 1960 年的 3000 万新元增长到近 60 亿新元，旅游人数增长 6 倍，旅游创汇收入增长近 200 倍。从经济增长速度看，1961—1973 年，新加坡仅有一年的人均 GDP 增速表现不及美国，却有三年为美国的 5 倍以上；与全球人均 GDP 增速水平相比，新加坡在 1961—1975 年仅有一年的表现不及全球水平，其余年份均明显高于全球水平（见表 3–10）。从经济规模体量看，1961—1975 年，新加坡人均 GDP 逐步超越全球水平，且不断拉大与全球水平的差距，从 1961 年的 0.97 倍逐年扩大至 1975 年的 1.71 倍；新加坡人均 GDP 与美国同期水平相比，两国之间的差距不断缩小，1961 年美国人均 GDP 为新加坡同期水平的 6.83 倍，发展至 1975 年，两国差距缩小至 3.13 倍。

表 3 – 10　　　　　1961—1975 年新加坡、美国以及全球经济增长水平情况

年份	新加坡		美国		全球	
	人均 GDP（美元）	人均 GDP 增长率（%）	人均 GDP（美元）	人均 GDP 增长率（%）	人均 GDP（美元）	人均 GDP 增长率（%）
1961	449.15	4.58	3066.56	0.62	464.70	2.91
1962	472.09	4.62	3243.84	4.48	490.23	3.76
1963	511.21	7.29	3374.52	2.91	517.34	3.20
1964	485.53	-5.55	3573.94	4.34	555.33	4.57
1965	516.54	5.25	3827.53	5.08	592.56	3.39
1966	566.81	7.47	4146.32	5.28	629.62	3.59
1967	626.03	10.05	4336.43	1.39	656.80	2.39
1968	708.61	11.59	4695.92	3.76	694.92	4.20
1969	812.68	12.13	5032.14	2.10	750.80	3.92
1970	925.80	12.18	5234.30	-1.41	805.01	1.42
1971	1071.41	10.37	5609.38	2.00	871.57	2.19
1972	1264.38	11.24	6094.02	4.14	985.79	3.62
1973	1685.46	8.56	6726.36	4.64	1179.61	4.45
1974	2341.71	4.37	7225.69	-1.45	1334.50	0.05
1975	2489.91	2.47	7801.46	-1.18	1459.04	-1.24

资料来源：世界银行数据库（https://data.worldbank.org.cn/）。

对于韩国，其自 20 世纪 60 年代中期开始倡导"出口第一"，采取国家垄断资本主义措施，逐步建立起以出口贸易为中心的国民经济体制。韩国政府在这一时期实施了一系列行之有效的宏观调控举措：一是明确经济发展导向。充分发挥丰富劳动力的比较优势从轻工业、加工业开始起步，实现资本原始积累后，逐渐向重工业、

高端制造升级，进而实现由出口加工向高新技术产品出口的转化。二是精准锁定出口导向战略的扶持部门。对于创汇能力强、对产业链多环节有明显联动效应、建设周期短、创造大量就业机会、经济效益立竿见影的行业，从财政、金融、原材料分配及税收等各方面实行政策倾斜，进而在短期内迅速加强国际竞争能力。三是制定《开发建造出口产业工业基地法》，推动出口加工基地的建立。四是实施系列优惠政策助力出口贸易，如降低韩元对美元汇率、出口项目低息贷款及放长还款年限等。五是在流通领域成立一批综合商社，实现营销模式上与国际先进国家接轨。

从20世纪60年代中期开始，同样作为资源贫瘠国家的韩国，通过国际市场实现了经济发展的转折。虽然在经济规模体量上尚未实现对美国及全球总体水平的追赶，但是在经济增长速度上，1963—1975年韩国经济增长速度连年处于7%—15%的高增速，美国与全球总体水平与之差距较大（见表3-11）。也正是这一长时期的高速经济增长，使韩国的产业结构发生了根本变化，助其步入了"新兴工业国"的行列，为列居"亚洲四小龙"奠定了坚实的产业基础。

表3-11　1962—1975年韩国、日本及全球经济增长水平情况

年份	韩国		美国		全球	
	人均GDP（美元）	人均GDP增长率（%）	人均GDP（美元）	人均GDP增长率（%）	人均GDP（美元）	人均GDP增长率（%）
1962	106.13	3.84	3243.84	4.48	490.23	5.55
1963	146.30	9.19	3374.52	2.91	517.34	5.35
1964	123.59	9.46	3573.94	4.34	555.33	6.71
1965	108.71	7.18	3827.53	5.08	592.56	5.52
1966	133.45	11.98	4146.32	5.28	629.62	5.77
1967	161.12	9.12	4336.43	1.39	656.80	4.49
1968	198.36	13.19	4695.92	3.76	694.92	6.32
1969	243.34	14.54	5032.14	2.10	750.80	6.12
1970	279.13	10.00	5234.30	-1.41	805.01	3.54

续表

年份	韩国		美国		全球	
	人均GDP（美元）	人均GDP增长率（%）	人均GDP（美元）	人均GDP增长率（%）	人均GDP（美元）	人均GDP增长率（%）
1971	300.76	10.45	5609.38	2.00	871.57	4.34
1972	323.60	7.15	6094.02	4.14	985.79	5.73
1973	405.88	14.83	6726.36	4.64	1179.61	6.51
1974	561.57	9.46	7225.69	-1.45	1334.50	2.00
1975	615.20	7.86	7801.46	-1.18	1459.04	0.60

资料来源：世界银行数据库（https：//data.worldbank.org.cn/）。

二 不同资源禀赋条件下实现可持续增长的共同路径

经济发展过程中的资源生产力边际递减是经济学的一般规律。这一规律表明，在技术要素不变的条件下，支撑经济增长需要投入的社会资源数量必须逐渐增加，并且需要加速增加，在社会资源储备足够的假设前提下，维持经济增长所需要的要素投入能够得到完全满足时，经济增长的状态可以得到保持。如果随着经济增长，或者因为禀赋原因，或者因为市场机制配置功能障碍，使得资源供给不能满足增长过程中的需要，这种状态下资源价格上涨，经济增长速度出现递减，经济体的发展因此表现为不可持续。这是世界上大多数国家在经济发展已经起飞后其增长难以为继的根本性原因，有的国家出现连续衰退，甚至回到贫困状态，更多地表现为物价高涨、增长停滞，滑入"中等收入陷阱"。这就是人们通常提及的巴西、阿根廷等经济体虽然拥有丰富的禀赋资源，但却止步在迈向发达水平的半路上。相反的历史证据是，有的国家禀赋资源非常稀缺，人均资源占有量非常低，但是其经济发展却是从起飞到发达，没有出现停歇。比如日本，19世纪后期开始的技术进步以释放土地对经济增长的制约为根本目标，以生物技术进步为代表的科技创新使得日本经济发展过程中用丰富的劳动力替代了稀缺的土地资源，土地要素边际生产率的递减趋势被逆转，百年间日本全要素生产率稳定而持续上升，造就了日本发展奇迹。

美国、加拿大、澳大利亚与俄罗斯、巴西一样，都是世界上拥有丰富资源的国家。就资源价值论，美国虽然拥有的资源总价值约为45万亿美元，但不及俄罗斯的资源总价值的75.7万亿美元。在资源的种类上也不同，俄罗斯富有煤、黄金、木材、钻石、稀土、铁，还是世界上最大的石油和天然气生产国，拥有世界最大的钻石储备、森林储备，是世界第二大稀土储量国；美国在煤炭、稀土、木材储量上优势明显，同时美国也是世界上以黄金、铜和天然气资源丰富而闻名的国家之一。加拿大的资源价值排名第四位，总资源价值约为33.2万亿美元，拥有丰富的石油资源与矿产资源，森林木材储量也较大，位于世界第三。显然这几国资源丰裕程度远不如俄罗斯，但以经济发展水平来论，美国、加拿大、澳大利亚等是高收入国家，而俄罗斯是中等收入国家。

与资源稀缺的日本在时间上非常同步的技术进步在美国发生。同样是在19世纪后期，人口稀少的美国经济发展过程中面临劳动力供给的严重问题，在广袤的土地等资源面前，劳动力数量问题是巨大挑战，以解决这一问题为目的的机械技术进步因此在美国出现、进展快速，机械技术创新使得美国经济发展过程中能够使用大量的电力替代劳动力，土地资源的边际生产率的下降趋势得到逆转。机械技术进步后的100年间，美国全要素生产率得到了稳定而持续的上升，由此没有出现俄罗斯等资源丰裕国家一样的增长停滞。同样有价值的是，资源短缺的日本和资源富足的美国，在相同的历史时段的百年期间全要素生产率的增长率数值惊人相同。它们获得持续发展能力的相同路径是技术进步，虽然技术进步的路向各异。

（一）美国例证

依靠丰富的自然资源实现经济起飞的国家并不能够完全保证其可以保持经济的持续发展，在实现经济起飞后便陷入"资源陷阱"的国家比比皆是。美国例证真实地展现出，正确的资源使用方向与资源助推工业化战略，必须与不断优化自主创新能力相辅相成，才能保证经济可持续发展的实现。19世纪美国采矿业的大发展实则表现为"一种集体学习之态"，也就是说，采矿业的发展与技术创新、知识积累相伴，这是绝大多数矿产资源开采国所难以效仿和实现的，也正是因此，这些资源丰裕经济体在走上矿产资源导向型增长路径后，就产生了绝对的依赖惯性。由此可见，自主技术能力是决定资源丰裕能否带来经济持久繁荣的根本力量。

美国自主技术能力的积累与释放同在资源部门建立起高效的创新体系密切相关。该体系将资源型企业、政府、相关学科的研究机构有机整合，形成涵盖项目投资、资源勘探与开采、初级加工、深加工、资源再利用、设备研发升级、技术人员培养、资源技术革命等多环节的技术网络系统。具体表现为：一方面，美国政府支持采矿业实现自主技术能力。美国于1862年率先通过立法确立州立大学可设立资源工程学相关的院系、课程与培训，1879年再度成立专项性政府职能部门（地质调查局）推动资源勘探、开发、利用的范围扩展至全国。另一方面，高校注重实用性技术资源的研发与积累。在实用主义哲学理念的引导下，高校对应用性技术创新及原发性技术创新的成果转化表现出极大的偏重，加之州政府教育拨款对科研教学与产业需求的匹配度有很强的一致性要求，高校内的工程师、专家等都具有很强的技术产业化思维。在采矿业上述技术积累的过程中，美国相关产业的规模、利润率迅速跃居世界前列，技术人员的知识积累赢得世界认可，大学开始引领全球科研前沿领域。正是因为资源部门创新体系的建立，政府强力支持产业化技术创新、高校研究人员对产业发展的反应高度敏感，市场上的企业才能对欧洲技术进行快速的消化吸收，并进行本地化应用拓展，为20世纪美国国家创新体系的构建提供了现实雏形。

(二) 加拿大证据

加拿大政府在引导技术进步植入资源产业发展，进而带动更多的国民经济部门发展的过程中，与美国政府十分相似，均重视学术界与产业界之间的联系。通过引导大学围绕产业升级开展教育与学术活动、培养知识型人才、创造新原理与新思想，增强大学与企业间的联系，促进经济在资源产业助力下完成资本原始积累后仍具有可持续发展的动力。

没有基础研究，新技术就是无本之木。也就是说，国际竞争力与持续发展能力需要技术进步与创新升级，而技术进步与创新升级以基础研究为基础。只有通过政府这座"桥梁"为企业与高校建立联系,技术创新与成果转化所需要的基本原理与基础研究才能扎实牢固。因此,在利用丰裕的自然资源完成经济起飞所需要的资本原始积累的同时,加拿大政府还为企业与高校间营造了技术试验、开发、升级、转化所需要的合作环境。具体包括:一是鼓励企业引入技术型人才,围绕具体项目开展创新研发,产生的创新研发投入可享受税收优惠;二是高校与工业企业联合研究项目,可享受研究补贴优先获取权;三是政府主导成立"国家自然科学与工程研究理事会",该机构与工业企业紧密互动,设立研究首席专家,专门负责为国家工业发展战略指明关键领域与技术重点;四是工业经济领域获得政府投资的基本条件是设备与工业经济相匹配,且由企业和大学共享设备使用权;五是为促进高层次技术人员在大学和企业间顺畅流动,实施工业博士后人才资助计划。

此外,加拿大政府还主导实施了"卓越中心计划",旨在促成具有卓越性的科学技术应用方案。该项目自20世纪80年代末期开始,为期四年,支持资金2.4亿加拿大元,通过在全国范围内布局一系列的跨学科研究网络,将工业企业、政府、高校科研团队进行有效的资源整合。共计近4000名研究人员、160家科研机构进行了项目计划申请,其中,获得经济效益最为明显的是不列颠哥伦比亚大学的系列申报项目。这些项目涉猎13个国际级卓越中心网络布局工作,累计得到"卓越中心计划"资助金3400万加元,加之不列颠哥伦比亚省追加1540万加元、企业和其他部门提供1220万加元的现金和设备支持,累计获得项目支持资金超过6160万加元。项目在研的5年间,为技术科研人员创造直接就业机会345个,为行政管理、研究助理等创造间接就业机会621个。①

(三)澳大利亚案例

澳大利亚利用丰裕的自然资源创造的资本原始积累进行技术创新,历经两个阶段,第一阶段为"引进来"发展阶段,第二阶段为"内生性"发展阶段。上述两个阶段的调整发生在20世纪80年代

---

① 加拿大联邦政府网(https://www.nce-rce.gc.ca/index_eng.asp)。

初期，政府基于第一阶段积累的技术资本，调整经济发展战略，将支持技术进口的政策转变为支持技术研发的产业政策，力图通过加强技术进步与创新，刺激经济发展，增强国际竞争力。

在初始的技术"引进来"发展阶段，澳大利亚通过不断调整技术贸易对象，实现对自身技术提升最优化的贸易对象。"二战"前，选择从英国进口设备、引进技术；之后随着美国取代英国成为庞大技术市场的前沿主导者，澳大利亚的技术贸易从英国转向美国。到了20世纪70年代，日德法三国在汽车、通信设备、微电子、电机、电器领域不断实现技术突破，澳大利亚再度调整贸易对象，由之前的"一对一"合作模式转向"一对多"贸易组合，即"谁的技术好、谁的技术先进，就用谁的技术"。虽然在"引进来"发展阶段澳大利亚的技术贸易合作对象发生了多次调整，但是始终坚持技术选择方向紧盯用于优化产品生产效率、能够创造更多附加值的新事物，进而确保国内在利用丰裕的自然资源实现经济起飞后，技术创新可以有力地推动经济的持续发展。

为推动技术进步与创新发展进入"内生化"发展阶段，澳大利亚充分利用了税收的杠杆作用。最有利的发展举措就是，对于投资于技术领域的创新研发资本，可享受150%的退税补贴。也就是说，若是第一生产年投入技术研发资金100万元，到了第二生产年可申请150万元的退税。等价于返还全部研发资金的同时，按照研发投入的50%进行奖励，这有效地调动了企业创新研发的积极性。数据显示，政策实施后的第一个生产年，申请税收优惠的企业达到2697家，其中超1300家企业的研发创新投资额达到20万澳元规模。[①]这不仅激发了企业创新投资的热情，而且使得这种热情具有持续性，因为税收优惠附加条件为，企业在本年度取得的上一年度的投资免税差额（即上一年度研发投入的50%），若不投到本年度的技术创新中，那么90%的退税额需要被收回国库。由此形成了技术创新投资不断增加，税收优惠持续跟进的良性循环，势必会提高企业技术水平，提高经济效益，进而实现经济增长的可持续性。

---

① 方哲：《澳大利亚的技术创新政策》，《党政干部学刊》1992年第1期。

（四）日本道路

日本的国家创新发展战略呈现出明显的外向型特征，也是全球最为典型的模仿创新案例。自20世纪70年代起，日本集中优势资本从海外购进先进的产业技术，再通过模仿创新增强自主技术能力。但是如此的"技术立国"战略要产生实质性技术贡献、产业贡献、增长贡献及发展贡献，是需要系统性优化创新发展环境与产业技术生态的，这种系统性的优化绝不能是单纯地、一味地增加技术购买投入可以支撑的。充裕的技术购买资本作为必要非充分条件，只有辅之以重点技术领域精准定位、国家主导技术项目、基础科研力量坚实稳定及"官产学研"深度整合，才能共同构成"技术立国"的充分必要条件。在这一过程中，政府作为技术创新的主导者，发起创新；企业作为技术创新的实施者，推动创新；高校科研力量作为技术创新的破局者，触发创新。正是基于上述技术创新充分必要条件的同步发力与有机整合，日本开辟了全球模仿创新有效发展之路。

精准定位重点技术领域，是日本"技术立国"成败的起源，只有准确地把握技术对产业的实用性及适度超前性，预测才是精准有效的。资料记载，20世纪70年代初期，日本便开启了"技术预见"之门，试图预判21世纪到来之前的30年间的基础研究、科学技术、技术创新、产业领域的前沿引领动力、核心发力方向及演化趋势。到了20世纪90年代中期，"技术预见"评估结果显示，28%的预见完全实现，36%的预见部分实现。可见，"技术预见"为日本科技规划和政策制定提供了有效依据。当然，为了确保"技术预见"的合理有效与先进适时，预判结果会处于不断的微调中，预判方法也处于持续的升级中。

对于国家主导技术项目，以超大规模集成电路研发项目（VLSI）为典型代表。1976年，在国家技术主导力的推动下，五大技术先导公司（富士通、日立、三菱、日本电气和东芝）与国有性质的日本工业技术研究院下设的电子综合研究所和计算机综合研究室形成技术研发联合体，推动政府锁定的前沿重大领域技术突破，力争以此助力产业竞争力的提升。项目启动的第一个五年内，政府与企业按照四六分成，累计投入技术资金 720 亿日元，创造专利数量破千项，也正是在这一发展阶段，日本基于引进模仿再创新正式进军全球半导体领域，且积累了一定的产业竞争力。整个 20 世纪 80 年代，也就是项目启动的第二和第三个五年间，日本在该领域实现了全球前沿技术突破，占据市场总额的 53%，较全球第二位的美国所占份额高出 16 个百分点。[①]

对于增强基础科研力量的坚实稳定性，日本政府坚定地实施与坚持 R&D 投入占 GDP 比重达到 3% 的目标，即使在 20 世纪 70 年代石油危机爆发的年份 R&D 投入占 GDP 比重也达到了 1.5% 以上，十年间累计占比接近 20%，且呈现出危机后稳定复苏与攀升之态。[②] 坚实稳定的研究创新经费投入为日本的"技术立国"战略的实现提供了基础研究所需的试验环境与人才力量。

建立在前期重点技术领域精准定位、国家主导技术项目、持续供给坚实稳定的基础科研力量的前提基础上，日本于 20 世纪 80 年代初期开始实施"官产学研"深度整合机制。强调以技术领域卓越贡献人或学科带头人为核心组建专项技术攻破性课题组，企业专业技术人才、高校师资力量、机构研究人员合力组成研究团队。较为典型的机制包括"创造性科学技术推进制度""下一代产业基础技术研究开发制度"等，重点支持材料技术、生物技术、电子元件技术的迭代更新，呈现出明显的前沿性、尖端性、流动性和弹性特征。

（五）韩国策略

韩国为推动经济的可持续发展，以"出口第一"为目标，这一目标与大力发展劳动密集型出口加工业密切相关，而更深层次的是受益于对教育的重视及有效的科技战略，这也是韩国经济可持续发展的两大关键要义。

在发展教育问题上，在 20 世纪 60 年代，韩国经济尚未实现起飞，仍处于粗放式发展阶段，识字率已接近 60%，远高于同等规模发展水平国家 58 个百分点；且教育经费占政府预算比重超过 15%。

---

① 日本经济产业省网（https://www.meti.go.jp/）。
② 世界银行数据库（https://data.worldbank.org.cn/）。

基于经济起步阶段良好的教育积累，加之教育在政府预算中的比例不断提高，到了20世纪70年代，与其他发展中国家相比，韩国政府在教育方面的投资占国民总产值的3.8%，仅次于以色列（5.4%）位列发展中国家第二位，较前十位国家的均值水平（2.97%）高出近1个百分点。① 发展至20世纪80年代初，韩国公民识字率达到95%，适龄人口的大学入学率达到18.4%。伴随着韩国高等教育从"精华教育阶段"进入"大众化教育阶段"，加之积极采取优惠措施吸引归国留学生与重用高学历人才，教育创造的经济价值逐渐显现，教育收益率达到2.6%。

在科技战略实施方面，韩国政府注重对经济的直接服务作用。在经济社会发展的不同阶段，适时性差异化制定与调整相应的科技政策，以此确保科技拉动经济发展，再通过经济发展提升对新技术的需求，并不断增加科技投入，形成科技与经济间的良性循环。这种良性循环的实现还得益于重点技术的国产化，所谓国产化，一方面指由国家强力支持技术引进、应用及创新升级，另一方面指随着技术能力的提升，逐渐实现核心技术的自主可控与超越替代。以下科技战略阶段性演化过程，便是对上述研判的形象刻画。在20世纪60年代和70年代，韩国清楚地认识到丰裕的劳动力是具有相对比较优势的生产要素，进而采取劳动密集型发展模式，通过制定相应的政策规定，积极从国外引进先进的技术，依靠对外依赖技术路径，在国内基础科研力量薄弱、科技型人才短缺的时期，积淀技术基础，为技术助力经济发展做好前期准备；到了20世纪80年代末90年代初，开始从技术外向型依赖路径向技术内生化转变，并制订对全球科技强国的赶超计划、高科技发展计划等；之后又积极实施了面向21世纪的科学技术革新计划，力争在2000年跃居世界科技七强。

（六）新加坡经验

新加坡一贯重视职业技术教育，而且把技术人才的培养与各个阶段的社会经济建设紧密结合起来，因而使经济发展的战略计划得

---

① 联合国教育、科学及文化组织数据库（www.unesco.org/）。

以顺利实施,使国民经济得到高速发展。新加坡从经济起飞到实现可持续发展,历经劳动力资源密集型发展阶段向技术资本密集型发展阶段转变,这两个发展阶段中,职业技术培训均发挥了重要的作用,不仅为产业经济发展提供了适宜的劳动力,也为整体营商环境的优化提供了不竭动力。

在劳动力资源密集型发展阶段,人口素质决定了就业人员技能结构。为优化劳动力技能结构,职业技术教育与培训发挥了重要作用。这一阶段,初级、中级技术人才主要是由职业技术教育与培训机构培养,高级技术人才多拥有国立新加坡大学、南洋理工学院的学习经历。1975—1980年间,新加坡工艺学院、义安工艺学院、工艺职业专科学院累计供给7万名专业技术人才,生产力局设立的企业管理人才训练中心培训累计为24600名经理及企业主管提供职业培训,集中接受阶段性技能培训的学员超过8.1万人,相应的就业人员中高层次技术人员占比也从7%上升到14.4%。随着劳动力技能结构的优化,人口素质相应提升,劳动生产率大幅提高。由于大量结业人员接受了职业技能再培训或就读于专业技术院校,掌握了一定的技术能力,有效地提高了生产经营与管理中的劳动生产率。在职业技能教育与后期培训广泛推广前,新加坡人均国内生产总值仅为5868新元,到了1982年增长为12768新元,社会劳动生产率的年平均增长速度达到4.93%。①

在向技术与资本密集型发展阶段升级的过程中,势必要发展新产业、新技术,推动实现机械化、自动化、信息化,进而也对国民经济各部门生产与经营者提出了更高的技术要求。这一时期在继续提高人口素质,推动高等教育、职业技能专业教育与再培训教育进一步普及的同时,拓展了人才战略的思路,重视对国外先进技术与高端人才的引进。因此,创造一个具有竞争优势的产业发展环境,吸引外商投资、流入国际高技能人才,成为新加坡发展的战略选择。统计数据显示,20世纪80年代,连续五年间,新加坡吸引外

---

① 陈凯:《培养职业技术人才,促使经济起飞——新加坡工业经济发展推动力浅析》,《科技与经济》1995年第2期。

商投资超6万亿新元，①涉及电脑零件、电子配件、油田机械、化学药物、飞机维修、精密机械及制模等工业领域，产品类别包括电脑和电脑附加设备、渗滤薄片、定向钻孔设备、彩色显像管、计算机主体系统及其配套软件。随着外商投资领域技术含量的提升，技术人员承担的固定资产价值及产业附加值不断提高，两年的时间内，每位技术人员承担的固定资产价值由2.3万新元增长到6.65万新元，产业增加值由2.44万新元增长到6.68万新元。②由此可见，新加坡之所以能从劳动密集型发展战略向外商支撑下的技术与资本密集型模式转变，真正实现高技术、高工艺、高增值攀升，主要得益于上一发展阶段注重劳动力素质的培养与提升。正是因为积累了众多技能素质较高的人力资源，才对海外新技术新产业领域的优势投资项目产生了有效的吸引力，最终取得喜人的经济发展成效。

三　技术要素推动下的有效增长与可持续发展

正因美国、加拿大以及澳大利亚三国在经济发展的起飞阶段对于推动技术进步采取了上述强力举措，才顺利让国家实现经济可持续发展，并成功迈入发达国家的前列。与资源丰裕经济体相似的是，资源贫瘠国在实现经济起飞后若想保持稳定的可持续发展，关键也是要做到技术不断创新与进步。对人力资本的大量投资、对技术创新的高度支持是日本、韩国、新加坡等资源贫瘠的国家实现经济可持续发展的核心因素。

如今自然资源丰裕国（美国、加拿大、澳大利亚）以及自然资源贫瘠国（日本、韩国、新加坡）研发支出占GDP比重均远超世界平均水平。即使是上述六个国家中研发支出占GDP比重最低的澳大利亚也超出世界平均水平75%，美国则达到世界平均水平的2.5倍以上，而韩国更是凭借4.17%的研发支出占比稳居第一（见表3-12）。

---

① 世界银行数据库（https://data.worldbank.org.cn/）。
② 新加坡人力部网站（https://www.mom.gov.sg/）。

表 3 – 12　　1996—2017 年六国研发支出占 GDP 比重　　（单位：%）

年份	美国	加拿大	澳大利亚	日本	韩国	新加坡	世界
1996—2000	2.51	1.71	1.59	2.83	2.19	1.62	1.00
2001—2005	2.55	1.80	1.55	2.88	2.43	2.08	0.92
2006—2010	2.57	1.87	1.62	2.93	3.14	2.25	1.00
2011—2017	2.58	1.92	1.66	2.97	4.17	2.13	1.15

资料来源：世界银行数据库（https://data.worldbank.org.cn/）。

科学技术领先是让发达国家保持经济实力领先的关键所在。高科技产品的领先优势让发达国家在世界经济竞争的浪潮中占尽优势，对于科学技术的大量投入让这些发达国家得到了丰厚的回报。2018 年新加坡高科技出口占制成品出口的百分比高达 51.72%，是世界平均水平的 4.5 倍，位列上述六个发达国家之首；其余国家高科技出口占制成品出口的百分比依次为韩国（36.35%）、美国（18.90%）、日本（17.27%）、澳大利亚（16.71%）、加拿大（15.72%）（见表 3 – 13）。

表 3 – 13　　2008—2018 年六国高科技出口占制成品出口的百分比　　（单位：%）

年份	新加坡	韩国	美国	日本	澳大利亚	加拿大	世界
2008	52.72	30.30	28.97	18.87	12.76	15.43	11.59
2009	50.91	32.03	25.01	20.59	14.19	18.32	11.92
2010	52.34	32.04	23.12	19.16	13.91	15.97	11.55
2011	47.73	28.14	21.07	18.43	15.20	15.10	11.02
2012	48.44	28.20	20.66	18.30	14.67	16.01	11.30
2013	50.41	29.80	20.65	17.82	15.18	15.82	10.99
2014	50.79	30.03	21.00	17.79	15.91	15.08	10.96
2015	52.42	31.21	21.95	18.07	16.34	15.17	11.85
2016	52.44	30.52	23.01	17.34	17.48	14.47	11.63
2017	53.15	32.52	19.69	17.56	14.62	14.64	11.81
2018	51.72	36.35	18.90	17.27	16.71	15.72	11.48

资料来源：世界银行数据库（https://data.worldbank.org.cn/）。

正是因为高度重视科学技术的发展，这六个国家才能够拥有现今领先全球的创新发展能力，以创新驱动经济实现可持续发展，保持优异的经济表现。自 1960 年以来，美国、加拿大、澳大利亚以及日本的人均 GDP 明显高于世界平均水平；新加坡与韩国尽显"逆袭之势"，在 1960 年这两个国家尚未达到世界平均水平，尤其是韩国，其人均 GDP 在这一时期仅为世界平均水平的 35% 左右，如今这两个国家经过数十年高速且持续的经济增长，其人均 GDP 均远超世界平均水平，步入发达国家之列（见表 3-14）。

综上所述，不论是资源丰裕的国家还是资源贫瘠的国家，在完成资源原始积累、进入工业化发展阶段后，只有进行有效的创新转型与大力推动技术进步，才能获得良好的增长表现，促使增长具有可持续性并逐渐迈入全球领先行列。

表 3-14　　1960—2018 年六国与世界人均 GDP 情况　　（单位：美元）

年份	美国	加拿大	澳大利亚	日本	韩国	新加坡	世界
1960	3007.12	2259.29	1807.79	479.00	158.21	428.06	452.75
1961	3066.56	2240.43	1874.73	563.59	93.83	449.15	464.70
1962	3243.84	2268.59	1851.84	633.64	106.13	472.09	490.23
1963	3374.52	2374.50	1964.15	717.87	146.30	511.21	517.34
1964	3573.94	2555.11	2128.07	835.66	123.59	485.53	555.33
1965	3827.53	2770.36	2277.56	919.78	108.71	516.54	592.56
1966	4146.32	3047.11	2340.44	1058.50	133.45	566.81	629.62
1967	4336.43	3217.16	2576.28	1228.91	161.12	626.03	656.80
1968	4695.92	3462.68	2720.08	1450.62	198.36	708.61	694.92
1969	5032.14	3763.95	2986.95	1669.10	243.34	812.68	750.80
1970	5234.30	4121.93	3299.84	2037.46	279.13	925.80	805.01
1971	5609.38	4520.16	3489.95	2272.08	300.76	1071.41	871.57
1972	6094.02	5089.59	3943.79	2967.04	323.60	1264.38	985.79
1973	6726.36	5838.66	4763.63	3997.84	405.88	1685.46	1179.61
1974	7225.69	7033.01	6473.17	4353.82	561.57	2341.71	1334.50
1975	7801.46	7511.21	6994.21	4659.12	615.20	2489.91	1459.04
1976	8592.25	8809.26	7476.75	5197.81	830.70	2758.94	1558.83

续表

年份	美国	加拿大	澳大利亚	日本	韩国	新加坡	世界
1977	9452.58	8919.06	7765.07	6335.79	1050.90	2846.34	1731.72
1978	10564.95	9123.69	8242.00	8821.84	1398.48	3193.91	2007.66
1979	11674.19	10043.66	9281.52	9105.14	1773.53	3900.53	2291.56
1980	12574.79	11170.56	10194.32	9465.38	1704.47	4928.14	2535.64
1981	13976.11	12337.47	11833.74	10361.32	1870.34	5596.59	2579.62
1982	14433.79	12481.87	12766.52	9578.11	1977.64	6077.63	2510.18
1983	15543.89	13425.12	11518.67	10425.41	2180.49	6633.24	2516.02
1984	17121.23	13877.92	12431.95	10984.87	2390.67	7228.32	2563.99
1985	18236.83	14114.81	11437.66	11584.65	2457.33	7001.77	2646.87
1986	19071.23	14461.07	11364.24	17111.85	2803.37	6799.93	3073.51
1987	20038.94	16308.97	11624.54	20745.25	3510.99	7539.03	3435.68
1988	21417.01	18936.96	14254.56	25051.85	4686.14	8914.44	3776.82
1989	22857.15	20715.63	17798.31	24813.30	5736.90	10394.54	3874.87
1990	23888.60	21448.36	18211.27	25359.35	6516.31	11861.76	4289.74
1991	24342.26	21768.34	18821.48	28925.04	7523.48	14502.38	4466.41
1992	25418.99	20879.85	18569.81	31464.55	8001.54	16135.91	4669.47
1993	26387.29	20121.16	17634.26	35765.91	8740.95	18290.03	4670.94
1994	27694.85	19935.38	18046.02	39268.57	10205.81	21553.03	4939.93
1995	28690.88	20613.79	20319.63	43440.37	12332.98	24914.41	5408.87
1996	29967.71	21227.35	21861.33	38436.93	13137.91	26233.63	5449.42
1997	31459.14	21829.23	23468.60	35021.72	12131.87	26375.97	5353.19
1998	32853.68	20952.07	21318.96	31902.77	8085.32	21829.30	5269.39
1999	34513.56	22238.66	20533.04	36026.56	10409.33	21796.08	5392.07
2000	36334.91	24190.25	21679.25	38532.04	11947.58	23852.33	5492.58
2001	37133.24	23738.18	19490.86	33846.47	11252.91	21700.02	5391.24
2002	38023.16	24169.28	20082.48	32289.35	12782.53	22159.69	5527.01
2003	39496.49	28200.66	23447.03	34808.39	14209.39	23730.15	6123.77
2004	41712.80	32034.31	30430.68	37688.72	15907.67	27608.54	6811.88
2005	44114.75	36266.19	33999.24	37217.65	18639.52	29961.26	7287.01
2006	46298.73	40385.87	36044.92	35433.99	20888.38	33769.15	7802.74

续表

年份	美国	加拿大	澳大利亚	日本	韩国	新加坡	世界
2007	47975.97	44543.04	40960.05	35275.23	23060.71	39432.94	8684.23
2008	48382.56	46594.45	49601.66	39339.30	20430.64	40007.47	9412.94
2009	47099.98	40773.06	42772.36	40855.18	18291.92	38927.21	8820.02
2010	48466.82	47450.32	52022.13	44507.68	22086.95	47236.96	9540.91
2011	49883.11	52101.80	62517.83	48168.00	24079.79	53890.43	10478.74
2012	51603.50	52542.35	68012.15	48603.48	24358.78	55546.49	10594.78
2013	53106.91	52504.66	68150.11	40454.45	25890.02	56967.43	10770.71
2014	55032.96	50835.51	62510.79	38109.41	27811.37	57562.53	10933.91
2015	56803.47	43495.05	56755.72	34524.47	27105.08	55646.62	10223.96
2016	57904.20	42279.90	49971.13	38794.33	27608.25	56724.17	10256.24
2017	59927.93	45069.93	54066.47	38331.98	29742.84	60297.79	10777.63
2018	62794.59	46232.99	57373.69	39289.96	31362.75	64581.94	11312.45

资料来源：世界银行数据库（https：//data.worldbank.org.cn/）。

第四章

资源丰裕条件下经济增长有效性的实证检验

本章利用 Super-GRS-I-SBM 模型及 Malmquist 指数测度 54 个资源丰裕型国家经济增长的有效性差异,刻画资源禀赋条件相似下资源依赖型增长模式与创新导向型增长模式所产生的不同的增长路径。

依据资源禀赋状态量化一国的资源丰裕程度,通过定量测算与定性比较,研判资源丰裕条件下增长路径、创新转型过程中的"扭曲"表现及有效的"纠偏"之策。"资源禀赋"这一概念最初是在国际贸易理论中提出的,即依据资源禀赋状态判断国家的绝对优势及比较优势,进而确定贸易类型。在国际贸易标准分类(SITC)中,第 2 部门"非食用原料(不包括燃料)"中的第 4 类软木及木材,第 8 类金属矿及金属屑;第 3 部门"矿物燃料、润滑油及有关原料"中的煤、焦炭及煤砖,石油、石油产品及有关原料,天然气及人造气,电流四大类。基于上述资源出口情况(观察期内出口额占全球总出口额的比重),锁定 54 个资源丰裕的国家进行定量测算(见表 4-1)。

表 4-1　　依据 SITC 界定资源丰裕型国家

资源类别及 SITC 编码	主要出口国(地区)	占全球出口总额比重(%)
铁矿及其精矿(281)	澳大利亚、南非、加拿大、乌克兰、瑞典、伊朗、俄罗斯、美国	70.8

续表

资源类别及SITC编码	主要出口国（地区）	占全球出口总额比重（%）
铜矿及其精矿，沉积铜，铜锍（282）	智利、秘鲁、澳大利亚、加拿大、美国、蒙古国、巴西、墨西哥、西班牙、刚果（金）、菲律宾、哈萨克斯坦、巴布亚新几内亚	86.8
镍矿及其精矿，镍锍，氧化镍烧结物（284）	菲律宾、澳大利亚、西班牙、芬兰、危地马拉、美国、越南	38.2
铝矿及其精矿（包括氧化铝）（285）	澳大利亚、巴西、美国、牙买加、爱尔兰、几内亚、乌克兰、哈萨克斯坦、法国、荷兰、西班牙、越南	85.4
锌矿及其精矿（287）	澳大利亚、南非、美国、墨西哥、比利时、玻利维亚、土耳其、荷兰、俄罗斯、哈萨克斯坦	61.9
煤，不论是否粉碎，但未成块（321）	印度尼西亚、俄罗斯、哥伦比亚、荷兰	39.3
煤砖、褐煤、泥煤（322）	印度尼西亚、伊朗、德国、加拿大、荷兰、拉脱维亚、俄罗斯、爱尔兰、爱沙尼亚、比利时、立陶宛、哈萨克斯坦、南非、英国	93.1
煤、褐煤或泥煤制的焦炭和半焦（包括碳），不论是否成块，甑碳（325）	中国、莫桑比克、澳大利亚、德国、意大利、匈牙利	43.7
原油（石油原油和自含沥青矿物中提炼的）（333）	沙特阿拉伯、俄罗斯、伊拉克、加拿大、阿拉伯联合酋长国、尼日利亚、科威特、委内瑞拉、安哥拉、伊朗、哈萨克斯坦、阿曼、英国	77.1
液化丙烷及丁烷（342）	美国、阿尔及利亚、沙特阿拉伯、挪威、尼日利亚、加拿大、俄罗斯、英国、中国、哈萨克斯坦、澳大利亚、荷兰、法国、西班牙	82.8
天然气，不论是否液化（343）	卡塔尔、俄罗斯、挪威、马来西亚、阿尔及利亚、荷兰、印度尼西亚、澳大利亚、尼日利亚、阿拉伯联合酋长国、美国、比利时、德国、玻利维亚	83.9

续表

资源类别及 SITC 编码	主要出口国（地区）	占全球出口总额比重（%）
石油气、其他碳氢化合物（344）	马来西亚、荷兰、尼日利亚、俄罗斯、挪威、比利时、越南、印度、德国、哈萨克斯坦、土耳其、法国	64.0
电流（351）	德国、法国、加拿大、巴拉圭、中国、瑞典、荷兰、挪威、匈牙利、西班牙、波兰	57.1

资料来源：联合国国际商品贸易统计数据库（https://comtrade.un.org/pb/）。

增长有效性差异与经济发展模式密切相关。在资源导向型经济模式下，一国经济增长严重依赖于资源禀赋，在长期视角下会出现制造业萎缩、产业结构不合理、出口结构单一、经济增长有效性较低、全要素生产率与技术进步对经济增长的贡献不明显等现象。而在创新导向型经济模式下，资源丰裕型国家将资源租金投入创新发展中，产业结构与贸易结构得以优化，经济增长呈现出良好的发展态势。资源导向型与创新导向型经济模式的均衡产出、就业率、物价水平差异较大，后一种模式明显优于前一种。

第一节 增长有效性的实证检验：松弛变量模型

增长有效性评价主要通过测算投入与产出间的技术效率水平实现，技术效率的研究最早可以追溯到 Farrell 1957 年出版的《生产效率的测算》。由于增长问题是经济学研究的核心内容，因此技术效率测算方法一直在不断地改进与完善之中。由最初的投入产出比转变为以生产函数法测算技术效率，如盛极一时的索洛余值的测算。之后，生产前沿法逐渐代替生产函数法。生产前沿法主要包括随机前沿法（SFA）与包络分析法（DEA）两大类，学术界对包络分析法的延伸与完善要明显优于随机前沿法。包络分析法从最初的 CCR 模型与 BCC 模型衍生出上千种模型，主要通过规模报酬的界定、改进方式的调整、超效率的引入、最优前沿的设计、坏变量的处理等实现。

本书首先利用规模报酬可变条件下的投入角度的松弛变量模型评价资源丰裕型国家增长与发展模式的有效性，并引入超效率进一步区分技术效率等于 1 的决策单元的有效性。然后基于面板数据计算全局参比的 Malmquist 指数，以此判断全要素生产率对经济增长的贡献度。最后再将 Malmquist 指数分解，得出技术进步情况。基于上述定量分析结果，可以判断资源丰裕型国家增长与发展模式有效性的差异。

在包络分析模型中，投入产出变量的确定至关重要。为判断一国增长与发展模式的有效性，可以将投入设定为资本、劳动、资源，产出设定为 GDP。其中，资本为资本形成额占 GDP 的百分比，劳动为每 1 万美元 GDP 劳动力投入数量（劳动力数量除以以现价美元标价的 GDP 总量再乘以 10000），资源为自然资源租金占 GDP 的百分比，产出为以现价美元标价的 GDP 总量。①

一 增长有效性测度

为评价资源丰裕型国家经济增长的有效性，引入了 Tone Kaoru 提出的松弛变量模型。② 该模型与传统的包络分析模型的区别是，对无效率决策单元进行改进时，放宽了同比例变动这一假设，即分别测算每一决策单元各项投入及产出与前沿的最远距离。松弛变量模型的计算公式如下：

目标函数为：

$$\rho^* = \min \frac{1 + \frac{1}{3}\sum_{i=1}^{3} s_i^-/x_{ik}}{1 - s_r^+/y_{rk}} \quad (4-1)$$

约束条件为：

$$\sum_{j=1,j\neq k}^{15} x_{ij}\lambda_j - s_i^- = x_{ik};\ \sum_{j=1,j\neq k}^{15} y_{rj}\lambda_j + s_r^+ = y_{rk};\ \lambda, s^-, s^+ \geq 0;\ \sum_{j=1,j\neq k}^{15} \lambda_j = 1 \quad (4-2)$$

---

① 上述数据全部来源于世界银行数据库，观测年限为 2000 年到 2014 年，样本国家共计 54 个。

② Tone Kaoru, "A slacks-based measure of super-efficiency in data envelopment analysis", *European Journal of Operational Research*, Vol. 143, No. 1, 2002, pp. 32–41.

其中，目标函数表示对投入与产出的无效率水平求最小值；三种投入与一种产出分别记作 x_i 与 y_r；λ 表示决策单元的线性组合系数，$\sum_{j=1,j\neq k}^{15} x_{ij}\lambda_j$ 与 $\sum_{j=1,j\neq k}^{15} y_{rj}\lambda_j$ 是虚拟决策单元；s 为松弛变量，用于对投入进行负向调整或对产出进行正向调整；$\sum_{j=1,j\neq k}^{15}=1$ 表示规模报酬可变。

基于上述公式计算得出，非洲、拉美、中亚的资源丰裕型国家及 OPEC 成员国的增长有效性得分较低，莫桑比克仅为 0.020627。除南非外，其余金砖国家的技术效率水平都处于 0.8% 以上，且较为接近。但是投入缩减比重存在较大差异，中国和印度劳动力生产效率相对较低，因此模型给出的劳动力缩减比重很大；俄罗斯主要应当调整资源投入比重；巴西不存在资本投入过多的问题，但是劳动力投入和资源投入均过多。英国、意大利、芬兰、爱尔兰的增长有效性得分与 1 非常接近，且各项投入均无须调整，要求产出的增幅比例也非常小。瑞典、德国、法国、美国的增长有效性得分为 1，由于存在多个最优决策单元，因此有必要引入超效率分析，进而判断是否存在投入不足的问题。

超效率分析仅需将松弛变量模型的前两个约束条件进行调整，变为：

$$\sum_{j=1,j\neq k}^{15} x_{ij}\lambda_j - s_i^- \leqslant x_{ik};\ \sum_{j=1,j\neq k}^{15} y_{rj}\lambda_j + s_r^+ \geqslant y_{rk} \quad (4-3)$$

表示对不高于第 k 年的投入求和及对不低于第 k 年的产出求和。

引入超效率分析后，四个有效性得分为 1 的国家间的差异清楚地展现出来，增长有效性排名变为：美国优于法国，然后是德国，瑞典与其他三国差距较大。在瑞典超效率问题十分严重，依据定量分析给出的投入产出调整比例可知，其资本投入不足较为明显。四个存在超效率问题的资源丰裕型国家的劳动力投入数量有待进一步增加，定量分析给出的调整比例分别为美国 20.1%、法国 2.97%、德国 9.86%、瑞典 5.7%。通过对比四个超效率决策单元与英国、意大利、芬兰及爱尔兰的投入产出调整比例，可以发现后者经济增长的有效性水平相对较高，是资源丰裕型国家中经济增长质量最高的国家。

二 全局参比 Malmquist 指数与技术进步

前面对增长有效性的评价是针对每个国家 2000—2014 年间投入与产出的均值进行分析的,属于截面数据分析。为了更好地展现经济增长的长期性与连续性,引入 Malmquist 指数,利用面板数据测算各国在每一时期的全要素生产率水平。全局参比 Malmquist 指数由 Pastor 和 Lovell 提出,它以全部截面数据作为参照集。[①] 与其他 Malmquist 指数相比,其优点是每一个决策单元都被包含在统一参照集内,因此可以很好地避免包络分析无解问题的产生。依据 $E^{参照集}$(决策单元)表示包络模型的效率值,全局参比 Malmquist 指数的计算公式为:

$$M_g(x_{t+1}, y_{t+1}, x_t, y_t) = \frac{E^g(x_{t+1}, y_{t+1})}{E^g(x_t, y_t)} \quad (4-4)$$

定量分析结果显示:2000—2014 年间,巴拉圭、菲律宾、危地马拉、几内亚的 Malmquist 指数的均值较大,且方差较大。这主要是因为,在某些年份这些国家的 Malmquist 指数突然增长,但是增长并不是持续的。若将存在超高 Malmquist 指数的年份剔除,则均值将会明显下降,甚至达不到 1。全要素生产率没能很好地推动经济增长的国家的 Malmquist 指数小于 1,在资源丰裕型国家中哥伦比亚、土耳其、南非、立陶宛、秘鲁、伊朗、伊拉克的全要素生产率没能促进经济增长。

Färe R. 等将 Malmquist 指数分解为效率变化与技术变化,其中效率变化主要指配置有效性与规模有效性,技术变化则用于评价决策单元的技术进步情况。[②③] Malmquist 指数分解公式如下:

[①] Pastor and Lovell,"A Global Malmquist Productivity Index",*Economics Letters*,Vol. 88,No. 2,2005,pp. 266 – 271.

[②] Färe R. S.,et al.,"Productivity Changes in Swedish Pharamacies 1980 – 1989:A Nonparametric Malmquist Approach",*Journal of Productivity Analysis*,No. 3,1992,pp. 85 – 101.

[③] Färe R.,Grosskopf S.,Norris M.,et al.,"Productivity Growth,Technical Progress,and Efficiency Change in Industrialized Countries",*American Economic Review*,Vol. 84,No. 1,1994,pp. 66 – 83.

$$M_g(x_{t+1}, y_{t+1}, x_t, y_t) = \frac{E^g(x_{t+1}, y_{t+1})}{E^g(x_t, y_t)}$$

$$= \frac{E^{t+1}(x_{t+1}, y_{t+1})}{E^t(x_t, y_t)} \left(\frac{E^g(x_{t+1}, y_{t+1})}{E^{t+1}(x_{t+1}, y_{t+1})} \frac{E^t(x_t, y_t)}{E^g(x_t, y_t)} \right)$$

$$= EC \times TC_g \quad (4-5)$$

在资源丰裕型国家中，巴西、土耳其、安哥拉、立陶宛、秘鲁、伊拉克在2000—2014年的年均技术进步得分小于1，表明经济增长中技术进步的贡献较差。技术进步的均值与方差均较大的国家是巴拉圭、菲律宾、南非、刚果（金）、危地马拉、几内亚，主要是因为在观测年中这些国家在某一年份的技术进步得分非常高。因此认为，技术进步均值与方差均较大的国家不存在技术进步，只有那些均值大于1，且方差较小的国家才拥有真正的技术进步。与此同时还发现，技术进步均值与方差较大的国家与Malmquist指数均值与方差较大的国家具有很强的一致性，这主要是因为Malmquist指数是对全要素生产率的量化，代表除了资本、劳动、自然资源外，其他投入对经济增长的贡献度，例如人力资本培育、技术进步、企业家才能、创新发展等。

三 实证分析结论

基于上述实证分析与检验结果可知，资源丰裕型国家增长的有效性、全要素生产率对经济增长的贡献度、技术进步程度存在较大的差异。资源丰裕型国家增长与发展有效性之所以会存在如此之大的差异，与本国的增长模式息息相关。其中，经济增长对资源禀赋的依赖程度、产业结构与出口结构特征、创新发展水平等都是影响增长速度与发展质量的主要因素。

实证结果表明，欧美发达资本主义国家大多兼顾了经济增长与优质发展，技术进步表现良好，全要素生产率对经济增长的贡献普遍存在，且较稳定。相比之下，拉美、非洲、中亚的资源丰裕型国家及OPEC国家的增长绩效较差，改进方案多为减少资源或（和）劳动投入。

对于金砖国家而言，中国的经济增长有效性最高，但与最优前沿相比仍存在差距，南非经济增长的有效性最差，其他国家有效性得分较为接近。然而，各金砖国家投入产出改进方案差别较大，主要是因为各国的发展模式存在差异。俄罗斯与印度全要素生产率对经济增长的贡献大于中国和巴西，但是各年方差较大，表明全要素生产率波动幅度较大；南非的经济增长中全要素生产率未能发挥促进增长的作用。中国、俄罗斯、印度都存在技术进步，但是水平并不高；南非技术进步得分的均值与方差都很大，这主要是因为在2000年南非技术进步得分非常高，且在其余的观测年中技术进步得分较不稳定；巴西技术进步表现较差。

第二节　两种经济增长模式的有效性比较

运用实际跨期模型，基于超效率松弛变量模型与全局参比Malmquist指数对54个资源丰裕型国家增长与发展的有效性进行测算，发现欧美发达资本主义国家有效性得分相对较高，其次是金砖国家，拉美与非洲样本国家的增长有效性相对较低。

一　资源导向型模式的增长有效性

资源导向型经济模式下，资源丰裕型国家过于依赖资源密集型产业的发展，制造业萎缩，产业结构畸形发展，贸易结构单一，致使增长与发展的有效性较低，难以实现技术进步。此外，资源产业一家独大会"挤出"投资、人力资本、良好制度，致使物质资本与人力资本大量外流。长此以往，经济衰退定会愈发严重，转变增长与发展模式的代价与成本也会变得"高不可攀"。

（一）资源租金对经济增长的贡献度越大，增长与发展的有效性越低

在资源丰裕型国家中，增长与发展有效性非常低的国家（有效性得分小于0.3）共计15个，其自然资源租金占GDP的比重都处于20%以上（莫桑比克相对较低，但也达到12.64%），均值水平为35.38%，这些国家经济增长的实现主要依赖于资源产业的发展。

沉迷于资源租金的摄取会阻碍制造业的发展，资源产业独大发展，降低制造业增加值与服务业附加值的水平，进而影响增长与发展模式的有效性。资源导向型国家产业结构的"畸形"主要表现为：这些增长有效性低下的资源导向型国家的产业结构与美国、欧盟、OECD成员国、世界总体水平均存在较大的差异，资源租金占GDP比重较高，而制造业增加值及服务业附加值占GDP的比重较低（见表4-2）。对于这些增长效率低下的资源型国家其工业部门中资源产业独大较为严重，制造业被"挤出"；且资源租金占GDP的比重越高，制造业与工业整体规模水平间差距也会更大。

表4-2　　资源导向型国家的产业结构状况一览表　　（单位：%）

国家	资源租金占GDP比重	制造业增加值占GDP比重	工业增加值占GDP比重	服务业附加值占GDP比重
哈萨克斯坦	41.66	13.40	39.70	53.75
阿尔及利亚	36.82	7.45	54.16	36.63
刚果（金）	29.53	19.11	32.35	42.58
沙特阿拉伯	48.22	10.11	58.70	38.11
玻利维亚	21.85	14.24	34.42	51.64
阿曼	43.20	9.76	62.53	37.92
尼日利亚	31.77	4.72	35.74	33.44
科威特	53.18	5.41	65.94	33.67
阿拉伯联合酋长国	24.78	9.66	55.11	43.71
委内瑞拉	29.57	16.11	51.73	43.58
伊朗	34.11	13.38	43.30	49.09
伊拉克	58.95	2.09	62.42	33.86
几内亚	21.66	6.21	38.11	38.84
巴布亚新几内亚	42.65	7.08	38.87	23.15
莫桑比克	12.63	13.46	20.62	52.84
美国	1.36	13.15	21.38	77.41
欧盟国家	0.62	16.60	26.05	72.08
OECD成员国	1.40	15.83	25.42	72.83
世界总体水平	4.17	17.34	29.14	66.51

资料来源：世界银行数据库（https://data.worldbank.org.cn/）。

（二）出口结构单一化、简单化影响增长与发展的有效性

增长有效性较低的资源丰裕型国家仍基于传统的比较优势参与国际贸易，出口品大多为原材料或资源密集型产品，致使出口结构单一化、简单化。增长有效性较低的国家的资源型产品出口额占出口总额的比重非常高，依据包络分析结果界定的低增长有效性的国家资源密集型产品出口额占总出口额的平均比重高达 67.75%（见图 4-1）。① 在资源导向型国家中，经济增长的实现主要依赖于原材料与资源密集型产品的出口，而此类产品在国际市场中价格波动较大，当资源价格较低时，势必会对国内相关产业产生不利的冲击，并迅速传导到国内本就相对薄弱的其他行业中，致使增长减速，有效性大幅下降。

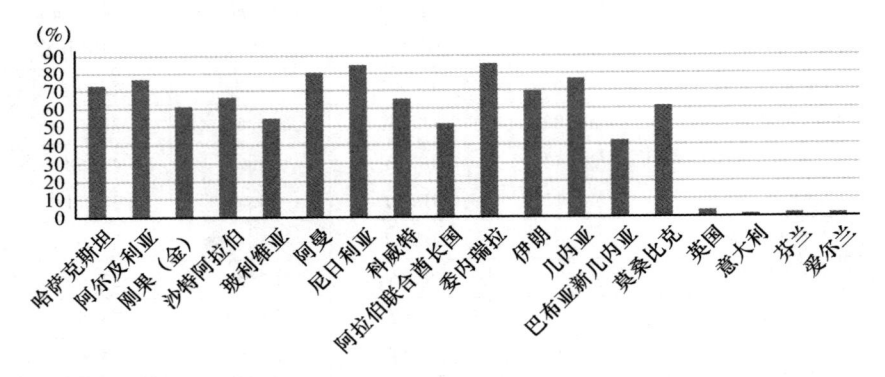

图 4-1　典型国家资源密集型商品出口额占商品出口总额的百分比

资料来源：联合国国际商品贸易统计数据库（https://comtrade.un.org/pb/）。

---

① 数据处理说明：第一，以下国家的资源密集型出口商品不仅包含最初界定资源丰裕型国家时使用的贸易品，还包含一些特殊的商品，这主要是因为，这些商品多为贵金属与贱金属及其制成品，也属于资源密集型商品，且是该国的主要出口品。几内亚"黄金（包括金镀铂）"；阿拉伯联合酋长国"黄金（包括金镀铂）""钻石（不论是否加工，尚未镶嵌）"；巴布亚新几内亚"贱金属，金、银、铂复合"；莫桑比克"锡"。第二，意大利、芬兰、爱尔兰虽然分别为 SITC 代码为 284、322、325 的资源产品的主要出口国，但是这些商品未能列入该国出口额排名前十位，图中的数据是利用排名第十的商品的出口额计算得出的，相关资源商品出口额占出口总额的比重会比其还要小。这也表明这些增长有效性较高的国家的出口结构不存在单一化与简单化的特征。第三，由于伊拉克的贸易数据不可得，因此未列入。

二 创新导向型模式的增长有效性

参照资源丰裕型国家增长与发展模式有效性得分可知，处于最优前沿及与前沿较为接近（有效性得分大于0.8）的国家共计16个，除金砖国家外，其余均为欧美发达国家。在这些国家中，美国是全球创新的领导者，瑞典、芬兰、挪威三个北欧国家是创新发展的成功典范，金砖国家也开始致力于创新型国家建设。《G20国家创新竞争力发展报告》指出，2012年，美、德、澳、英、法、中、意的创新竞争力得分相对较高。结合部分增长得分较高的资源丰裕型国家的创新投入与创新产出水平（见表4-3），本书认为发展创新导向型经济模式可显著提升增长与发展的有效性。

表4-3　2014年典型国家创新投入与产出水平一览表

国家	创新投入			创新产出			
	R&D支出占GDP比重（%）	每一千劳动力中研究人员数量（个）	政府预算中用于创新的比重（%）	专利申请量（件）	ICT产品出口占出口总额比重（%）	科技期刊文章数量（篇）*	高科技出口额（现价亿美元）
美国	2.74	8.13	18.20	578802	8.9659	438650	1556.41
芬兰	3.17	19.31	72.65	1545	2.6173	10768	39.61
挪威	1.71	14.74	57.78	1563	0.8849	10782	52.08
瑞典	3.16	16.11	78.36	2425	6.9242	20389	165.56
中国	2.05	4.66	—	928177	25.9390	476196	5586.06
俄罗斯	1.19	10.99	—	40308	0.7968	37708	98.43
印度	**0.78	3.46		42854	0.9737	111011	173.16
巴西	**1.07	1.03		30342	0.3929	57363	82.29
南非	**0.81	0.99		7552	1.5903	10782	24.89
欧盟国家	2.09	12.6		139301	5.1239	655449	6900.90
OECD成员国	2.38	8.08		1356182	6.6273	1466289	12328.74
世界总体水平	**2.05	2.6		2506409	10.8294	2407666	21473.96

数据处理说明：* 依据1999—2013年数据计算平均年增长率后的预测值；** 表示2000—2013年间可得数据的平均值。

资料来源：世界银行数据库（https://data.worldbank.org.cn/），OECD数据库（http://stats.oecd.org/）。

创新型国家的建设需要投入大量的 R&D 资金与技术人员，这不仅能够创造出"新事物"，引领新的经济增长点，而且有利于吸引国内外投资，培育和积累人力资本，使经济增长进入良性循环。创新更容易发生在制造业中，而且能够有效地促进制造业的发展壮大。因此，创新导向型经济模式能够倒逼被资源产业"挤出"的制造业恢复生产，并逐渐朝着高精尖领域升级发展。当资源丰裕型国家走上创新发展的道路后，制造业会逐渐复苏，产业结构得以优化；与此同时，根据"产品周期理论"可知"新事物"能够在一段时期内为一国出口创汇，这将有助于贸易结构的改善，出口结构也将不再单一化、简单化。北欧国家大多属于资源丰裕型国家，它们的经济增长对传统的资源产业依赖较小，已经建立起了国家创新体系，被誉为全球创新发展的成功典范，结合人力资本、贸易结构、产业结构三方面的数据（见表 4-4），可全面展示创新对于人力资本积累、贸易结构改善、产业结构优化及制造业恢复的意义。

表 4-4　　创新导向型发展模式下资源丰裕型国家的经济发展指标一览表　　（单位：%）

指标	芬兰			瑞典			挪威		
	2005 年	2010 年	2015 年	2005 年	2010 年	2015 年	2005 年	2010 年	2015 年
劳动力中接受过高等教育的比重	33.59	37.29	40.50	28.00	32.29	36.79	32.50	35.79	41.59
制造业出口占商品总出口比重	84.17	76.59	70.01	78.75	74.91	75.16	16.76	18.19	21.49
制造业增加值占 GDP 比重	24.32	19.53	16.96	20.55	18.59	17.00	9.15	8.08	8.03
农业增加值占 GDP 比重	2.61	2.73	2.54	1.14	1.62	1.31	1.57	1.76	1.81

续表

指标	芬兰			瑞典			挪威		
	2005年	2010年	2015年	2005年	2010年	2015年	2005年	2010年	2015年
工业增加值占GDP比重	33.54	29.97	26.84	29.69	28.93	26.21	42.57	39.06	34.65
服务业增加值占GDP比重	63.84	67.29	70.60	69.17	69.44	72.40	55.85	59.17	63.54

资料来源：世界银行数据库（https://data.worldbank.org.cn/）。

第五章

资源丰裕条件下的创新路径与比较

本章通过梳理芬兰、挪威、俄罗斯创新发展历程,分析资源丰裕条件下创新转型的有效举措与制约因素,甄别资源丰裕条件下创新发展实践产生不同成效的原因,论证了资源丰裕对经济增长是"诅咒"还是"福祉"的抉择关键在于创新能否有效纠偏增长路径的扭曲。

想要避免丰裕资源对经济增长的负面影响,首先须厘清以下两个问题:丰裕资源是如何阻碍创新的,以及在什么条件下资源因素有可能转化为创新和增长的推动因素。在创新经济学理论与逻辑框架下,分析资源丰裕条件下创新的成功典范芬兰、创新的次优者挪威、创新的相对落后者俄罗斯的发展路径,可以为回答以上两个问题提供有意义的启示。目前大多数的资源丰裕型国家仍徘徊在"资源导向型"经济增长阶段,芬兰、挪威与俄罗斯已经利用丰裕的资源实现了经济起飞,并建成或开始建设创新型国家。理论界对芬兰、挪威、俄罗斯的创新发展进行的大量研究,使我们对这些国家经济增长中的技术进步和创新有了初步的了解,并能够对这些国家创新发展的历程、推动与制约因素等做出基本的判断。但既有研究相对零散,从归类和概念化的角度看,还需要提升理论高度。由于角度和方法的局限性,尚未得出资源丰裕作用于创新发展的基本逻辑。

本书尝试从对比的角度,研究资源丰裕型国家创新发展路径,并分析制度设置和政策框架在资源丰裕条件下作用于创新的渠道和着力点。最终实现基于一个内洽的逻辑框架出发,对资源丰裕条件下创新的内在逻辑进行更加深入的分析,并在此基础上发掘政策框架在纠偏扭曲、消除"诅咒"与"挤出"方面的作用机理。

第一节　北欧国家创新体系建设

　　就创新的产生而言，不应当将市场需求或技术机会的单独存在视为充分条件，二者必须同时发挥作用才能使创新诞生，最重要的创新来自社会。劳动分工是创造国民财富的主要驱动力，而简化和节省劳动的机械发明也起源于劳动分工。也就是说，专业化的劳动分工通过"干中学"积累经验，形成发明与创新。然而也有学者对发明与劳动分工因果关系有着相反的认知，认为发明奠定了财富创造的核心基础，而劳动分工仅是发明产生前的一个进程，并非发明的源头。关于劳动分工与发明间的关系，马克思的论述更为全面。他认为，劳动分工形成了技术进步，但是劳动分工的发展也必须沿着之前的技术变化。其实，创新并非仅是生产者的特权，也可以是基于消费者的行为产生的。① 马歇尔认为，消费者也是创新者。发明由一种需求推动，即对竞争性差异的需求。②

　　除了创新的源头，对创新带来的结果与效应的认识也是十分有趣的。约翰·穆勒最先注意到，发明未必一定可以使普通人的生活水平得以改善。③ 亨利·乔治进一步指出，创新的结果未必就是所期望的，还可能有某些预期之外的负效应。④ 创新的这种矛盾属性非常重要，表明创新并非帕累托改进过程，若想基于创新成果提高社会福利水平，需要引入制度设置与政策规制。如果创新所满足的需求是创新者和市场商人所创造出来的需求，那么创新并不一定能在真正意义上增加财富。

---

① ［德］卡尔·马克思：《资本论》，中共中央马克思恩格斯列宁斯大林著作编译局译，人民出版社2004年版。
② ［美］阿尔弗雷德·马歇尔：《经济学原理》，廉运杰译，华夏出版社2005年版。
③ ［英］约翰·斯图亚特·穆勒：《政治经济学原理》，李风华译，中国人民大学出版社2023年版。
④ ［美］亨利·乔治：《进步与贫困》，吴良健、王翼龙译，商务印书馆2010年版。

一 创新发展历程

20世纪30年代以前，芬兰是一个以农业为主导的国家。第二次世界大战后，芬兰基于其自身丰裕的森林资源禀赋，大力推动林木业发展，从而寻得撬动经济快速增长的支点。在20世纪70年代，芬兰的经济增长依然高度依赖于森林资源，其中，森林资源租金占资源租金比重维持在90%以上，资源租金占GDP的均值水平达4.259%（见表5-1）。但是，在1973年、1979年两次全球石油危机的强烈冲击下，芬兰在20世纪80年代初期遭遇大幅通胀与大量失业的经济发展障碍。在这一阶段，无论是劳动密集型产业还是资源密集型产业，均无法为芬兰带来持续性的经济快速增长，该国林木业及相关产品的优势逐渐减弱。芬兰政府当局乃至全社会亟须探索破局思路，推动芬兰重回经济快速增长的轨道。对此，芬兰开始注重对科技创新的投入，以发展技术密集型产业为主要导向，以技术变革为发力点，令其经济增长的核心动力源从以往的劳动密集型产业、资源密集型产业向技术密集型产业转变。为进一步推动技术密集型产业快速发展，芬兰政府在20世纪80年代接连出台产业支持政策，不断加大国民教育、科学研究与试验发展的资金投入，有针对性地支持高新技术产业发展，根据本国产业发展导向从国外引进相应的先进技术，并鼓励企业主动融入国际市场。在芬兰政府对技术密集型产业的大力支持下，芬兰于80年代末期成功实现经济转型，尤其在电子信息技术领域不断取得创新突破，以其为代表的高新技术产业登上芬兰经济发展的"主舞台"。20世纪90年代，信贷问题令芬兰金融体系遭遇重创，加之以房地产为首的第三产业急剧衰退，在该双重压力的倒逼作用下，芬兰再次加速向以技术创新为主导的经济发展模式转变。并清楚地认识到，只有进一步加快技术创新变革、推动技术密集型产业提质跃升，才能使得芬兰有能力应对经济危机，维持社会经济的良好健康发展。进入21世纪后，芬兰彻底摆脱对本国森林资源的依赖，森林资源租金占资源租金比重从2001年的99.20%下降至2013年的82.26%，以纸制品为代表的林木业相关产品对出口的贡献也呈现显著下降趋势（见表5-2）。

表 5-1　　　　　　芬兰资源依赖增长路径的历史趋势

年份	资源租金占GDP比重（%）	森林资源租金占资源租金比重（%）	年份	资源租金占GDP比重（%）	森林资源租金占资源租金比重（%）	年份	资源租金占GDP比重（%）	森林资源租金占资源租金比重（%）
1970	5.59	94.18	1980	4.90	97.21	1990	1.47	97.34
1971	4.65	96.08	1981	3.74	97.96	1991	1.04	97.72
1972	4.64	96.16	1982	3.02	98.18	1992	1.30	98.97
1973	5.64	93.28	1983	2.85	97.75	1993	1.95	99.59
1974	4.54	91.62	1984	2.34	98.30	1994	1.85	99.19
1975	3.15	96.70	1985	2.82	98.79	1995	1.59	99.19
1976	3.18	95.76	1986	2.20	99.28	1996	1.49	99.31
1977	2.90	96.37	1987	1.81	99.10	1997	1.52	99.37
1978	3.70	98.22	1988	1.75	97.35	1998	1.46	99.51
1979	4.60	97.55	1989	1.87	94.50	1999	1.24	99.35

资料来源：世界银行数据库（https://data.worldbank.org.cn/）。

表 5-2　　　　　创新转型后芬兰资源类产业对经济的影响

年份	资源租金占GDP比重（%）	森林资源租金占资源租金比重（%）	纸制品出口总值（百万美元）	占世界纸制品出口总值的比重（%）	纸制品出口占本国出口总额的比重（%）
2001	1.20	99.20	7434.7	11.1	17.36
2002	1.48	99.22	7888.3	10.8	17.72
2003	1.20	98.54	8852.4	10.7	16.86
2004	0.96	96.51	9969.5	10.7	16.37
2005	0.95	95.83	8764.7	9.2	13.43
2006	1.05	89.80	10238.4	9.9	13.25
2007	1.25	89.89	11008.6	9.8	12.26
2008	1.22	86.77	11079.9	9.2	11.43
2009	0.94	88.49	8574.8	8.7	13.64
2010	1.32	84.05	9474.1	8.6	13.65
2011	1.32	78.41	10165.1	8.2	12.90
2012	1.25	77.03	9149.3	8.1	12.54
2013	1.30	82.26	9327.9	8.0	12.54

资料来源：世界银行数据库（https://data.worldbank.org.cn/）。

挪威国土面积约 38.5 万平方公里，在欧洲国家中排名第六，是欧洲国土面积最大的国家之一；其人均 GDP 长期位列全球排名前十，也是全球最富裕国家之一。挪威之所以能够取得全球领先的经济发展优势，很大程度上得益于其丰裕的自然资源要素禀赋，其中，水力资源和石油资源是挪威经济增长的两大核心。在 20 世纪以前，挪威的经济增长呈现高度的资源依赖性，农林牧渔类产业是其最主要支撑。进入 20 世纪后，挪威率先实现利用瀑布动能发电，水力资源的有效利用带来了充足的电力资源，随之催生了一大批新兴资源密集型产业，化工产品、纸制品产量快速增加。1969 年，挪威在北海大陆架发现大量油田，随后快速开发石油资源，迅速成为石油出口量位居世界第三的国家（前两位依次为沙特阿拉伯、俄罗斯）。此后，挪威经济增长对石油资源的依赖性明显提升，该国资源租金占 GDP 比重从 1970 年的 1.06% 快速增长至 1984 年的 14.35%，在 14 年的时间内增长幅度超过 13 倍（见表 5-3）。挪威较早注意到若长期高度依赖自然资源以实现经济增长，将有可能面临"资源诅咒"的风险。基于此，挪威在利用石油资源推动经济快速增长的同时，也兼顾了技术密集型产业的发展，政府部门出台政策引导全社会不断加大研发投入、推动技术创新，因此挪威有效地规避了感染"荷兰病"的问题。2003 年挪威政府制定出台"创新集群计划"，从国家整体、局部地区两个维度同时发力提升科技创新能力；同时还要求社会各方主体加强技术创新合作，与政府部门形成协同合力，不断探索提升科技支持政策的科学性与有效性。2012 年挪威研究理事进一步调整完善"国家科研基础设施战略和路线图"，围绕国家科研能力建设形成长效投入机制，针对科研设备建设提供明确的导向指引。在一系列创新转型政策的助力下，挪威实现了降低对石油资源的依赖程度，其资源租金占 GDP 比重自 2008 年后呈持续下降态势，从 2008 年的 21.38% 下降至 2013 年的 10.72%，在短短五年时间内下降幅度接近一半；石油资源出口占本国出口总额的比重也从 2005 年的 45.48% 下降至 2013 年的 31.57（见表 5-4）。挪威政府在推动技术创新发展方面久久为功，还制定了"超越国界——国际合作战略"，坚持发展技术密集型产业，提升该国在全球一体化进程中的产业竞争力。

表 5-3 挪威资源依赖增长路径的历史趋势 （单位:%）

年份	资源租金占GDP比重	石油资源租金占资源租金比重	年份	资源租金占GDP比重	石油资源租金占资源租金比重	年份	资源租金占GDP比重	石油资源租金占资源租金比重
1970	1.06	NA	1980	13.91	68.63	1990	10.94	84.55
1971	0.97	2.28	1981	13.56	65.06	1991	9.96	84.50
1972	0.93	11.68	1982	12.79	64.19	1992	9.94	86.55
1973	1.25	10.57	1983	13.52	68.12	1993	10.27	84.22
1974	1.61	30.82	1984	14.35	70.38	1994	10.05	85.79
1975	3.02	67.68	1985	13.27	72.20	1995	9.85	87.08
1976	4.05	77.16	1986	6.73	56.28	1996	13.11	84.85
1977	3.70	78.30	1987	7.20	73.37	1997	12.58	83.85
1978	5.50	59.63	1988	5.85	70.59	1998	7.59	78.15
1979	11.21	67.81	1989	8.73	81.02	1999	9.81	85.66

资料来源：世界银行数据库（https://data.worldbank.org.cn/）。

表 5-4 创新转型后挪威资源类产业对经济的影响

年份	资源租金占GDP比重（%）	石油资源租金占资源租金比重（%）	石油资源出口总值（百万美元）	石油资源出口总值占世界石油资源出口总值的比重（%）	石油资源出口占本国出口总额的比重（%）
2001	15.94	78.44	26996.4	8.6	45.59
2002	13.76	80.01	25802.4	8.1	43.31
2003	15.32	71.62	29019.9	7.2	42.71
2004	17.15	74.01	36978.4	6.7	44.83
2005	20.88	69.67	47190.1	6.0	45.48
2006	20.05	72.61	51000.0	5.4	41.93
2007	17.41	72.22	54340.4	5.0	39.85
2008	21.38	67.80	66088.3	4.4	37.22
2009	12.85	71.79	39495.0	4.4	34.44
2010	13.12	76.01	46972.5	4.3	35.75

续表

年份	资源租金占GDP比重（％）	石油资源租金占资源租金比重（％）	石油资源出口总值（百万美元）	石油资源出口总值占世界石油资源出口总值的比重（％）	石油资源出口占本国出口总额的比重（％）
2011	13.62	79.35	58798.3	4.1	36.89
2012	11.94	79.09	54647.0	3.5	33.95
2013	10.72	77.79	48748.6	3.1	31.57

资料来源：世界银行数据库（https://data.worldbank.org.cn/）。

上述经济增长与发展历程表明，北欧国家在历经三五十年的资源导向型发展后，开始向创新导向型发展模式转变，这一转变发生在政治制度、经济社会制度基本稳定条件下。一国的政治制度为经济发展提供了必要的保障，国家政策的制定为经济发展提供了规划蓝图。芬兰属于民主共和制，宪法于1919年7月17日颁布生效，1999年芬议会通过新宪法，加强了议会和政府在国家政治生活中的作用，削减了总统部分权力；挪威属于君主立宪制，现行宪法于1814年5月17日通过，后经多次修订，国王为国家元首兼武装部队统帅，并提名首相人选。政治制度的确定与政局的稳定为两国经济发展模式的形成、发展、转变提供了重要的环境与条件支撑。从经济社会制度条件看，芬兰与挪威都是在社会民主主义思想指导下，保持经济增长与社会公平的平衡，通过有效的公共服务提高社会公平程度。"北欧模式"以"从摇篮到坟墓"惠及全民健全的社会福利体系组成，基尼系数长期处于0.25—0.26，属于世界上收入差距最小的地区。

二 创新发展有效举措

"社会决定论"认为，创新产生的动因主要包括两个方面：一是利润驱动，二是政策导向。这一论断也反映了经济社会中企业和政府是推动创新的两类主体，其中，企业是将技术创新成果产业化的核心关键。在研究全球主要国家创新产生的动因时发现，对于拥有自然资源禀赋优势的国家而言，政府部门出台支持政策对推动一国创新能力提升是最为行之有效的。与美国、日本等利润推动型创新国家相比，拥有自然资源禀赋优势的国家往往由本国政府部门制定政策以推动科技创新快速发展。这一现象主要归因于，在自然资源禀赋优势国家中，可对国家经济发展起重要影响作用的通常为资源密集型企业，这类企业能够为国家带来可观的经济收益，但也伴随着技术创新能力差的问题。因此，自然资源禀赋优势国家需要通过政府政策导向的手段，扭转对自然资源过度依赖的发展模式，进而形成以技术创新为推动力的长效经济增长机制。

（一）"政策导向"对芬兰创新的推动

纵观欧洲各国发展历程，芬兰经济发展起步相对较晚。第二次世界大战后，芬兰需赔付大量机械设备、船舶等产品，从而倒逼了芬兰工业经济进一步发展，工业化为芬兰向技术密集型经济增长模式转变提供了先决条件。20世纪90年代，作为芬兰商品最大输入国之一的苏联，其解体严重影响芬兰出口情况；加之金融风暴的到来，芬兰迎来了前所未有的信贷危机。在对外贸易受限、金融危机冲击的双重打击下，芬兰积极采取"政策导向"手段以渡过难关。一是进一步加大对外开放力度，并争取在全球市场竞争中取得优势地位；二是通过接连出台经济政策加快全国经济恢复速度；三是成立科学与技术政策委员会，有针对性地推动信息技术产业快速发展，并培育该产业成为本国经济发展的核心主导产业。

科学与技术政策委员会的成立使得芬兰社会研发投入显著提高，国民教育领域获得更多的社会资源投入，科技创新能力再度提速发展。虽然芬兰对于科技创新的政策推动效应存在一定"滞后性"，但丝毫不影响芬兰从创新政策中获得巨大效益。通过不断调整完善科技创新支持政策，在"政策导向"的推动作用下，芬兰逐渐从全球经济"追赶者"转变为"引领者"。虽然芬兰在创新发展过程中，仍然面临经济危机、经济结构调整、国家福利提升难度大等众多问题，但芬兰持续发挥创新政策对经济发展的促进作用，制定全新的国家创新发展政策，凭借更科学、更全面的政策来有效应对各种经济发展桎梏，保障本国人民福利，实现经济可持续增长。

芬兰清楚地意识到只有创造出更可观的增加值规模，才能够在全球范围内集聚更多外部投资者。因此,芬兰不断加大创新发展政策力度,始终以"政策导向"为主要抓手,推动本国经济高质量、可持续地发展。在企业方面,通过政策引导其不断提升技术创新能力和生产效率,提高其在全球市场中的竞争力。在公共部门方面,通过政策引导其持续加强对科技创新的服务能力,创新运营模式,助力本国加速创新发展。在政府部门方面,通过政策指引其不断完善科技创新环境,对技术创新主体给予更大程度的政策及资源"倾斜"。

专栏1:诺基亚创新发展案例

  诺基亚公司之所以能够从资源密集型企业向技术密集型企业蜕变,主要归因于紧跟全球市场发展趋势及技术迭代更新。在19世纪60年代诺基亚公司成立之初,该企业的主营产品为纸制品,是典型的资源依赖型企业。20世纪60年代末期,转向技术密集型企业的迹象开始显现,其收购了一家致力于电缆业务的企业以及一家致力于橡胶业务的企业。随后,诺基亚将其主营产品的核心从纸制品转变为电缆与橡胶产品。20世纪80年代,诺基亚在本国范围内兼并了数家电子信息产品企业,再次调整自身的核心业务方向,重点聚焦于通信类产品以及消费类电子产品。诺基亚之所以再度调整业务方向,最主要的原因是该企业捕捉到下一阶段的市场新增长点——电子信息产品领域,同时也意识到长期依赖自然资源的增长方式并不具备可持续性。20世纪90年代,虽深受经济危机影响,但该企业仍毅然决然将核心业务转向电子工业、通信产业等新兴产业领域。20世纪90年代中后期,企业实现逆势增长,年均收益增长率突破30%,一举成为当时全球通信行业及消费类电子产品行业的龙头企业,营业收入超过300亿欧元。进入21世纪后,随着新一代信息技术产业技术进一步革新,诺基亚延续创新发展路径,从电子信息制造商向信息技术服务商转型。

(二)"政策导向"对挪威创新的推动

  挪威企业以中小型规模居多,虽然这类企业拥有活跃的创新积极性,但受限于规模经济因素,中小企业难以成为国家创新发展的

"主心骨"。资源丰裕国家之所以倾向于采用"政策导向"手段实现创新发展，主要是因为这类国家中能够对创新发展起重要影响作用的多为资源密集型企业，这类企业高度依赖自然资源已形成市场垄断地位并获取垄断利润，只有从政府层面制定出台有关政策明确产业发展导向，才能在寡头垄断市场格局下推动更多企业遵循上位规划导向进行创新发展。[①] 因此，挪威在20世纪80年代便成立了高技术风险投资公司，政府对生存能力较差的高科技公司进行资金补贴，加大力度扶持高技术产业发展，壮大国家创新发展能力。20世纪末，挪威虽在通信、水利等产业领域具备了领先的研发技术，但仍然面临一系列尖锐的创新发展问题，如科技型企业存活率低、在全球市场中竞争力相对较弱等。作为挪威创新发展核心管理部门，挪威创新署也未能产生显著成效的创新发展政策效应，仅在本国范围内制定少量工业发展政策。"政策导向"手段对于推动挪威创新发展而言也一度"失灵"。

挪威政府推动成立技术研究理事会，通过政策手段激励企业或研发机构产出更多创新成果，建设技术创新能力领先国家。进入21世纪后，挪威重点聚焦创新型国家建设，政府提出七项具体的推动创新发展政策举措：一是动态要素政策，通过工会调整技术密集型产业与自然资源依赖型产业之间的收入分配比例，解决自然资源依赖型产业挤占其他产业生存空间的问题。二是有效支出政策，出台严格的财政管理制度，积极降低国家负债率，稳控对外贸易需求以及本国币值，保障本国在国际贸易中的市场竞争力以及商品出口规模。三是损失溢出政策，加大对科技创新的资金投入，重点对自然资源（尤其是石油资源）开采技术进行突破创新，摆脱技术进口路径依赖，建立大量科研机构，内生培育技术研发高端人才，实现商品出口类别多样化。四是教育、研究及发展政策，加大对出国留学、访问的资金支持力度，引导市场劳动力积极参与再教育，不断提升劳动力技能水平。五是积极的反周期政策，为资源租金制定合

---

① 依据熊彼特创新理论，垄断比竞争更适合创新的出现。因为在竞争条件下，创新能够带来差异化的产品，使企业获得正利润。但是，由于市场准入条件低，利润最终将趋近于零，创新积极性将大打折扣。

理价格体系，从而有效应对经济危机冲击影响，并且充分发挥石油基金灵活性，为政府财政规模体量提供切实保障。六是劳动力市场政策，促进劳资和谐，形成高效的工资谈判及协商机制，保证劳动力市场信息畅通流动，同时还要切实维护女性劳动者权益。七是产业政策，强调技术创新以及高技术人才对国家创新发展的核心推动作用，鼓励高技术产业寻求创新突破，实现商品出口类别多元化和国家科技创新跨越式发展。

上述创新发展政策令挪威有效避免了"资源诅咒"发展问题，大幅削弱了自然资源密集型产业对技术密集型产业的挤占作用。挪威创新发展的成效愈发明显，在2014年全球石油价格显著下滑的情况下，挪威依然能够实现经济逆势上涨。挪威正是通过持续的"政策导向"手段，科学合理地引导国家产业发展路向，形成以技术创新为核心动力的经济发展模式，从而摆脱了经济发展对自然资源的依赖。英国智库发布的《2014年列格坦全球繁荣指数》排名榜中，挪威位居榜首；在世界论坛公布的《全球竞争力报告》中，挪威稳居第11位。

三 创新发展成效评述

关于北欧创新型经济，Acemoglu等曾提出过这样的论断：北欧模式是一种"追随式"的创新方式，与发展不均衡条件下以市场强激励为特征的美国创新模式形成区别。美国创新模式是一种领先型的创新模式，适合处于生产前沿的国家采用。[①] 芬兰与挪威的创新发展属于典型的"北欧模式"下的创新发展，这种模式通过"温和性成长"对"创造性破坏"的替代、帕累托改进对市场失灵的替代、社会认可对物质激励的替代（Joseph E. Stiglitz）实现增长。[②] 芬兰与挪威在发展过程中及时采取"政策导向"手段，推动产业结构

---

① Acemoglu D. & Robinson J. A. & Verdier T., "Can't We all be More like Scandinavians? Asymmetric Growth and Institutions in an Interdependent World", *NBER Working Paper*, No. w18441, 2012.

② Stiglitz J., "Inequality is not Inevitable", June 2014, New York Times（https://archive.nytimes.com/opinionator.blogs.nytimes.com/2014/06/27/inequality-is-not-inevitable/? ref = opinion）.

转型升级，始终将技术创新作为国家发展的核心，大力发展高新技术产业，从而摆脱了对自然资源密集型产业的单一依赖，实现了经济的高质量、可持续发展。从 2022 年全球创新指数排名可见，芬兰与挪威两国均是全球创新发展国家中的"佼佼者"，芬兰排名全球第 9 位，挪威排名全球第 22 位。Jan Fagerberg 和 Morten Fosaas 对北欧国家创新发展质量进行了量化评估，并与欧盟其他国家进行了对比。① 结果显示，就 R&D 占 GDP 的比重而言，芬兰最高，挪威较低；就创新参与者的关联性而言，芬兰最高，挪威处于均值以上；就风险资本占 GDP 的比重而言，北欧四国较其他欧盟国家表现良好；就高等教育的水平而言，北欧四国位居榜首。

当然学术界也存在"北欧悖论"的说法。毕竟将北欧与日本、美国进行比较，创新能力还存在很大差距。霍刚·吉吉斯认为，北欧国家，尤其是瑞典，在研发领域投入了相当多的资源，而以商业产品形式得到的回报却相对较少。②

（一）芬兰创新发展评述

芬兰是首个通过政府制定政策引导国家实现创新发展的北欧国家，为避免感染"荷兰病"以及突破"资源诅咒"发展桎梏，芬兰积极推动以通信技术、消费类电子产品为代表的高技术产业发展壮大，彻底改变国家高度依赖自然资源密集型产业的单一产业结构。王勇、杜德斌全面分析了芬兰在通信技术、消费类电子产品、软件服务、生物科技、绿色低碳等高技术产业领域的科技创新现状。③ 柳婷、钟书华围绕芬兰的通信技术产业创新发展历程进行深入分析，并揭示其发展逻辑、特征以及规律等重要内容。④

芬兰成功解决创新发展过程中面临的"系统失灵"问题，主要

---

① Fagerberg J. & Fosaas M., *Innovation and Innovation Policy in the Nordic Region*, University Library of Munich, Germany, 2014.
② [瑞典]霍刚·吉吉斯：《变化中的北欧国家创新体系》，安金辉、南南·伦丁译，知识产权出版社 2006 年版。
③ 王勇、杜德斌：《芬兰科技创新之路及对我国西部大开发的启示》，《经济地理》2007 年第 4 期。
④ 柳婷、钟书华：《芬兰 ICT 创新网络的构成分析》，《科技管理研究》2008 年第 10 期。

归因于该国形成了创新系统联合治理与管理协调机制。① 权衡、孙亮等通过对印度、爱尔兰、芬兰及以色列四国推动创新发展的举措进行比较分析，发现芬兰之所以能够突破原有的资源依赖型发展模式，主要得益于政府制定相应政策引导全国构建创新体系，促进企业、高等院校、科研机构三类核心主体深度融合，"官产学研"高度协同令芬兰迸发强大的创新动能。②

为保障高技术产业在发展过程中拥有充裕的资金，芬兰政府相继成立国家研发基金以及技术研究中心，以科技型企业为重点风险投资对象，通过基金会大力培育中小型科技企业，并助力其实现高效的技术转化。江沿（2007）认为芬兰加大全社会研发投入以及教育支出是实现创新发展的关键一步，且通过建立创新风险投资体系以进一步完善国家创新体系，两个体系相辅相成，从而产生了大量高新技术创新成果。③

（二）挪威创新发展评述

挪威的石油开采业通过前向和后向关联，与经济的其他产业融合为一个整体。这些部门的前向关联推动了半成品相关产业（罐头、造纸造浆、金属制品、化工产品）的发展，而后向关联又促进了制造业资本设备（航运工具、涡轮机、传输设备以及钻井平台、地震仪）的发展。景普秋、范昊指出，拥有丰富矿产资源的美国基于完善的产权制度和活跃的技术创新，被称为资源型经济体规避"资源诅咒"的成功案例；而挪威及其他北欧国家，同欧洲大陆模式、美国模式一道，被称为一种新的经济社会发展模式——北欧模式。④ 挪威之所以能够成功突破"资源诅咒"发展桎梏，很大程度上得益于该国政府创新发展政策的有效引导。挪威意识到单一依赖

---

① 程郁、王协昆：《创新系统的治理与协调机制——芬兰的经验与启示》，《研究与发展管理》2010 年第 6 期。

② 权衡、孙亮、黎晓寅：《国家创新体系建设：经验与启示——印度、爱尔兰、芬兰、以色列比较研究》，《学习与实践》2010 年第 4 期。

③ 江沿：《从韩国、芬兰经验看自主创新中的政府作为》，《经济纵横》2007 年第 8 期。

④ 景普秋、范昊：《挪威规避资源诅咒的经验及其启示》，《经济学动态》2011 年第 1 期。

自然资源的经济发展模式是不可持续的,因而通过"政策导向"手段引导核心产业向技术密集型产业转移。21世纪以来,挪威不断加强国际技术合作,加大全社会研发投入水平,以通信技术、软件服务、生物科技、深海深地等高技术产业前沿领域为目标导向,实现技术创新能力在全球形成领先优势。

进入21世纪,挪威率先对大型国企进行股份制改革,大力支持私有经济发展,引导更多私人资本投入产业发展,形成公平有效的市场竞争制度,进而提升全社会的经济效率。朱应鹿认为挪威在经济结构方面表现出高度国有化特征,石油、电力、化工、银行、交通等关键经济部门的企业均为国有性质,这类国有企业的产值占全国总产值半壁江山,在高度国有化的经济格局下挪威才具备了实现高福利水平的经济基础。①

第二节 俄罗斯创新历史溯源与发展事实

俄罗斯经济发展体系建设起步于丰裕的自然资源,根据资源禀赋优势参与国际分工,经济增长对国际市场原油价格变动敏感。在全球经济市场低迷时期,逆转俄罗斯经济增长需要快速找到资源密集型产业的替代和承接产业类别,进而填补价格缺口。自2008年正式提出以创新战略推动增长方式转变以来,产业选择从民用工业聚焦到数字智造,产业政策从激发大企业及国有企业创新投入到鼓励原发性研发投入。虽然发展导向与新一轮经济增长引擎相适配,但是创新发展战略未能有效扭转资源依赖型增长路径,企业创新积极性也未被有效激发,这是历史因素、增长方式惯性、自上而下的变革、不利的国际环境共同作用的结果。

俄罗斯资源导向型与创新导向型两种经济增长模式分别出现于2000年与2008年,经济增长模式是在政治制度与经济制度稳定条件下形成的,且制度呈现较强的稳定性特征。从政治制度背景看,

---

① 朱应鹿:《挪威富裕之谜》,《世界知识》2011年第7期。

按照联邦制、多党制和三权分立原则建立了俄罗斯总统共和制度，1993年12月通过俄罗斯联邦宪法，该项政治制度强有力地反映了俄罗斯总统的治国理念；从经济制度背景看，俄罗斯是兼容市场经济和国有经济的混合经济体系，国有企业扮演重要角色，同时鼓励私营部门发展，政府在经济领域具有一定的干预权力，采取措施保护国内产业与市场发展。

一 历史因素：问题积淀与转型期科技停滞

从十月革命取得胜利到苏联解体的几十年间，以重工业为开端的工业化带动了落后地区的发展，军事工业的发展使本国军事实力加强，使得苏联在1930—1960年经历"跳跃式"增长与"赶超式"增长，一举成为世界经济大国。工业优先于农业、重工业优先于轻工业、投资优先于消费的基本经济方针，形成了强大的军工技术基础，并在人力资本积累上提交了一份优异的"成绩单"。到20世纪80年代末，苏联的科技人员数量占全世界的1/4，每年新技术发明占全世界的1/3。[①] 但是技术进步在当时却没能推动经济的集约化发展。长期以来，只有大约1/4的科技成果得到了应用，一项新技术从研究到应用的周期长达十余年之久。此时，经济社会发展已经进入"内生增长"困境、资本无效率、生产要素错配、投资与储蓄平衡关系脆弱的阶段，究其原因，苏联共产党缺乏创新意识不能与时俱进及不切实际的赶超战略兼而有之，加之未能正视自身技术与西方国家的差距和比较优势。因此，苏联的技术水平从表面上看"威震八方"，但实质上却为未来的经济发展埋下了巨大的"隐患"，使得技术进步更多时候倾向于"纸上谈兵"，存在增长速度递减、增长方式落后、经济结构严重畸形等问题。

转型初期俄罗斯经济发展面临严重危机，生产停滞，社会动荡不安。1992—1998年俄罗斯的经济以年均6.77%的速度衰退，其中1992年与1994年经济衰退幅度相对较大，经济规模体量持续下降，工业、农业及服务业增加值的年增长率大多为负（见表5-5）。

---

① 陆南泉：《论苏联、俄罗斯经济》，中国社会科学出版社2013年版。

此时，技术发展陷入"停滞"状态，就连苏联时期的大规模军事工业发展及技术引进也略显乏力。与生俱来的庞大规模体量、中央指令及政府融资与市场经济发展制度机制相矛盾，势必使得转型初期R&D部门陷入僵局状态。从事研究和设计的研发人员数量由1992年的153万人次变为1998年的85万人次，从事科学研究的专家数量从1991年的107.9万人次减少到1998年的49.2万人次，研究经费占GDP的比重以及占财政支出的比重从1992年的0.5%及2.43%变为1998年的0.23%及1.32%。[①] 俄罗斯转型时期最初的设想是，科学与技术部门能够摆脱僵硬的中央计划经济，成为高科技出口及经济增长的基础。但是，如此乐观的设想是不符合实际的。技术发展体系中的许多环节依然严重依附于中央集权经济"余孽"，缺乏有效的引导政策。

表5-5　　　　转型初期俄罗斯经济衰退的表现　　　　（单位：%）

指标	1992年	1993年	1994年	1995年	1996年	1997年	1998年
GDP增长率（年增长率）	-14.5311	-8.6685	-12.5698	-4.1435	-3.6	1.4	-5.3
占美国GDP总额的比重	0.0704	0.0632	0.0541	0.0516	0.0484	0.047	0.0298
工业增加值（年增长率）	-21.59	-13.24	-19.86	-4.55	-5.57	0.87	-5.05
农业增加值（年增长率）	-9.0	-4.0	-12.0	-8.0	-5.3	2.5	-18.8
服务等附加值（年增长率）	-8.43	-19.47	-2.48	-10.12	-0.63	1.61	-3.57

资料来源：世界银行数据库（https://data.worldbank.org.cn/）。

二　增长模式：资源导向型模式推动经济增长

世纪之交普京入主克里姆林宫，彻底摒弃了新自由主义政策，为保证国内政治、经济及社会局势的稳定，重新制定了中央与地方

[①] 李新：《俄罗斯经济再转型：创新驱动现代化》，复旦大学出版社2014年版。

的权力分配制度及议会制度。主要表现为对地方进行垂直管理、强调国家宏观调控对经济的作用、加强对国有资产的管理并提高利用效率、削弱寡头势力重新掌控关系国民经济命脉的行业、完善法律体系、改善投资环境等。这些切实的举措不仅营造了安定团结的政治局面，得到了广大民众的支持，而且为经济增长开拓了巨大的空间。加之国际原油价格不断高涨，1999年原油价格为每桶15.9美元，而2006年增长到每桶65.15美元，这七年间原油价格持续攀升，增长了四倍。俄罗斯依靠石油资源密集型产业实现了恢复性增长，居民实际收入增加，内需不断扩大，通货膨胀得以控制，宏观经济指标有所改善。这一时期俄罗斯之所以能够实现恢复性增长，也与良好的国际市场行情息息相关。

俄罗斯的发展与石油资源相伴，经济增长的实现与国际贸易的扩张均呈现出明显的石油资源依赖性特征。俄罗斯在资源导向型经济增长模式下走出了转型危机，实现了恢复性经济增长。2005年国内生产总值仅次于美、中、日、德、法，跃居世界第六。但是过分依赖石油资源发展经济，会产生"荷兰病"效应，扭曲经济结构、"挤出"人力资本及物质资本，甚至会因过度寻租而引发制度弱化及腐败。俄罗斯经济增长对资源过度依赖，在资源、GDP、产业结构、出口结构方面都呈现出明显的资源化（见表5-6）。

表5-6　　　　　资源产业对俄罗斯经济增长的贡献

年份	资源租金占GDP比重（%）	采矿业增长指数	燃料出口占商品出口比重（%）	石油资源出口总值（百万美元）	石油资源出口占本国出口总额比重（%）
2000	42.96	106.4	50.58		
2001	33.21	106.0	51.80	24562.6	24.4
2002	26.46	106.8	52.47	27445.4	25.72
2003	32.86	108.7	54.49	36914.2	27.62
2004	32.05	106.8	54.69	55074.1	30.32
2005	38.45	101.4	61.77	79583.9	32.99
2006	33.93	102.8	62.88	96676.8	32.09

续表

年份	资源租金占GDP比重（%）	采矿业增长指数	燃料出口占商品出口比重（%）	石油资源出口总值（百万美元）	石油资源出口占本国出口总额比重（%）
2007	28.58	103.3	61.45	114268.5	32.44
2008	31.72	100.4	65.66	151657.9	32.41
2009	20.36	97.2	66.69	93569.6	31.00
2010	21.58	103.8	65.62	129126.3	32.27
2011	22.54	101.8	66.98	171695.8	35.92
2012	19.68	101.0	70.93	180929.7	34.48
2013	18.15	101.1	71.25	173669.6	32.94
2014	42.96	101.4	—	—	—

资料来源：俄罗斯统计局（http：//www.gks.ru/）；世界银行数据库（https：//data.worldbank.org.cn/）。

三 变革方式：创新战略的系统性转变

资源产业的壮大与发展虽然可以在一段时间内带动经济增长的迅速实现，甚至可以在一定程度上为创新提供良好的经济基础，如燃料基础、税收与财政支持、外汇支持及对国际投资的吸引等，但是资源导向型经济对于创新的负效应更为持久与显著。产业结构与贸易结构的"畸形"发展与固化、对人力资本培育与积累的"挤出"、投资环境的恶化、寻租与垄断的滋生都将从根本上不利于创新的实现。因此，俄罗斯创新发展战略以自上而下的方式推动变革。

俄罗斯的创新可以从 2008 年制定的《俄联邦到 2020 年的社会经济长期发展规划》《俄联邦到 2025 年的科学技术长期发展展望》两份核心文件谈起。2008—2012 年是向创新导向型发展模式过渡的准备期，政府实施了与创新有关的一系列强制性措施，要求上市公司制订创新发展规划，明确规定了国有企业及国家控制"黄金股"的企业研发支出规模"标准"。虽然在其他国家也出现过政府提出创新相关的指令性计划，但是从未如此具体过。2010 年 5 月《俄罗斯经济趋势与展望》对 100 家企业的调查结果显示，研发支出占收入的比重处于3%—10%的企业接近50家，比不足3%的企业有30余家；且大企业研发支出占收入的比重平均值却已达到5%。[1] 2011年政府又实施了一系列更具活力的创新激励举措，最具代表性的便是高速建设智慧之城斯科尔科沃。2012年普京提出："未来十年，俄罗斯不仅要在能源方面保持世界领导者地位，还要在知识经济和高技术领域取得国际竞争力。"[2] 2013—2020年本是实现经济全球竞争力突破期，但在2014年面对经济制裁与卢布贬值，俄罗斯的国际技术市场环境出现恶化。自此，俄罗斯开始实施进口替代战略，联邦预算优先权转向应用研究领域，创新口号由之前的"从技术到市场"转变为"从未来市场到当前执行力"。2017年7月和2019年2月，俄罗斯联邦政府发布与修订《俄联邦数字经济国家规划》，确定了数字经济发展五大基础方向、三大重点应用领域及六个联邦项目，涵盖数字经济全产业链布局、数字产业生态优化、数字赋能经济社会管理等数字经济核心环节，侧重于为俄罗斯数字经济发展打造更为强大的核心能力和更为坚实的基础条件。

上述历程表明，俄罗斯创新投入处于规模报酬递增阶段，但创新投入的增加没能产生明显的实践效果。具体表现为：创新"政策雨"密度大，但是企业创新发展积极性不高，尚未成为创新发展主力军；创新的资金主要投向大企业，风险投资尚处于起步阶段，中小企业创新门槛高；对创新发展起支撑作用的产业领域尚未制定有效的支持举措，人才不足、技术水平低、资金缺乏、法律法规不健全问题普遍存在，科研环境和配套体系也较为薄弱；新技术的应用侧重于国家管理、智慧城市等服务业，对高科技产业、民用工业、智慧农业等更为基础和具有广泛带动性的产业关注不足。

四 外部环境：欧美经济制裁对创新的影响

乌克兰危机的爆发对俄罗斯的经济产生了不利影响，其影响主

---

[1] Gaidar Institute, *Russian Economy in* 2010, Trend sand Outlooks, Moscow: Gaidar Institute Publishers, 2011.

[2] ［俄］弗拉基米尔·弗拉基米罗维奇·普京：《2012年版国情咨文》，2012年12月（http：//en.krem/in.rv/events/president/news/17118）。

要表现为西方对俄罗斯进行经济制裁的力度不断加强、俄罗斯的石油价格大幅下滑以及俄罗斯的货币出现了贬值。同时，经济的下滑致使经济指标出现了负增长，与前一年相比，2015 年俄罗斯 GDP 下降了 3.71 个百分点，工业增加值下降了 3.55 个百分点，制造业增加值下降了 5.06 个百分点，服务业附加值下降了 3.83 个百分点，资本形成总额下降了 18.68 个百分点。① 针对如此严峻的经济形势，2015 年 1 月 27 日，俄罗斯政府签署并发布反危机计划。在反危机计划的政策效应下，俄罗斯经济形势逐渐缓和。从经济指标来看，与同年第一季度相比，2016 年第二季度 GDP 回升了 0.7%，增幅与上年同期相比提高了 0.7%。② IMF 根据俄罗斯的近期经济指标对未来进行了预测，2016 年 GDP 增长率约为 -0.761%，2017 年 GDP 将有望转向正增长。与 IMF 较保守的预测相比，俄罗斯经济发展与贸易部的预测则更为乐观，其预测 2016 年 GDP 增长率将达到 2.3%—3.1%。总的来说，各方都对俄罗斯经济未来发展形势较为看好。

对俄罗斯的产业结构进行分析可知，长期依赖于资源型增长的经济发展模式早已为此次经济危机埋下了伏笔，而乌克兰危机所产生的一系列不利影响则是经济危机促发的导火索。因此，反危机计划等应对偶发冲击的政策措施尽管取得了一定效果，但终归是治标不治本。转变增长模式，调整产业结构，实现创新发展才是应对结构性经济危机的长久之计。

（一）经济制裁倒逼增长方式转变和进口替代战略的实施

乌克兰危机后的一系列制裁，在短期内使得俄罗斯经济陷入低迷，但这一状态并未持续太久，反而倒逼俄罗斯降低了对资源型经济增长的依赖，转变经济发展模式，使得俄罗斯经济长期以来存在的结构性问题在一定程度上得到了解决。俄罗斯政府分别在 2015 年 1 月 27 日与 2016 年 3 月 1 日提出了反危机计划 1.0 版与反危机计划 2.0 版，既是为了维护国家安全，也是对经济制裁的回应，更是对经济增长方式进行了优化。反危机计划中谈到，将进口替代提升到战略高度，并具体提出了综合运用各种手段，保障食品生产与

---

① 世界银行数据库（https：//data.worldbank.org.cn/）。
② 俄罗斯统计局（http：//www.gks.ru/）。

国防产品生产的自我供给。除此之外,这一计划还兼顾了出口转向,提出巩固航空航天工业与船舶制造领域的国际竞争优势,加快医药产业与高新技术领域的发展,恢复传统工业的领先地位。长期来看,将促进全要素生产率的提高,有效改善技术、配置以及规模的效率,推动俄罗斯建成创新型国家,实现创新发展。从数据反映可以看出,乌克兰危机后的一系列制裁非但没有使俄罗斯的创新停滞不前,反而得到了稳步提升(见表5-7)。由此可见,危机背后暗藏着新的发展机遇,同时也面临着新的战略选择,从而使得创新动力机制的异化在一定程度上得到了纠偏。尽管政府已然成为创新发起者,但在未来,当创新动力机制由政策导向转为市场导向时,企业取代政府成为创新主导者则是必然结果。

表5-7　经济制裁前后俄罗斯创新投入与创新产出变动

指标		2010年	2011年	2012年	2013年	制裁前均值	2014年	2015年
技术创新支出(十亿卢布)		400.80	733.82	904.56	1112.43	787.90	1211.90	1203.64
技术创新支出增加明显的行业(十亿卢布)	采矿业	53.54	70.24	87.78	94.53	76.52	123.90	125.58
	计算机与信息技术应用	4.97	7.54	7.39	20.58	10.12	8.66	25.98
	研究与开发	—	116.53	226.78	289.46	210.92	387.83	383.50
从事研究与开发的组织数量(十亿卢布)		3492	3682	3566	3605	3586	3604	4175
联邦预算中的民用科技拨款(十亿卢布)		237.64	313.90	355.92	425.30	333.19	437.27	439.39
高科技和知识密集型产出占GDP的百分比(%)		—	19.60	20.10	21.00	20.23	21.60	21.30
知识产权数量(万件)		19601	—	—	24926	—	26731	29143

资料来源:俄罗斯统计局(http://www.gks.ru/)。

(二)经济制裁使俄罗斯失去欧美技术市场的溢出效应

创新有两种模式——原始性创新与模仿性创新。目前,俄罗斯的创新水平相对落后,与创新的领导者美国、创新的成功典范日本与芬兰、创新的积极追赶者中国都存在差距。从博弈视角看，模仿式创新应是俄罗斯的策略性与占优性选择。但是面对经济制裁，俄罗斯利用国际市场现有技术的可能性大打折扣。2014—2015年间，外国直接投资净流入占GDP百分比分别为1.0848%与0.4886%，较之前大幅下降；货物和服务进口年增长率更是呈现出负增长，分别为-7.58%与-25.67%。[①] 面对如此不利的国际市场环境，原始创新虽然风险性大、对资金要求高，也不得不成为俄罗斯现阶段创新发展的必然选择。

复杂的国际环境使俄罗斯不得不从原始性创新做起。其实，俄罗斯作为传统的经济大国，在很大程度上具备原始性创新所需的经济社会基础。一方面表现为俄罗斯具有较好的工业基础及较雄厚的科技和人才基础；另一方面，通过经济体制转型，俄罗斯市场经济体制及国家资本主义[②]已初见成效，并逐渐走上"新国家资本主义"的发展之路。俄罗斯的"新国家资本主义"较"国家资本主义"更多地体现国家战略性及资源型行业的利益，以国有企业（如俄罗斯国家石油公司）为主体，设立"主权财富基金"，是国家权力与市场行为共同作用的结果。

新技术研发、基础性研究商业化应用以及新事物扩散是原始创新过程中的三大约束。由于基础性研究商业化应用环节涉及创新的各主体间是否能够实现有效对接，对接的高难度也就意味着这一环节的突破难度之大。因此，对于俄罗斯创新发展而言，由政府、企业以及高校搭建"三螺旋"体系是最优选择路径。其中，政府应该担当创新的协调者与推动者，主要职责为调节市场失灵。而在俄罗斯的创新发展中，政府一直担当创新的主导者。数据显示，在R&D融资比中，政府占比70%左右，企业则不足30%，这明显有悖于创新发展的最优选择。可见，转变政府角色对于未来俄罗斯推动创新发展势在必行。企业应该担当创新的主导者，主要职能为承担新技

---

① 世界银行数据库（https：//data.worldbank.org.cn/）。
② 国家资本主义，属于政治经济学范畴，是指与国家政权相结合的，由国家掌控的一种资本主义经济形态。进入21世纪，对这一概念的解释有了新进展，是指政府当局按照资本主义生产方式及组织管理形式从事商业经济活动的一种经济社会体制。

术商业化应用。而在俄罗斯的创新发展中，企业一直处于被动状态，创新积极性相对较低。资料显示，不论是国有企业或国家拥有"黄金股"的企业增加研发支出计划，还是上市公司制订的创新发展规划，都是在政府主导下进行，这也明显有悖于创新发展的最优选择。可见，俄罗斯的创新发展要取得突破性进展，只能是企业承担起创新主导者的重任，而实现的前提则是创新动力机制从政策主导转向市场主导，同时企业也要转变经营和发展理念。高校应该担当创新的基石，主要职能为承担基础性研究，同时为创新发展提供人才支持。尽管与政府和企业相比，高校已有较不错的创新表现，如各高校在外太空探索、地理科学、数学及化学领域的出版物数量已超过世界平均水平，而且以高校为署名单位的期刊文献、论文以及出版物的国际引文索引指数也有所提高；但是总体来看，高校创新表现还存在较大提升空间。如一直备受关注且享有政策优先权的 Project 5 - 100 项目①却未能取得令人满意的成果，2015 年科技教育监管部门对外公布了该项目失败造成了 300 亿卢布的经济损失；2013—2015 年间，全球顶级高校排名前一百位中，俄罗斯仅有两所大学入榜。除此之外，俄罗斯高校的科研项目与市场的关联性也相对有限。可见，高校能否在经历乌克兰危机的一系列制裁后继续更好地承担创新基石重任尚未可知。

尽管俄罗斯在乌克兰危机后的一系列制裁下降低了对资源型经济增长的依赖，转变经济发展模式，使长期以来存在的结构性问题在一定程度上得到了解决；但是要彻底解决结构性问题还需要创新发展的实现。俄罗斯的创新发展在当前的经济危机与反危机措施下，机遇与挑战并存。具体来说，危机与制裁在一定程度上迫使俄罗斯对经济增长方式进行优化与转变，实施进口替代战略，扩大国内生产保障内需的同时也满足出口需求，资本（包括人力资本与资金等）从资源型经济部门逐渐转向非资源型经济部门，"挤出"效应得以改善，异化的创新动力机制也得以纠偏。同时，制造业与服务业也得到很大发展，给技术创新、服务创新、组织创新、管理创

---

① Project 5 - 100 项目旨在提高俄罗斯重点大学在全球科研及教育领域的竞争优势。

新以及市场创新培育了一片沃土。但是，危机与制裁也使得国际上的技术优势难以被俄罗斯利用，从而不得不从模仿性创新转向风险更高的原创性创新。能否跨越基础研究商业化应用这个难关，使得新研究被市场所采纳并获取利润，对于原始性创新而言充满了挑战。政府、企业与高校间的"三螺旋"体系成为俄罗斯实现原始性创新的最优路径选择，但是政府的"越位"、企业的"不作为"及高校的欠佳表现都加大了俄罗斯创新发展的难度。

第三节 典型国家创新发展成就比较

对于芬兰、挪威、俄罗斯三个资源丰裕型国家而言，因分别属于创新的温和型渐进式成功典范、创新的次优表现者及现阶段大力推进创新转型战略的积极者而被视为本书中的典型国家。上述三国均通过加大研发投入、出台新的科技与创新发展战略计划、重视人才培养与深化引进机制、加强国际交流合作等撬动创新"杠杆"，试图通过杠杆效应转变增长与发展方式，摆脱对资源密集型增长与发展方式的依赖，提升国家综合竞争力。

一 基于全球竞争力排名的比较分析

世界经济论坛从1979年开始每年对外发布《全球竞争力报告》，每份报告涉猎与测评百余个全球主要经济体。现阶段，该评价体系由三个维度12个具体指标构成，其中维度一测度基础条件，包括制度环境、基础设施、宏观经济环境、健康与基础教育，主要展现经济体的要素驱动力；维度二测度效率增强情况，包括高等教育与培训、产品市场效率、劳动力市场效率、金融市场效率、技术成熟度、市场规模，主要展现经济体的效率驱动力；维度三测度创新与精细化实力，包括商业成熟度、创新能力，主要展现经济体的创新驱动力。该评价报告通过设置人均GDP阈值及测度三个维度的权重，划分各经济体所处的发展阶段。当人均GDP阈值小于2000美元，基础条件、效率增强、创新与精细化三类权重分别为60%、

35%、5%时,经济体处于要素驱动阶段;当人均 GDP 阈值小于 2000 美元,基础条件、效率增强、创新与精细化三类权重分别为 60%、35%、5%时,经济体处于要素驱动阶段;当人均 GDP 阈值处于 2000—2999 美元,基础条件、效率增强、创新与精细化三类权重分别为 40%—60%、35%—50%、5%—10%时,经济体处于要素驱动向效率驱动过渡阶段;当人均 GDP 阈值处于 3000—8999 美元,基础条件、效率增强、创新与精细化三类权重分别为 40%、50%、10%时,经济体处于效率驱动阶段;当人均 GDP 阈值处于 9000—17000 美元,基础条件、效率增强、创新与精细化三类权重分别为 20%—40%、50%、10%—30%时,经济体处于效率驱动向创新驱动过渡阶段;当人均 GDP 阈值大于 17000 美元,基础条件、效率增强、创新与精细化三类权重分别为 20%、50%、30%时,经济体处于创新驱动阶段。

根据最新版《2019 全球竞争力报告》测评结果可知,现阶段芬兰和挪威已进入创新驱动发展阶段,而俄罗斯仍处于效率驱动向创新驱动过渡阶段。从近十年三个典型国家全球竞争力排名动态可知(见表 5-8),芬兰创新转型发展最为成功,曾多年在全球竞争力排名榜跃居前十位,然而近年下滑明显;挪威的竞争力发展较为平稳,处于全球前二十;俄罗斯虽然在竞争力排名榜上尚未呈现突出的成绩,但实施创新转型战略后,竞争力排名连年上升。

表 5-8　　　　　　三个典型国家近十年全球竞争力排名

所处发展阶段 　　　　国家 时间	创新驱动发展阶段		效率驱动向创新驱动过渡阶段
	芬兰	挪威	俄罗斯
2009—2010	6	14	—
2010—2011	7	14	—
2013—2014	3	11	64
2014—2015	4	11	53
2017—2018	12	14	45
2018—2019	11	16	43

资料来源:世界经济论坛《全球竞争力报告》(2010、2014、2018)。

二 基于全球创新地位的比较分析

世界知识产权组织、康奈尔大学、欧洲工商管理学院自 2007 年起，每年发布一份《全球创新指数报告（GII）》。一方面每年关注与创新有关的一个主题，2017—2019 年的主题分别为：创新养育世界；世界能源、创新为要；打造健康生活、医学创新未来；另一方面通过测度涵盖政治环境、教育、基础设施和商业成熟度等多维度 80 余项创新指标，对全球 120 多个经济体的创新能力进行排名。

2015—2019 年，从创新指数得分与排名情况看，芬兰由 60.67 分全球第四位下降为 59.63 分全球第七位，挪威由 55.59 分全球第 14 位下降为 52.63 分全球第 19 位，俄罗斯由 39.14 分全球第 49 位变为 37.9 分全球第 44 位，可见这五年三国创新综合实力得分降幅分别为 1.71%、5.32%、3.17%；从创新效率得分与排名情况看，芬兰由 0.8 全球第 41 位变为 0.76 全球第 24 位，挪威由 0.78 全球第 51 位下降为 0.64 全球第 52 位，俄罗斯由 0.79 全球第 49 位下降为 0.58 全球第 77 位，可见这五年三国创新投入与产出的配置效率降幅分别为 5%、17.95%、26.58%。

三 基于创新资本投入的比较分析

根据《2019 国际科学技术发展报告》对三国创新资本投入的统计情况可知，现阶段，芬兰年均研发支出超 65.55 亿美元，规模位居全球 26 位，从资金来源看，企业、公共部门、高等教育部门、国外占比分别为 66%、18%、9%、7%，R&D 资金中超过 65% 的比例由企业执行使用；R&D 支出占 GDP 的比重约为 2.75%，多年位居全球前十，然而该指标自 2011 年以来处于持续下降趋势，年均降幅 5.45 个百分点；人均 R&D 支出接近 1200 美元，位居全球第 13。挪威年均研发支出超 75.63 亿美元，规模位居全球第 24，从资金来源看，企业和政府占比分别为 43% 和 45%，R&D 资金中超过 53% 的比例由企业执行使用；R&D 支出占 GDP 的比重约为 2.04%，位居全球第 17，该指标自 2011 年以来处于平稳上升趋势，年均增幅 4.49 个百分点；人均 R&D 支出接近 1437 美元，位居全球第 6。

俄罗斯年均研发支出超过 140 亿美元，规模位居全球第 17，从资金来源看，企业与政府占比分别为 28% 和 68%，R&D 资金中超过 58% 的比例由企业执行使用；R&D 支出占 GDP 的比重约为 1.1%，位居全球第 34，然而该指标自 2011 年以来处于平稳上升趋势，年均增幅 1.72 个百分点；人均 R&D 支出接近 96.1 美元，位居全球第 44。

基于上述指标的比较可知，从 R&D 资金规模上看，俄罗斯总量优势明显，但是俄罗斯的研发资金中用于民用科技研发的比重仅为 73%，且占比处于下降趋势；从人均可支配创新资金规模看，芬兰与挪威优势明显，俄罗斯略显逊色；从 R&D 资金占 GDP 比重看，虽然俄罗斯和挪威处于稳步上升趋势，但是与芬兰相比仍分别存有 60% 和 25.81% 的缺口；从创新资金的市场化程度看，不论是资金来源还是资金执行使用情况，芬兰均优势明显，这也在很大程度上展现了芬兰创新的可持续性与健康性特征，毕竟创新的根本动力在于资本对利润的追逐，企业应当是创新的主导者与最重要的主体，这样才能推动技术的有效产业化。

四 基于创新领域与发展态势的比较分析

芬兰的科技创新在 20 世纪 90 年代以新一代信息技术中的电子通信为主攻方向，进入 21 世纪，尤其是 2010—2019 年间，芬兰大力推动北极科学研究和技术开发，促进北极战略实施。具体表现为 2010 年 6 月正式出台第一个北极战略《芬兰北极地区发展战略》，主要是重申芬兰在北极事务中的作用，任命芬兰科学院牵头开展相关研发活动，提升芬兰在北极研究中的竞争力。2014 年芬兰科学院从基础研究方面启动《北极研究计划（2014—2018）》，计划从北方地区高质量生活、北极条件下的经济活动和基础设施、北部气候与环境、跨境北极政策四个方面开展多学科联合项目研究；同年 Tekes 从商业技术开发层面启动《北极海洋计划（2014—2018）》，计划从北极地区减排与清洁技术、北极信息和技术分析、北极劳动生产力优化等方面创造新的商业机会。

2015—2019 年间，挪威在海洋经济与节能环保领域取得了多项创新成果，这也清楚地展现了挪威在科技创新领域的发展态势。在海洋经济领域，完成大西洋三文鱼基因组测序，为世界各地水产养殖业发展带来新机遇；建成世界上第一座海底湿燃气压气站，为石油企业开展海底石油项目工程与延长油井开采寿命提供技术解决方案；研制新型海洋探测器，为了解海洋热传递、洋流、气温变化、海洋营养物、生态状况等提供获取知识新途径。在节能环保领域，将一所旧建筑改造成环境友好、能源自产自供的办公写字楼，凭借清洁可再生能源发电运行的正能量建筑结构，成为世界上第一座最佳环境友好办公楼。

在21世纪的第二个十年间，俄罗斯科技创新领域呈现出明显的军事工业民用化及不断提升民用工业前沿技术研发的特征。2010年俄罗斯技术创新的领域还呈现出明显的军事工业为主导的特征，以建造强子对撞机、覆盖全球的卫星导航定位系统、建立研发成果统一信息系统为主攻方向；2014年起正式加大对民用工业的研发投入，从11.6万亿卢布起步，每年以33.71%的速度递增；2018年起，相继颁布《数字经济国家纲要》《新五月法令》《人工智能发展计划》，以此加大智能制造和数字经济领域发展的顶层设计。

五　基于创新政策有效性的比较分析

芬兰自2014年出台《2015—2020芬兰研究和创新政策纲要》后，在其规划导向下，进一步提出以下创新发展核心举措：修订《芬兰科学院法》，加大基础研究力度；组建芬兰自然资源研究院，启动科研机构改革；重组VTT芬兰国家技术研究中心，深化产业技术研发服务。之后，又相继颁布《科研基础设施战略及路线图（2014—2020）》《开放式科研路线图（2014—2017）》《健康领域研究与创新活动发展战略》《卓越研究中心计划（2014—2019）》。

挪威为应对科研、贸易、工业和社会面临的挑战，2015—2019年间，出台首个健康与护理国家发展战略、采取7项措施聚焦教育与研究质量、组建国家产业技术集群——专业技术中心（NCE）。在人才引进与培养方面，挪威国际引智工作目标性和战略性强，相继颁布实施《青年英才计划》《公共领域博士计划》《世界范围的研究生科研计划》，并面向美国实施《学者奖金计划》，面向法国实施《极光人才计划》，面向德国实施《DAADppp 人员交流计划》。

2018 年普京开启第四任期，面临欧美经济封锁和国内经济持续低迷增长，颁布《关于俄罗斯联邦 2024 年前国家目标和战略发展问题的法令》，对未来六年经济社会发展进行规划布局，并且提出到 2024 年力争实现跻身全球科技五强、教育十强的目标。

六　基于创新合作成效的比较分析

芬兰在国际科技合作方面，一方面重视与欧盟国家的合作，芬兰是欧盟航天局、欧洲南方天文台、欧洲核研究组织、欧洲科学基金会、欧洲研究理事会、欧洲科技研究合作网、北欧应用研究合作网的成员，在《欧洲地平线 2020》计划中负责跟踪、分析和报告欧盟研究与创新政策的最新趋势，近五年更是从农业、健康、粮食、气候、生物医药等方面参与了 9 项《联合项目计划》，多年蝉联参与国际合作、申请国际项目排名榜之首。另一方面在与美日韩保持合作的同时也十分重视与新兴国家、研发大国的合作，重点与中国、俄罗斯、印度开展合作，重点领域包括环境、能源、信息通信和纳米技术等。

挪威一直与英国、美国、德国及瑞典保持技术领域的国际合作，自 2014 年起，经重新审定欧盟外其他国家的技术水平，将中国、巴西、加拿大、印度、日本、俄罗斯、美国视为下一阶段优先合作的国家。将《欧洲地平线 2020》计划视为近年来国际合作最重要的平台，每年有超过 100 个项目申请该计划，15% 以上的项目可获得资助。

俄罗斯在基础研究、应用研究、成果转化、国际信息与人才交流、吸引外国资本对俄科技领域投资、参与国际组织活动、解决全球性问题等多个方面开展多样化的合作。近年来对外合作的重点有从欧美转向金砖国家的趋势，并将食品安全、新能源、科技园、孵化器等领域的合作定位为优先领域。

第六章

资源丰裕条件下的创新机制异化

本章遵循创新发展一般理论，以资源丰裕为约束条件分析创新的发生机制、动力机制、实现机制，通过找寻创新转型发生时点与前期准备、研判政府与市场角色、甄别创新主体间的关系与创新环境要素，归纳总结资源丰裕条件下创新机制的"异化"。

现如今的创新型国家建设既不能沿袭依赖资本的黑色工业文明的老路，也不能贪婪地追求物质上的满足，必须兼顾器物、制度、观念三个基本层次上的创新。美国、日本、北欧发达国家等已经建成国家创新体系，以金砖国家为代表的新兴经济体也正在努力构建国家创新体系。这一过程中技术创新、人力资本积累、高新技术产业发展等一系列行动，使得经济增长模式从数量型外延式向质量型内涵式转变，有效提升综合国力。通过梳理典型国家发展路径，甄别创新特征，探究资源丰裕条件下创新与增长的一般逻辑。资源丰裕条件下增长路径的惯性使得传统的资源导向型增长模式难以改变，为实现有效的经济增长，创新转型成为必然选择。然而，此时创新行为的发生、动力机制、实现机制均不再遵循创新发展的一般理论，对于发生的时点与前期准备、政府扮演的角色、创新载体、风险投资、知识产权保护等都提出了新要求。

第一节 资源丰裕条件下的创新发生：
发生时点与前期准备

创新是多阶段的复合型复杂过程。任何一个复杂的事物都具备孕育和萌芽时期，且在这一时期所形成的特征将对事物的整个成长、壮大及消亡过程产生影响。因此，有必要对创新的发生机制进行研究。本书所关注的创新发生机制将视角锁定创新发生的时间点，找到这样的时间点对于更准确地把握创新所需的充分与必要条件是至关重要的。

基于"产品生命周期"理论界定创新时，① 创新发生于新产品的研究与生产，企业作为创新的主体多是在偶发冲击下推动了创新的实现，毕竟内生演化的过程所需投入的时间、人力、资金是大规模且持续的，大多数企业更倾向于做创新市场上的"投机"者，而非"投资"者。当创新因某种要素稀缺引起相对价格上升，使得节约相关要素的创新产生；当生产过程中遇到某些瓶颈，如技术发展的不平衡性、生产环节的风险性、资源供给的不确定性等，形成了一种压力，从而诱导厂商围绕障碍进行创新；当技术发展不平衡呈现时，即技术突破使与之配套的其他技术必须进行相应的变革，以求得整个经济系统的协调发展。这三种情形下发生的创新，我们均认为偶发冲击是其发生机制。

当以技术革命过程或国家创新体系界定创新时，创新的发生是与内生演化相伴随的。对于与技术革命相伴随的创新发生机制的把握，首先要细化自工业革命以来的近代技术发展史，可谓经历了五次大的"革命"。第一次技术革命始于18世纪七八十年代发生在英法的"产业革命"，以早期的机械化为特征；第二次技术革命始于19世纪三四十年代，是蒸汽机、铁路和酸性转炉钢的时代；第三次技术革命从19世纪八九十年代开始，以电机、电力和化工等重型工程的发展为标志；第四次技术革命从20世纪三四十年代开始，是福特式的大规模生产年代；第五次技术革命以电子计算机、信息服务、遗传工程、纳米技术、光导纤维、激光、海洋开发等新技术为

---

① "产品生命周期"视角下的创新过程为：新产品的研究与生产，新产品在国内市场的商业化应用及对旧产品的替代，新产品在国际市场上对旧产品的挤出，进口国对新产品的效仿，新产品的消亡及新一轮创新的发生。

标志。① 在蒸汽机技术革命和电工技术革命中，资本、能源和劳动力在社会生产中占据决定性地位，知识发挥一定作用，但作用有限。而在第五次技术革命中，随着现代科学技术的重大突破和现代社会生产水平的不断提高，研究开发成为经济活动的主要构架，实际上，现代经济活动逐渐变成基础研究—应用研究—技术创新—高新技术产业化—知识产品的扩散等过程的良性循环。② 由此可见，五次技术革命的爆发，前期都进行了制度设置、体制机制改革、市场主体与生产要素培育等，均呈现出明显的内生演化的特征。对于与国家创新体系构建相伴随的创新，创新在内生演化条件下发生，则显得更为突出。以全球创新领导者美国为例，19世纪其并非创新的领导者，一直在"贪得无厌"地效仿欧洲的技术。直到"二战"之后，由于拥有世界一流的大学，且是非营利性的，因此吸引了大量的人才流入。知识的外溢性，使得人才流入的同时，大量的前沿科学和技术被美国掌握。冷战时期，政府进行了大量的军事研究投入。这一方面促进了军工领域创新的实现，另一方面也为之后对民用工业的技术溢出奠定了基础。20世纪90年代之后，垄断行业蓬勃发展，大企业致力于创新发展与技术革新。由此可见，美国成为世界创新发展的领导者，经历了一系列的量变的积累，且在这一过程中，大学、企业与政府间构成的"三螺旋"式的关系起到了积极的助推作用。

资源丰裕条件下的经济增长模式对资源产业的发展过分依赖，对人力资本、良好的制度、各方投资造成"挤出"，致使"资源诅咒"频繁发生。"适时"引入"有效的"创新，转变经济增长模式，可以很好地促进收益最大化的实现。此时，良好的教育基础使得新事物可出现且被接受，社会福利在代际间实现公平，"寻租"行为逐渐消失。在资源丰裕条件下进行创新，还会使两个看上去相互平行的经济系统——资源导向型发展模式和创新导向型发展模式

---

① 王雪苓：《当代技术创新的经济分析：基于信息及其技术视角的宏观分析》，西南财经大学出版社2005年版。
② 安维复：《从国家创新体系看现代科学技术革命》，《中国社会科学》2000年第5期。

相互作用、相互促进、相互影响、相互制约,最终以共生、互动、集聚、合作、竞争的形式展现出来。其实,当"资源诅咒"发生后,经济社会发展的停滞与倒退,有时更能"倒逼"增长方式的转变、产业结构的调整、创新的实现。与此同时,资源丰裕条件下创新的实现,要求一国或某一地区处于稳定的经济社会发展环境之中,且具备了工业化与现代化的经济基础,已经建成或正在构建人才培养、储备、引进体系,金融体系、知识产权保护体系等制度设置也都是合理的。

一 创新转型的内生演化特征

"二战"后,国际环境相对稳定,进入了新一轮的科技引领经济发展的阶段。在这一时期,苏联实施军事战略导向的发展模式,美国采取企业主导的自由创新发展模式,日本则以教育立国。面对此情此景,芬兰清楚地认识到利用20世纪70年代初奠定的工业基础及丰裕的森林资源,顺势发展下去也许能让芬兰继续维持"生存",但是这种发展模式无法让自身国力获得长久发展。

20世纪90年代是芬兰经济社会发展方式的分水岭与转折点。在此之前,芬兰一直是典型的农业国家,依靠丰裕的森林资源实现经济增长。1990—1995年芬兰经历了非常严重的经济衰退:失业率上升10.5个百分点,政府负债率提升47.7个百分点(见表6-1)。在这样的时代背景下,芬兰于1990年开始建设国家创新体系,力图将经济增长方式由粗放的农林经济转向创新导向型经济。

表6-1　　　　芬兰发起创新转型时(1990—1995)
经济社会发展情况一览表

年份	人均GDP(美元)	人均GDP与美国之比(%)	人均国民总收入(美元)	人均国民总收入与美国之比(%)	自然资源租金占GDP比重(%)	人均居民最终消费支出(美元)	总失业人数占劳动力总数比重(%)	中央政府债务总额占GDP比重(%)
1990	28364.6	118.7	32515.4	90.0	0.474	17675.0	—	10.5
1991	25484.7	104.7	30178.9	84.8	0.318	17047.0	6.5	17.0

续表

年份	人均GDP（美元）	人均GDP与美国之比（%）	人均国民总收入（美元）	人均国民总收入与美国之比（%）	自然资源租金占GDP比重（%）	人均居民最终消费支出（美元）	总失业人数占劳动力总数比重（%）	中央政府债务总额占GDP比重（%）
1992	22319.1	87.8	28705.4	79.0	0.395	16242.0	11.6	34.1
1993	17608.8	66.7	28197.9	76.6	0.530	15733.0	16.2	51.6
1994	20301.3	73.3	29514.9	78.1	0.533	16073.0	16.4	58.2
1995	26271.6	91.6	30902.4	80.6	0.474	16800.8	17.0	—

资料来源：世界银行数据库（https://data.worldbank.org.cn/）。

芬兰创新转型的发生并不是偶然的，在此之前丰富的森林资源曾给其带来了一定的资源收入，这不仅拉动了芬兰一定时期内的经济增长，也为其后来的创新发展奠定了基础。这也使得芬兰创新的发生呈现出明显的内生演化特征，这种特征也是芬兰能够成为众多资源丰裕国家创新典范的关键所在。在20世纪90年代之前，芬兰在大力发展农林经济的同时，还获得了以下成就：1917—1960年属于人才储备期，改革精神与忧患意识在此期间萌发；1960—1975年进入教育优先发展阶段，与森林资源密切相关的工业产业的发展为创新提供了发展契机；1975—1990年开始对科技政策进行调整，致使知识经济主导地位逐渐形成（见图6-1）。也正是基于上述三个阶段的发展，森林资源租金为创新发展奠定了资金、技术、观念基础，为1990年着手国家创新体系建设做好了重要的前提准备。

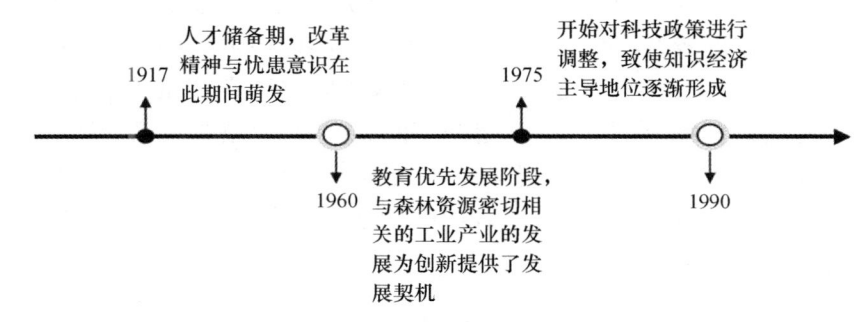

图6-1 与资源依赖相伴的创新储备时序图

正是因为在进行创新转型之前，芬兰做了一系列前期准备，芬兰国家创新体系迅速建立起来，并在较短的时间内取得了成效。2003—2005 年，芬兰连续三年被世界经济论坛评为"世界最具竞争力的国家"；2007 年又被欧盟"智库"里斯本委员会评为"欧盟最具竞争力的国家"。从经济社会发展状态看，21 世纪的第一个十年间，芬兰的人均 GDP 和人均国民总收入均与美国实现了"趋同"，特别是人均 GDP 年增速高达 7.69%；与自然租金占 GDP 比重大幅下降相伴随的经济向好指标还包括人均居民最终消费支出年增速 2.15%，失业率下降 2.88 个百分点（见表 6-2）。

表 6-2　　芬兰创新转型后经济社会发展情况一览表

年份	人均 GDP（美元）	人均 GDP 与美国之比（%）	人均国民总收入（美元）	人均国民总收入与美国之比（%）	自然资源租金占 GDP 比重（%）	人均居民最终消费支出（美元）	总失业人数占劳动力总数比重（%）
2000	24285.47	66.84	40144.83	89.80	0.42	19693.88	11.13
2003	32855.13	83.18	42452.88	92.22	0.38	21430.57	10.47
2006	41188.09	88.96	47440.43	96.05	0.37	23598.76	7.72
2009	47293.99	100.41	45797.04	95.56	0.38	23849.39	8.25

资料来源：世界银行数据库（https://data.worldbank.org.cn/）。

二　创新转型的渐进演化特征

挪威在 20 世纪 70 年代发现近海的大量石油储备资源后，便通过石油工业与渔业共同支撑了国民经济的发展。整个 70 年代的经济发展速度较快，80 年代有起有落，90 年代因大量的石油贸易顺差而推动了经济的加速增长，进入 21 世纪后经济虽持续增长，但增速优势却已不再。20 世纪 90 年代到 21 世纪第一个十年间，虽然挪威的人均收入水平仍呈现出明显的优势且不断攀升，就业市场也相对向好，但是这一切与巨额的政府债务相伴随，危机已经萌生（见表 6-3）。

表 6-3　　　　　挪威启动创新转型时期的发展基础

年份	人均 GDP（美元）	人均 GDP 与美国之比（%）	人均国民总收入（美元）	人均国民总收入与美国之比（%）	自然资源租金占 GDP 比重（%）	人均居民最终消费支出（美元）	总失业人数占劳动力总数比重（%）	中央政府债务总额占 GDP 比重（%）
1990	28242.94	1.18	58808.74	1.63	7.67	21782.99	—	19.85
1992	30523.99	1.20	62562.04	1.72	4.63	22524.16	5.91	22.34
1994	29315.84	1.06	67066.91	1.77	5.01	23541.85	5.35	30.75
1996	37321.97	1.25	72921.58	1.85	7.21	25669.87	5.04	—
1998	34788.36	1.06	77922.13	1.86	1.64	26911.84	3.74	
2000	38131.46	1.05	80666.72	1.80	11.86	28698.62	3.46	
2002	43084.47	1.13	83947.38	1.86	8.78	29894.80	4.02	
2004	57603.84	1.38	86959.92	1.83	9.55	32148.79	4.26	
2006	74148.32	1.60	89944.50	1.82	11.36	34709.55	3.40	
2008	96944.10	2.00	90461.63	1.82	12.31	36326.53	2.55	
2010	87693.79	1.81	88706.53	1.81	8.91	36787.67	3.52	

资料来源：世界银行数据库（https://data.worldbank.org.cn/）。

对于挪威而言，创新发生的渐进式演化特征明显，从 20 世纪 90 年代起，政府便试图进行创新型经济建设，经过漫长的准备期，直至 21 世纪国家创新体系才现雏形。在创新转型的准备期，挪威主要采取多产业协同发展策略，在以石油资源密集型产业及渔业支撑经济发展的同时，高端装备制造业——海事工业、高新技术产业——信息通信业、高附加值产业——现代服务业及节能环保产业——新能源产业也同时并协同发展（见表 6-4）。

表 6-4　　　　　挪威协同发展产业基本情况

产业类别	优势领域	发展成就
石油资源相关产业	油气业、化工业、冶金业	世界主要的石油与天然气生产与出口国；化工业对制造业产值的贡献为 11%；美国国家航空航天局、欧洲航天局铝合金原材料主要供应国；全球计算机和电子元件用金属硅一半以上由挪威供应

续表

产业类别	优势领域	发展成就
渔业	捕捞、养殖	世界十大水产生产国之一，拥有捕捞船6150艘，年捕捞量近300万吨；养殖场1500多处，年销量100万吨
海事工业	船舶推进器、船舶动力主机、电子货物装运设备、航海电子导航仪	拥有300多家船用设备生产商，60%的产品用于出口，占全球市场份额的9%
信息通信业	卫星通信、全球定位、多媒体设施、电视会议、信用卡终端、远程教育软件	业内企业1.4万家，年均营业收入310亿美元，出口产品价值规模超30亿美元
现代服务业	服务贸易、旅游业	服务贸易对整体贸易收入的贡献超过1/4，旅游业对GDP贡献3.3%，对就业的贡献为6.4%
新能源产业	清洁能源、节能产业、生态保护	在海洋石油勘探过程中兼顾环境控制、二氧化碳捕捉和储存、废旧物资回收处理等技术

正是基于前期产业的主动布局，挪威规避了"资源诅咒"的出现，在"欧债危机"爆发后，挪威基于创新转型跨越资源"陷阱"的成效体现得淋漓尽致。2012年挪威GDP增长率达到3.064%，失业率近3.1%，就业率更是增长了2.52%，创下了21世纪以来的又一新佳绩。

三 创新转型的偶发冲击特征

俄罗斯独立后既继承了原苏联80%的经济基础和设施，也承袭了苏联时期形成的传统原材料出口模式。俄罗斯在过去70年计划经济体制下，几代人早已习惯了"被计划"的既定生活和工作方式，人们不懂何为创新，也不知道新一轮经济的到来会给世界带来怎样的变革。[①]

---

① 邢国繁、张曙霄：《资源禀赋、创新经济与俄罗斯未来》，《东北亚论坛》2012年第3期。

自转轨以来，俄罗斯一直依赖其自身丰裕的自然资源发展能源型经济。2008年国际金融危机爆发，国际原油价格短期内发生波动，如此变化给俄罗斯带来措手不及的挑战，使得俄罗斯依靠资源租金实现经济发展变得不再容易。与较高的资源租金拉动经济增长相伴随的是人均GDP的大幅波动、人均消费水平的乏力增长、政府债务的不断增加（见表6–5）。如何实现经济可持续增长，便成了俄罗斯政府面临的重大发展问题。就是在这样的经济社会发展压力作用下，俄罗斯开始实施创新发展战略。

表6–5　　　　　　俄罗斯创新转型初期的发展情况

年份	人均GDP（美元）	人均GDP与美国之比（%）	人均国民总收入（美元）	人均国民总收入与美国之比（%）	自然资源租金占GDP比重（%）	人均居民最终消费支出（美元）	总失业人数占劳动力总数比重（%）	中央政府债务总额占GDP比重（%）
2008	11635.27	0.24	10761.08	0.22	19.27	5498.57	6.20	6.50
2009	8562.81	0.18	9907.18	0.21	15.40	5214.99	8.30	8.70
2010	10675.00	0.22	10345.25	0.21	15.97	5496.33	7.37	9.10
2011	14351.21	0.29	10778.06	0.22	17.99	5859.67	6.54	8.62
2012	15434.57	0.30	11140.55	0.22	15.92	6307.74	5.44	8.54
2013	16007.09	0.30	11271.83	0.22	14.00	6618.64	5.46	9.05
2014	14100.73	0.26	11175.74	0.22	13.27	6630.71	5.16	11.20
2015	9313.79	0.16	10978.12	0.21	10.33	5999.31	5.57	13.54
2016	8745.38	0.15	11007.06	0.21	8.84	5875.35	5.56	14.18
2017	10750.59	0.18	11178.89	0.21	10.70	6063.20	5.21	—
2018	11288.87	0.18	11436.61	0.21	—	6203.35	4.74	—

资料来源：世界银行数据库（https：//data.worldbank.org.cn/）。

与北欧国家发起创新转型不同的是，俄罗斯政府是在计划进行创新转型后才开始制定并实施产业政策、财政金融政策、科技政策及人才培养计划等的。由此，俄罗斯国家创新体系的构建更像是一场"无准备之战"。这也是俄罗斯至今未能摆脱"资源诅咒"，创新转型成效欠佳，经济持续低迷的一个重要原因。因为创新转型的无效，在创新战略提出后的近十年间，俄罗斯的经济再度陷入萧条中，GDP、吸引外资、人均可支配收入等均多次呈现负增长，且与之相伴的是较高且波动的通货膨胀率（见表6-6）。

表6-6　　　　　　　俄罗斯经济发展情况一览表

年份	GDP增长率（%）	外国直接投资净额增长率（%）	人均国民总收入增长率（%）	总失业人数占劳动力总数比重（%）	通胀率（%）	高科技产品出口率（%）
2009	-7.80	-1.35	-7.94	8.30	11.65	9.78
2011	4.30	0.25	4.18	6.54	8.44	8.51
2013	1.80	-10.79	1.18	5.46	6.75	10.76
2015	-2.31	-0.57	-1.77	5.57	15.53	16.41
2017	1.63	-1.80	1.56	5.21	3.68	11.55

资料来源：世界银行数据库（https://data.worldbank.org.cn/）。

第二节　资源丰裕条件下的创新动力机制：政府行为选择

市场竞争条件下的利润最大化目标不仅会对创新产生"诱发效应"，还会成为有效的循环驱动力。美国科学社会学认为创新动力机制产生于资本对利润的追逐过程中，他们更重视市场机制对现代科学技术革命的推动作用，此时企业是创新的发起者与主导者，通过获得与维持竞争优势实现生存发展。相比价格战，买方市场条件下，用好新技术、新工艺、新材料、新设备、新理念提供新产品、新服务，更有利于扩大市场份额，实现利润最大化目标。该流派的学者包括R. 默顿、T. 帕森斯、B. 巴伯等，他们将创新的动力机制界定为"利润驱动"。

然而，市场失灵现象普遍存在。知识具有公共物品属性，会产生正向溢出效应，且对于社会而言溢出越多越好。这会使得新产品、新服务、新业态的创造者获取的垄断利润具有明显的时效性，他们试图降低或者减缓知识溢出效应的发生。此时，政府将通过

"政策导向"调节与平衡私人收益率与社会收益率。在此条件下，创新的动力机制为"利润驱动"为主，"政策导向"为辅。

在资源丰裕条件下构建创新体系，社会权利主体与垄断力量对于资源租金的汲取会成为转型的干扰因素。此时，"企业先行"与"政策保护"相结合的创新很难实现。政府将取代企业成为创新的发起者与主导者，通过政府购买、直接资助、信贷政策、产业政策等激发创新，辅之以设立风险基金、完善相关基础设施建设、健全法律体系。可见，资源丰裕条件下的创新动力机制偏向于"政策导向"，而非"利润驱动"。这与社会决定论创新体系中的英国"无形学院"的理念相一致，代表人物包括 J. D. 贝尔纳、D. 普赖斯、J. 齐曼等，他们强调政府或计划对现代科学技术的推动作用。①

在资源丰裕的经济体里，自发条件下的增长与发展模式会对资源密集型产业产生过度依赖。政府取代企业成为创新的发起者与主导者，是资源丰裕条件下经济增长路径扭曲的表现之一。此时的创新能否有效发挥作用，需要正视与处理以下关系博弈。一是政府能否遵循比较优势战略制定基本经济政策，为自由、开放和竞争性的产品与要素市场的高效运转消除各类可能产生的障碍；二是政府产业政策的制定能否以收集新产业、新技术、新市场的信息为起点；三是政府能否通过调整与规制人力资源配置、金融体系、贸易制度、营销方式、产业政策等，协调产业间、部门间、企业间的关系，进而推动技术创新与产业升级的实现；四是政府能否对创新的外部性与成本收益间的不对称性进行补偿，即对首先响应转型战略的企业提供某种形式的补贴。北欧国家取得诸多创新成就，俄罗斯的创新转型却迟迟不见成效，与政府创新行为选择的差异密切相关。

一 制定创新转型战略

由于存在资源丰裕条件下创新自发形成障碍，需要政府发挥重

---

① 刘畅：《资源丰裕型国家创新发展研究》，博士学位论文，辽宁大学，2016 年。

要而及时的导向型调节作用，势必要基于一国因为要素禀赋条件在经济发展中的改变引起的比较优势的变化，相机调整增长模式与发展策略。通过制定经济发展导向政策，实施新的增长模式，进而为自由、开放和竞争性的产品与要素市场的高效运转消除可能产生的障碍。

　　芬兰、挪威与俄罗斯的创新转型均与政府相关职能部门颁布新的导向性政策相伴随。芬兰在2003—2007年间，从创新环境、国际化趋势、技术领域、芬兰产业在国际化中的调整方向四个方面制定了一系列的政策法案，包括《科学、技术、创新》政策报告、《各领域年度科技计划》、"新政府计划纲要之创新政策"等；2011年又发布新的阶段性创新发展导向政策《研究与创新政策指南（2011—2015）》。挪威的核心创新导向文件为《挪威政府创新白皮书》，在其作用下，相关部门通过一系列的政策细化创新发展方向，具体包括《员工驱动创新国家手册》《国家科研基础设施战略和路线图》等。俄罗斯于2008年制定了两份创新转型的核心政策，包括《俄罗斯2020年前社会经济长期发展规划》和《俄联邦2025年前科学技术长期发展展望》。

二　甄选产业转型方向与技术创新领域

　　国民经济支柱性产业的甄选决定着一国的转型是不是有效的。因此产业转型方向与技术创新领域甄选成为转变增长方式中至关重要的一个环节，这个过程中的产业的甄选具有公共品性质，信息收集成本大，而传播的成本几乎为零，所以新产业方向与新技术领域选择过程是政府要花费一定的资源搜寻、遴选、分析新产业方向与新技术领域的过程。

　　芬兰的创新转型发生于20世纪90年代，此时全球前沿性的产业方向与技术领域主要集中在电子信息通信业，诺基亚的转型升级便是以此技术领域为主攻方向，诺基亚公司利用其在资源密集型产业发展中获得的收益补贴手机部门的开发，加之"干中学"和人力资本积累，使得自身的转型发展与一个开放、竞争的高收入国家追求利润最大化的私人企业的转型升级模型完全一致。若干企业以诺基亚为核心，共同构建了芬兰电子信息通信技术创新网络。其中，知名的创新节点企业包括电信设备制造商贝内丰、索内拉、埃克泰克，增强网络服务与信息技术的特诺曼、迪易通、爱丽莎，精密组成元件供应商贝尔罗斯、艺模，以及其他研发的自动化操作设备商、通信安全服务商、嵌入式软件供应商等。

挪威虽于20世纪90年代就开始布局创新转型战略，但是在21世纪的第一个十年中才真正地实现了创新转型，这一时期全球前沿性的产业方向与技术领域主要集中在通信、计算机软件等信息技术领域。挪威在发展早期，其经济模式仍然是资源型经济，由于挪威产业结构和出口产品比较单一，一旦发生全球性经济衰退，出口能力必然受到影响，因此挪威政府选择了信息通信技术、生物制药、生命科学、纳米材料作为摆脱产业瓶颈制约的突破口。1993年挪威在发布的科研白皮书《面向未来的研究》中提到，国家应该优先发展环境技术研究、产业技术研究、海洋技术研究、尖端科技人才培养等领域。2011年，挪威政府为信息通信技术的研发和创新提供了约16亿美元的资金，为生物技术提供了约6亿美元的资金。总而言之，在全球化、国际化的背景下，挪威通过科研与创新体系建设促使科技资源配置结构和科技管理模式发生了显著变化，实现科研管理从"研发管理"向"创新治理"的转型。

相比之下，俄罗斯的创新转型战略于2008年提出，在此时期及之后的发展中，全球前沿性产业方向与技术领域主要集中在人工智能与数字化信息领域。然而，俄罗斯技术创新的领域最初集中在军事工业的民用化。乌克兰危机爆发后，面对欧美经济制裁，创新发展领域的技术前沿性曾出现倒退，更偏向于国内物质生产部门的建立。欧美对俄罗斯的经济封锁之所以会对其造成重创，与工业产品严重依赖进口密不可分。2016年机床制造、轻工业、电子工业对进口的依赖接近90%；重型机械制造、医疗器械和食品工业机械制造进口占比也均超过60%。直到2017年出台《俄罗斯联邦科技发展战略第一阶段实施计划》《数字经济计划》等战略规划，创新的领域才正式投向当前的前沿技术领域。战略规划中明确规定未来10—15年，俄罗斯技术创新优先发展的六大领域为"发展先进数字技术、智能制造技术、自动化、新材料和新型设计方法、开发大数据处理、机器学习及人工智能系统"[1]。之后,《2024年前俄罗斯联邦政府基本工作方针》将加快数字创新技术在经济和社会领域的应用明确为七大发展目标之一。

三 规制与引导创新主体行为

资源丰裕条件下增长方式的转变虽然是由政府发起与主导,但是参与者仍为企业、高校、研究机构等,且人力资源配置、法律体系、金融体系等外在环境要素均为创新转型中不可忽视的重要成分。这就要求政府营造适合创新的发展环境,协调各主体创新行为。

北欧国家创新转型的成功在于准确地把握住了产业转型路径与技术创新方向,为创新转型找到了最优质的种子,种子能否发芽、成长、开花、结果,离不开土壤、水分、温度、空气等一系列的发生,环境是不容忽视的。

芬兰与挪威的政府充分认识到创新驱动增长需要治理结构的调整,政府充当"创新服务者"的角色,服务于市场和企业,注重激发企业和市场的活力。在"三螺旋"体系框架的社会创新治理机制中,政府将科研机构、大学、企业同政府主管科技事业的教育部、贸工部等部门联系起来,制定直接支持企业进行研究开发的政策,通过宏观指导和协调,引导企业、高等院校和研究机构密切合作,推动技术开发及科技成果的转化,使科技成果快速转化为生产力。同时,政府认识到,人才将成为今后发展的第一资源。基于此,一方面,政府营造良好的创新创业环境,为创新人才提供施展才华的舞台,形成人才集聚效应;另一方面,政府制定法律法规,从制度上防止本国创新人才外流,给原有企业造成巨大经济损失。

相比之下,俄罗斯政府对于创新的扶植,更多地表现为"揠苗助长"方式,而非培育优良的温度、土壤、湿度等外在环境。2008年金融危机后,俄罗斯开始由资源型经济增长模式向创新型发展模

---

[1] 张丽娟、袁珩:《2017年俄罗斯科技创新政策综述》,《全球科技经济瞭望》2018年第1期。

式转变。虽然计划实施一系列的重大举措,如制定与科学技术发展相关的法律法规、明确技术创新融资机制、变革科学体制、建立研究型大学网等,但是皆被推迟。只有那一系列强制性创新措施被付诸实践,如强制要求上市公司制订实施创新发展规划、明确规定国有企业及国家控制"黄金股"的企业的 R&D 支出"标准"等。虽然其他资源丰裕国家在进行创新转型初期也提出过一些与创新有关的指令性计划,但是都从未如俄罗斯这般具体过。

四 弥补创新市场失灵

创新转型中的市场失灵的一种表现为,不论先行者是否成功,都可以为其他主体提供有价值的信息,这就使得创新正外部性被扩大,且创新的成本与收益间也存在严重的不对称性。创新应与目标的可行性、新市场的大小、各方能否被有效协调相伴随,存在很大的风险性。当创新失败时,先行企业要遭受成本的损失,甚至破产,而其他企业则可迅速地避开这样的选择与发展路径,或者是基于"前车之鉴"实现"弯道超车";当创新成功时,先行企业享有的创新租金很快会因为其他企业的进入而被稀释掉。因此,为补偿创新的上述市场失灵,政府需要通过直接补贴、税收激励、贷款担保等形式激励创新先行者。

与俄罗斯政府一样,芬兰、挪威政府都对企业的创新行为给予过补贴,比如芬兰国家技术创新局(Tekes)每年投入 6 亿欧元支持各项创新;挪威根据 2018 年重点布局领域提交的计划,在国家预算中对科研的投入预算再增加 12 亿克朗,而且为了鼓励科研创新,同时对企业研发费用实施税收减免。然而,俄罗斯的创新先行企业却未能直接获益。给予中小微企业的补贴最终只会"流入"大企业、大财团等寡头组织,主要是因为这些企业的发展对寡头是过度依赖的,这便是俄罗斯经济的垄断性结出的"恶果"。俄罗斯经济发展中存在严重的"诺斯悖论",虽然国家意识到中小企业是创新发展最具潜力的主体,但是因为寡头垄断问题根深蒂固,其对中小企业创新外部性的补偿是无法生效的,这也就会使得创新的市场失灵持续存在,且很难对其进行治理。

第三节　资源丰裕条件下创新驱动发展的实现机制

在资源丰裕背景下，资源依赖型增长的路径惯性及其对创新的"挤出"力量，使得通常条件下的这类经济体创新转型的发生机制及经济增长的动力机制"异化"，因此经济体里大量创新行为的发生需要建立一个行之有效的创新主体间的协同机制，以促进创新主体间关系的形成。同样重要的还有创新环境的构建与完善。检验的尺度是能否形成政府、企业、高校间的"三螺旋"体系，能否促使融资体系多元化发展及法律体系优先化建立。这些实现机制旨在推进创新的可持续、有序化和集群化。

只有建立了有效的创新实现机制，从孵化器到加速器再到科创园的全流程创新才能得以实现。在创新孵化方面，芬兰技术研究中心的知识产权转化战略贡献明显，主要通过协助企业完成策略研究、产品开发、咨询测试、相关认证等，使其获得良好的创新孵化效应。据统计，在此孵化的项目中70%取得了技术服务支持，40%提高了项目的国际声誉，60%提高了自身的竞争力，更有超过80%的研发成果得到应用或者在未来几年内实现商业化投产。在加速器建设方面，芬兰国家技术创新局青睐于资助那些极具创新但同时充满风险的项目，为了帮助那些初创公司和国际风险投资公司取得联系，Tekes专门启动了一个名为"Vigo加速器"的项目，帮助初创公司获得这些私人投资机构的资金支持。在科创园区建设方面，芬兰依托奥卢大学建立了第一个科技园，之后与约恩苏大学、于韦斯屈莱大学、赫尔辛基理工大学等十余所学校合作建立科技园区11个，吸引进驻企业1500余家，贡献高技术工作岗位近3万个，每年完成全国90%的技术成果转化工作。

反观俄罗斯的创新发展，上述实现机制能否起作用，与营商环境的重构直接相关。俄罗斯经济能否搞上去，取决于能否实现创新增长；能否实现创新增长，取决于产业结构调整；而产业结构调整，说到底，取决于制度改革。① 制度改革的总体方向便是国家管理体系的重构，强调大力调整国家和企业之间的关系，减少行政干预，为企业营造良好的营商环境。

一 政府—企业—高校三螺旋关系

国家是众多差异化个体共同组成的社会集合体，而国家层面上的群体创新选择与群体层面上的个体创新选择存在显著差异，因此在创新发展的过程中，国家与企业、个人的目标往往存在异质性。具体表现在：关于创新的技术获取方式，国家在人才要素、资本要素、技术要素积累到一定程度后，偏好通过自主创新或二次创新来获取新技术；而企业或个人更偏好通过技术引进，规避研发过程中的大投入、长周期、高风险来获取新技术。关于创新的领域选择，国家偏好创新聚集在产业关联度大的资本品上，进而释放产业关联效应，提升该资本品整体技术水平；而企业和个人偏好消费品领域，期望获得垄断利润，实现利益最大化。关于创新的时空范围，国家的创新战略会考虑全球科技创新趋势和自身发展导向；而企业和个人则更着眼于产业现状，聚焦本地区市场短期需求。关于创新的效果评价，国家会侧重于综合考虑政治、经济、社会、环境等方面，强调效率与公平兼顾；而企业和个人则考虑单一，更多注重经济效益的实现。

在资源丰裕型国家，传统的经济增长模式具有典型的资源导向型特征，并且对社会经济发展产生深远影响。为了实现经济增长方式转型，建设成为创新型国家，必须高度重视丰裕的自然资源对国家创新发展的影响。只有通过缜密的制度设计，政府、企业、高校三者间基于共同诉求交织成螺旋状结构，形成彼此联系、相互促进的"三螺旋"动态组织模式，呈现"螺旋—协同—融合—上升"的协同创新态势，国家创新发展体系才能切实推进。

（一）芬兰创新主体合作及其功能设置

芬兰自20世纪80年代就积极推动经济发展从要素驱动向创新

---

① 程伟：《俄罗斯2017年宏观经济形势分析》，《俄罗斯学刊》2018年第1期。

驱动转型，是首个将国家创新生态体系用于制定科技创新政策的国家。在这一体系中，国家议会、芬兰国家创新研究委员会属于第一层级的顶层设计部门，负责创新政策制定与协调，决定着芬兰科技创新的方向；教育部、就业与信息部等属于第二层级的政策执行机构，负责将抽象的科技创新战略、政策、理念转化为可以落地的具体措施；第三层级包括就业与经济部下辖的芬兰国家技术局（TEKES）、隶属教育部的芬兰科学院、直属国家议会的芬兰创新基金会（SITRA），负责推动科技成果向现实生产力转化，使得国家创新走在"开放式、多层次、跨领域"的路径上；第四层级包括芬兰技术研究中心（VTT）、行业协会、科技园区等机构，是科技创新的重要载体，芬兰技术研究中心（VTT）主要负责开展技术研发和应用扩展，提供高端服务解决方案，行业协会把芬兰政府、企业和各种资源进行整合，围绕某一个细分产业领域组成一个集群，进行科技研发、组织生产和市场扩展。

政府不仅通过建立芬兰国家技术局（TEKES）、芬兰技术研究中心（VTT）等机构支持科技创新发展，还牵头启动大型研发计划，推动国内研发方向与国际科技前沿相一致。2003—2006年芬兰国家技术局配合国际热核实验室启动国家核聚变计划，2005—2010年芬兰国家技术局启动纳米技术计划，给芬兰纳米技术的开发提供了大约7000万欧元的资金。此外还设立了"百万欧元千年技术奖"，注重应用与革新，侧重经济社会的实际发展需求，旨在表彰国际上为提高人类社会和生活质量做出重大贡献的科研人员，每年评选两次，该奖项是目前全球奖金水平最高的单项技术奖。芬兰政府注重科技创新评估体系的构建，国家技术局（TEKES）制定了一套体系对其所有项目进行评估，着重于是否有效利用资金及其成果转化效率，确保创新政策及项目得到良性发展。

芬兰构建国家创新生态体系的重要手段包括设立高科技产业园区，科技园区作为政府、企业与大学间"三螺旋"体系的产物，切实推动了创新与生产力的完美结合。1982年芬兰建立了斯堪的纳维亚半岛上的第一个科技园——奥鲁科技园，其是在诺基亚的引领下设立的，已迅速发展成具有雄厚经济实力和尖端出口产品的高新技术企业联合体，涉及信息传输系统、光学电子仪器、激光技术电子智能、工业测量仪器等。目前芬兰拥有11个科技园，一般建在当地著名高校和科研机构周围，以州为依托，科研—生产—销售紧密结合，各个科技园有相对明确的发展方向，涉及环境与新能源、信息通信、光电子技术、造纸、纳米技术、生物研究、软件开发、木材与家具制造等重点领域。

企业既是创新活动的重要参与者，也是技术成果的直接受益者。众多企业是芬兰创新体系中最积极和活跃的部分，也是创新网络中最重要的节点。通常情况下，企业的研发投入分为三类，包括提高效率或降低成本的研发、对现有产品升级迭代的研发以及对新产品的研发。大多数企业都会集中资源聚焦到提高效率或降低成本的研发，究其原因，一方面后两类研发项目难以找寻，另一方面后两类项目的创新研发前景不明朗，巨大的投资使企业承担较高的经营风险。然而芬兰营造了良好的鼓励创新的氛围以及机制，政府通过设置鼓励资金、启动资金和政府担保制度为企业提供较为充足的创新资金支持，芬兰的企业，特别是大企业多设有科研机构和技术部门，鼓励先进技术集成应用，大幅度提高全要素生产率，极大地鼓励了企业创新的热情。

芬兰是欧洲教育体系最完善的国家之一，政府认为高等院校是保障芬兰创新驱动发展的关键环节。全国拥有20余所大学，奥鲁大学、赫尔辛基大学属于综合性大学，赫尔辛基理工大学、拉普兰塔理工大学、坦佩雷理工大学是重点理工类院校。虽然在资金投入上与企业无法相比，但是高校具有知识、人才、学科、实验室、科研成果等方面的优势，主要承担基础研究的重担，是创新发展中不可或缺的参与者。据统计，在芬兰，与高等院校、研究机构有合作项目的企业约占50%，远高于欧洲其他国家。

由此可见，芬兰国家创新体系的各个层级与机构间分工明确：政府巧妙发挥"看得见的手"与"看不见的手"的协同作用，负责宏观指导和资金支持；国家技术局和基金会协调国家的创新活动，负责政策落地和部门协调；高校承担基础研究和创新人才培养；企业负责成果转化与应用推广；科技园区则发挥平台作用，打通科研成果从研发到转化的相关环节。

（二）挪威创新主体合作及其功能设置

与其他北欧国家相比，挪威的科研创新强度相对较低。但是，挪威非常重视知识与技术密集型社会的建设。在顶层规划和政策制定层面，政府作用依然突出，负责科技创新的机构有挪威研究理事会（RCN）、挪威创新署（IN）和挪威产业发展公司（SIVA）。挪威研究理事会（RCN）隶属教育与研究部，致力于提升基础研究和应用研究，负责大约1/3公共研究基金的分配，下设6个部门，分别负责挪威自然科学和技术、工业和能源、环境与发展、生物生产和改良、卫生医疗、文化和社会方面的研究。挪威创新署（IN）和挪威产业发展公司（SIVA）隶属产业部与贸易部，挪威创新署（IN）采取企业化运作管理模式，挖掘各地区的发展潜能，负责完善以商业为主导的区域和产业创新政策，鼓励企业开展具有潜在营利性的商业活动，在世界各地建立40多个国际网点；挪威产业发展公司（SIVA）主要为中小微企业提供投资、担保、贷款等金融服务，帮助企业搭建研发合作网络，并入股多家科学园区、孵化器和投资公司。

在科技创新的实施层面，挪威构建起"三位一体"格局，即高等院校、独立研究机构、工业研究部门三部门共同推动。其中高等院校包括奥斯陆大学、挪威科技大学、卑尔根大学、特罗姆瑟大学、挪威生命科学大学、斯塔万格大学、阿格德大学，经费全部来自政府财政拨款，重点从事基础科学研究；独立研究机构侧重于应用科学研究，大部分拨款也来自政府，少量研究资金来自国外机构和境内企业，挪威科技工作研究院（SINTEF）是北欧地区最大规模的独立研究机构；工业研究部门主要从事产品开发应用，兼顾少量的应用科学研究，研究经费来源多元，包括政府通过挪威创新署（IN）提供、企业自筹、社会捐赠等。

在挪威，半数以上的创新活动由企业开展，且这些企业大多为中小微企业，政府为鼓励创新对企业研发费用实施税收减免，每年可减免20%税费。值得强调的是，在抵免税额大于应缴税额的情况下，差额部分可以现金补贴的形式发放给企业，尤其是在企业因经营亏损等无须纳税的时候，抵免金额将全额发放给企业。因此，挪威中小企业成为推动科技创新的主要力量，尤其在生命健康、海洋科技、清洁能源等领域表现突出。

(三) 俄罗斯创新主体合作及其功能设置

正如俄罗斯创新发展动力机制所述，政府在俄罗斯的科技创新发展过程中起主导性作用，营造鼓励创新发展的内外部环境。一方面不断优化国家科技创新管理体系，上层包括总统办公厅、总统科技政策委员会、联邦议会的相关委员会等决策机构，明确科技创新发展战略，加强科技创新立法；中层包括教育和科学部、工业和贸易部、科学技术部、经济发展部、财政部、信息技术和通信部等管理机构，负责管理协调、资金分配等；下层包括俄罗斯科学院、国家科学中心、高等院校、军工各部门下属的科研机构和企业等执行机构，具体开展科技创新等工作。另一方面不断健全国家科技创新战略规划，2004年制定的《科学和国家科技政策法》是俄罗斯关于科技创新发展的基本法，为科技创新发展提供根本遵循；随之陆续出台了《1998—2000年俄联邦政府关于创新政策的构想》《研究和制定2007—2012年俄罗斯科技综合体发展的优先方向》《2015年前俄联邦科学和创新发展战略》《2020年前俄联邦创新发展战略》等规划文件，强有力地支撑了俄罗斯科技创新的发展；2016年颁布《俄罗斯联邦科学技术发展战略》，是俄罗斯第一份以总统令形式规划国家科技创新发展的纲领性文件，规划了未来10—15年科技创新优先方向领域，筹划了未来10—15年科技创新阶段性目标，以此应对国内外的重大挑战，提升国家竞争力。

科研机构在俄罗斯科技创新过程中扮演着不可缺少的角色。俄罗斯科学院（RAS）作为国家最高科学机构，是自然科学、社会科学、医学科学、农业科学等关键领域的主要协调中心，同时设立众多科技创新基金，引入竞争机制，资助资金以补贴方式在研究团队间分配。国家科学中心是俄罗斯维持科技实力的重要支撑，目前俄罗斯43所国家科学中心分为三类：隶属科教部及工贸部的科技中心主要从事基础学科研究，隶属计量局、医疗局等政府部门的科学中心侧重测绘、卫生等应用研究，从属于企业的科学中心更关注科技成果的转化应用。2017年俄罗斯教育和科学部下辖的创新和前瞻研究所实施科学城项目，开展地区科技创新研究试点，在6个科技发展迅速的地区结合当地高等院校、科研队伍等因素实施13个科学城项目，充分挖掘地区潜在科研创新能力，进而带动区域科技创新协同发展。

斯科尔科沃创新中心是俄罗斯最大的国家创新生态平台，被称为"俄罗斯硅谷"，具备创新研发和产业集群双重功能。一方面培育科技创新生态，与莫斯科国立大学、俄罗斯科学院等众多知名大学和科研机构共同构建开放式斯科尔科沃大学，与美国麻省理工学院共建斯科尔科沃科学技术学院；另一方面重点发展航天技术、信息技术、能源技术、生物技术和核技术五大产业集群，助力园区内的企业进行科技成果转化。

企业是科技创新的主体，这一点在俄罗斯也不例外。但自俄罗斯经济转轨以后，企业在科技创新方面的表现不尽如人意。苏联时期，致力于技术创新的企业占比60%—70%；而在经济转轨初期，这一占比急速下降为仅有5.6%，进入21世纪这一占比上升到10.3%，但与之前相比仍旧差距很大。[①] 戚文海对俄罗斯工业企业的创新绩效进行分析，发现积极开展技术创新的工业企业数量较少，且企业技术创新力度在不同产业间呈现显著的不均衡，主要表现在冶金、化工、石化等重工业领域企业创新积极性相对较高，而建材、轻工、金属及日用化工等轻工业领域企业的创新力度较弱。[②] 此外，在资源型经济发展战略导向下，石油加工业、石油开采业、天然气工业、化学和石化工业等是国民经济的主导产业，但这些产业的创新产出相对较少，且技术含量相对较低。因此，在资源型经济发展向创新型经济发展转型的过程中，资源丰裕与创新发展的耦合显而易见。然而，由于苏联时期遗留下来的计划经济弊端，导致俄罗斯的很多企业领导人普遍缺乏创新意识，在很大程度上制约了俄罗斯经济创新发展的实现。

---

① 刘畅：《资源丰裕型国家创新发展研究》，博士学位论文，辽宁大学，2016年。
② 戚文海：《俄罗斯经济转轨以来的技术创新绩效评价》，《经济研究参考》2007年第7期。

二 多元化的融资体系

由于创新不仅具有不确定性、高风险性等特征，还在创新的不同阶段或创新的不同类型上存在异质性，因此，创新需要构建多元化的融资体系，一方面要考虑企业的 R&D 资金投入机制，另一方面要考虑涵盖政府及其他创新主体的 R&D 资金投入机制。在应用研究及成果转化阶段，企业应当成为 R&D 资金投入的主体；在基础研究及重大技术研发阶段，政府必须承担绝大部分（科研机构和高等院校可适度供给）甚至是全部的科研经费。此外，政府还要完善金融支持创新体系，利用税收政策鼓励创新合作，健全多层次资本市场体系。

风险投资是推动企业创新的"催化剂"，在严重信息不对称的创新活动中，风险投资能够有效甄别有潜力的创新项目，全力整合各方资源，为企业提供金融支持，被视为催生新产业和促进创新的推进器。为释放创新风险，还必须在建立包含政府基金、民间资本及国际资本的多元化创新基金体系的同时，完善风险投资进入与退出机制，畅通"科技—资本—产业"动态循环。

（一）芬兰研发资金构成与风险资本

对于芬兰国家创新体系而言，虽然以"政策导向"作为动力机制，强调政府对创新的推动作用。但是企业作为创新的主体，芬兰积极建立适合本国企业创新发展的生态，自1990年提出构建国家创新发展体系以来，企业年均 R&D 资金投入占比 65.07%，政府年均 R&D 资金投入占比 27.97%（见表6-7），创新指数位居世界前列。

芬兰科技创新基金会（SITRA）作为芬兰创新发展的最大风险投资者，是芬兰国会监管下的具有独立性的公共基金，致力于推动科技成果的市场化和种子项目的融资，对中小企业创新的支持主要采用综合性计划和初创融资服务两种方式进行：综合性计划的目标使芬兰成为世界上高新技术与综合竞争力领先的国家；初创融资服务的目的是促成芬兰企业的创设，并且帮助这些企业提升国际竞争力和盈利能力。①

芬兰国家技术局（TEKES）每年会投入6亿欧元支持2100个极具创新又充满风险的项目，申请项目会在最短的时间给申请者答复，目前平均时间为33天，经芬兰国家技术局选中的项目每年会得到50万欧元到200万欧元不等的资助，支持企业进行项目孵化。同时，为了帮助初创公司和国际风险投资公司取得联系，芬兰国家技术局专门启动"Vigo加速器"项目来帮助初创公司获得这些私人投资机构的资金支持。

表6-7　　　　　　　芬兰R&D资金来源　　　　　　（单位：%）

年份	R&D支出占GDP百分比	企业融资百分比	政府融资百分比	国内其他部门融资百分比	国外融资百分比
1981	1.15	54.52	43.37	1.14	0.97
1983	1.30	56.27	41.62	1.19	0.92
1987	1.69	59.64	38.09	1.22	1.05
1989	1.75	62.22	35.26	1.58	0.94
1991	1.97	56.32	40.90	1.50	1.28
1993	2.09	56.62	39.83	1.75	1.80
1995	2.20	59.47	35.09	0.98	4.46
1997	2.62	62.90	30.86	0.90	5.35
1998	2.79	63.88	30.05	0.99	5.08
1999	3.06	66.95	29.18	0.91	2.97
2000	3.25	70.25	26.23	0.87	2.65
2001	3.20	70.78	25.52	1.21	2.49
2002	3.26	69.52	26.13	1.20	3.14
2003	3.30	70.00	25.72	1.13	3.15
2004	3.31	69.25	26.33	1.21	3.21
2005	3.33	66.86	25.65	1.21	6.28
2006	3.34	66.56	25.11	1.24	7.09

---

① 陈洁：《国家创新体系架构与运行后机制研究——芬兰的启示与借鉴》，上海交通大学出版社2010年版。

续表

年份	R&D支出占GDP百分比	企业融资百分比	政府融资百分比	国内其他部门融资百分比	国外融资百分比
2007	3.35	68.20	24.05	1.23	6.52
2008	3.55	70.29	21.83	1.24	6.64
2009	3.75	68.10	24.00	1.29	6.61
2010	3.73	66.10	25.69	1.34	6.87
2011	3.64	67.01	25.03	1.41	6.54
2012	3.42	63.06	26.69	1.44	8.81
2013	3.30	60.84	26.03	1.59	11.54
2014	3.17	53.53	27.50	1.65	17.32

资料来源：OECD数据库（http://stats.oecd.org/）。

（二）挪威研发资金构成与风险资本

挪威创新是由私有资本和政府共同推动的，自2000年提出构建国家创新发展体系以来，企业年均R&D资金占比46.59%，政府年均R&D资金占比47.59%，二者相差不大（见表6-8）。虽然挪威、芬兰都致力于推动创新，但与芬兰不同，挪威的油气、能源产业扮演着至关重要的角色。20世纪90年代末，世界上最大的主权财富基金——挪威主权财富基金诞生，按照规则，财政部每月分批将石油收入注入其中，同时每年拿出基金收益的一定比例支持保健和生物科技、信息技术、渔业海产等领域企业创新。

挪威在风险投资领域一直处于领先地位，处于全球顶级风险投资核心区，奥斯陆股市是北欧证券交易网络Norex的组成部分，能与瑞典、丹麦和冰岛的股票交易所在同一平台上自由买卖北欧四国上市的股票。Investinor投资管理有限公司是挪威最具规模且活跃度最高的风投企业，挪威风投市场约40%的风投资金来源于该企业。

表 6-8　　　　　　　　挪威 R&D 资金来源　　　　　　（单位：%）

年份	R&D 支出占 GDP 百分比	企业融资比	政府融资比	国内其他部门融资比	国外融资比
1981	1.15	40.06	57.17	1.36	1.41
1983	1.27	45.24	51.46	1.08	2.22
1985	1.44	51.62	45.28	0.97	2.13
1987	1.61	50.34	46.81	1.12	1.72
1989	1.63	45.57	50.75	1.35	2.32
1991	1.60	44.53	49.52	1.34	4.61
1993	1.67	44.26	49.06	1.27	5.41
1995	1.65	49.89	43.99	1.20	4.93
1997	1.59	49.40	42.91	1.24	6.46
1999	1.61	49.53	42.55	1.58	6.35
2001	1.56	52.88	38.58	1.44	7.11
2002	1.63	50.53	40.59	1.46	7.42
2005	1.48	46.79	43.57	1.58	8.07
2007	1.56	45.01	44.95	1.59	8.45
2009	1.72	43.61	46.77	1.42	8.20
2011	1.63	44.20	46.55	1.47	7.79
2013	1.65	43.14	45.84	1.55	9.47

资料来源：OECD 数据库（http://stats.oecd.org/）。

（三）俄罗斯研发资金构成与风险资本

俄罗斯多元融资体系最早可以追溯到 1999 年 12 月 25 日普京主持召开的俄联邦政府委员会会议，会议提出建立俄罗斯风险投资机制，要求政府直接参与风险基金创建工作。为加快推动俄罗斯创新发展的实现，俄罗斯政府设立了多家国有或股份制投资基金，其中包括俄罗斯直接投资基金、俄罗斯信息通信技术投资基金、俄罗斯区域风险基金及创新基金等，分别以处于不同行业或区域的中小型高新技术企业或初创企业为服务对象，以加速俄罗斯科技创新发展为目标，积极推动俄罗斯国家创新体系的建设。

虽然俄罗斯风险投资机制已初步构建，但是创新的融资来源仍以政府投入为主。2008—2014 年间,俄罗斯 R&D 研发投入中 60%以上来自政府,企业 R&D 投入占比一直处于 28% 左右。相较而言,美国 R&D 研发投入中政府占比约为 30%,企业占比约为 60%;日本 R&D 研发投入中政府与企业投资占比分别为 16% 和 76%。此外,俄罗斯 R&D 研发投入占 GDP 的比重相对较低(见表 6-9)。相比之下,自 2000 年起,石油资源丰裕型国家的挪威年均研发资金占 GDP 比重为 1.62%,森林资源丰裕型国家的芬兰年均研发资金占 GDP 比重为 3.56%,全球创新引领者美国年均研发资金占 GDP 比重为 2.65%。①

俄罗斯金融市场中鼓励创新、给予资金支持的主要是商业银行和外国投资者。然而,俄罗斯金融市场的不稳定性以及刺激经济增长政策的多变性使投资者的信心明显不足;同时,由于创新主体信息披露的不完备性与滞后性,使投资者对俄罗斯的不确定性增强,造成外国风险投资基金有意愿但观望的局面。②

表 6-9　　　　　俄罗斯 R&D 资金来源　　　　　(单位:%)

年份	R&D 支出占 GDP 百分比	企业融资百分比	政府融资百分比	国内其他部门融资百分比	国外融资百分比
1994	0.84	35.26	62.29	0.49	1.96
1995	0.85	33.55	61.54	0.28	4.62
1996	0.97	31.52	62.08	0.82	5.58
1997	1.04	30.62	60.94	1.04	7.40
1998	0.95	34.91	53.57	1.27	10.26
1999	1.00	31.57	51.14	0.42	16.87
2000	1.05	32.87	54.81	0.37	11.96
2001	1.18	33.63	57.22	0.54	8.62
2002	1.25	33.11	58.43	0.42	8.04
2003	1.29	30.76	59.61	0.64	8.99

① 世界银行数据库(https://data.worldbank.org.cn/)。
② 于娟:《俄罗斯国家创新战略中的金融支持》,《欧亚经济》2014 年第 2 期。

续表

年份	R&D 支出占 GDP 百分比	企业融资 百分比	政府融资 百分比	国内其他部门 融资百分比	国外融资 百分比
2004	1.15	31.39	60.63	0.40	7.58
2005	1.07	30.00	61.95	0.46	7.59
2006	1.07	28.81	61.10	0.68	9.42
2007	1.12	29.45	62.62	0.72	7.22
2008	1.04	28.69	64.72	0.64	5.94
2009	1.25	26.59	66.46	0.49	6.46
2010	1.13	25.51	70.35	0.60	3.55
2011	1.09	27.68	67.08	0.96	4.28
2012	1.13	27.23	67.84	0.97	3.97
2013	1.13	28.16	67.64	1.16	3.03
2014	1.19	27.07	69.22	1.23	2.48

资料来源：OECD 数据库（http：//stats.oecd.org/）。

三 建立有效的知识产权保护制度

当赋予创新行为经济属性时，在市场经济制度条件下，创新的实现离不开法律和制度的保障，知识产权保护处于法律保护体系的核心地位。创新可以通过生产者剩余与消费者剩余，给企业获取高额利润的机会。然而，创新的外部性及知识的非排他性会在很大程度上减弱企业开展创新活动的积极性。因此，对创新者与创新成果间做出规定的知识产权保护体系恰好可以将企业在技术上的优势转化为以利润为表征的收益，并使得非创新者"搭便车"行为变得相对昂贵。由此可见，知识产权保护制度可以实现创新的外部性内部化，进而保护创新成果所有者的权益，提升创新型企业收益的确定性。

但是，就创新成果产权保护的程度而言，存在着难以协调的矛盾，即在创新成果扩散阶段，创新型企业希望对创新成果知识产权进行严格保护，然而政府则希望尽快实现创新的推广与扩散。从理论上看，企业会积极利用商标法、专利法、著作权法等维护创新成果的独占性；然而国家会依法组织其他企业或个人通过正当程序有偿获得创新成果。国家的这种行为就是在利用法律法规来约束创新者的行为，较为典型的法律法规就是反垄断法。但是，不论是创新的法律保护体系，还是创新的法律约束机制，都是以增进社会总福利为目标。创新的法律保护体系目的在于维护创新者的创新活动为其自身带来的收益，以此保持创新者开展创新行为的积极性；创新的法律约束机制则限制创新者对其创新成果的垄断行为，旨在推动创新成果在社会中有序扩散。二者看似相互矛盾，实则相互制约，既保证了创新主体的成果收益，又实现了创新成果的正当推广，进而提高了全社会的总福利水平。

（一）芬兰知识产权保护制度

为鼓励科技创新，最大限度激发企业及个人的发明创造积极性，芬兰成立专利与注册局（PRH），设立版权信息和反盗版中心、创意产业艺术家职员企业协会等组织，并制定一系列的法律法规营造良好的创新氛围。2006年1月芬兰新版《版权法》生效；2006年3月芬兰正式加入世界知识产权组织，并依据该组织的《专利法条约》对芬兰《专利法》进行修正；2007年1月《大学发明所有权法》获政府批准生效；2010年新版《集成电路布图设计保护法》和《版权法》出台，极大地促进了芬兰科技创新的实现，尤其是自主发展过程中的原始性创新。

同时，芬兰形成了一套独特的知识产权保护体系，实施延伸性集体管理，权利作品的使用方可以自由地与权利人代表机构协商使用条件，权利人和权利人代表组织依靠集体管理组织进行维权；积极普及知识产权保护知识，增强全民的知识产权意识。

（二）挪威知识产权保护制度

挪威工业产权局（NIPO）隶属贸易和工业部，其主要任务是健全完善知识产权保护制度，保证挪威科技创新战略的顺利实施，进而实现国内经济的快速增长。挪威自构建创新型国家以来，不断修改完善知识产权相关法律法规。1992年11月27日重新修订了《集体商标法》，该法案涉及集体商标申报及注册流程；1993年3月12日颁布实施《植物育种者权利法》，其内容主要是关于植物育种的使用及申请、变更、注销权利；1997年1月1日对《专利法》进行了重新修订，新版法案内容包括：一般规定、专利申请及处理、国际专利申请、专利有效期、年费、许可、转让等；1998年1月1日对《外观设计法》进行了修订，该法律的目的是鼓励对设计进行创新，并对工业设计创新者的权利给予保护；1999年4月16日修订了《著作权法》，将延伸性集体管理的适用范围拓展到企业机构的非商业目的作品复制、已公开发表作品复制以及有线传输；2003年5月1日修订了《商标法》，首次采用尼斯分类第11版的商品和服务描述，规定可注册为商标的要素包含文字、名称、图形、三维标识等；2018年6月15日修订了《挪威版权法》，该方案对1961年版的《挪威版权法》进行简化与更新，重点针对数字技术在版权方面的新兴应用范畴，提高其对民众的可用性。

挪威积极加入知识产权的国际多边条约，是《尼斯协定》《巴黎公约》和《WIPO公约》等国际知识产权条约的缔约国，加入《专利合作条约》《保护录音制品制作者防止未经许可复制其录音制品公约》《保护表演者、音像制品制作者和广播组织罗马公约》《商标注册用商品与服务国际分类尼斯协定》《保护文学和艺术作品伯尔尼公约》等公约。

（三）俄罗斯知识产权保护制度

1993年俄罗斯陆续颁布《专利法》《版权法》《商标、服务标志和商品原产地名称法》《计算机程序和数据库法律保护》《集成电路布图设计法律保护》《育种成果法》六部知识产权单行法，重构起俄罗斯知识产权法律体系。2008年俄罗斯废除知识产权原有的一系列单行法，将知识产权法纳入《俄罗斯联邦民法典》，成为当时世界上唯一将知识产权法律制度完全民法典化的国家。2011年俄罗斯成立知识产权局，对涉及知识产权、商标、专利的使用按照法律规定实施管理和监督，下设工业产权院、军事与特殊两用智力活动成果法律保护中心及国家知识产权学院，工业产权院负责工业产权申请、审查、登记、注册工作，军事与特殊两用智力活动成果法律保护中心负责军工技术和国防工业的登记、注册、保密工作，国家知识产权学院是俄罗斯专门培养知识产权管理、保护和商业使用等专业人才的机构。

2011年俄罗斯专门设立隶属司法部的知识产权法院，有关专利、版权、商标等知识产权的确权、撤销等案件，由知识产权法院作为一审法院进行审查；有关专利、版权、商标等知识产权的侵权案件，先由商业法院进行一审和二审裁决，然后知识产权法院作为再审法院以合议庭的形式负责审查商业法院判决。2012年俄罗斯成立知识产权管理委员会，成员覆盖军事科学委员会、教科文委员会、教育与科学部、经济发展部、卫生部、国防工业司、斯科尔科沃基金会等各部门机构，主要负责审查知识产权局的职权行使。2016年知识产权局成立质量委员会，主要任务是在知识产权申请阶段和争议审核阶段出现纠纷时，协调各部门制定统一的解决办法，进而提高国家知识产权服务水平。

第七章

中国资源型城市的经济发展

本章通过对126个资源型城市的增长表现与增长要素进行分析，研判成长型资源型城市、成熟型资源型城市、衰退型资源型城市、再生型资源型城市的增长轨迹、增长驱动力、产业结构、创新能力、可持续发展水平，进而论证与研判其发展路径，得出转型是中国资源型城市实现经济发展的必然选择的基本判断。

资源型城市是中国城市体系的重要组成部分。在城市发展早期丰富的自然资源为经济发展贡献了巨大力量。凭借丰富的自然资源，以资源密集型产业为增长动力，促进经济社会发展，推动了城镇化过程。然而资源枯竭不可避免地发生了，产业结构不合理的弊端也日渐显现。资源型城市不仅面临着传统城市病的制约，还陷入了"资源诅咒"的困境。产业结构单一，使得资源型产业独大，对其他产业，特别是制造业的挤出与抑制作用明显。如何引导资源型城市长期可持续发展，是国内经济转型升级中必须面对的一个现实问题。2017年1月6日，国家发展改革委正式颁布《关于加强分类引导培育资源型城市转型发展新动能的指导意见》，界定资源型城市是以本地区矿产、森林等自然资源开采、加工为主导产业的城市，指出当前中国的资源型城市尚未根本解决长期积累的发展活力不足、产业结构单一以及民生问题突出等矛盾和问题，尤其是大宗资源性产品价格低位震荡，使得新常态时期原材料、能源等行业产能过剩问题越来越凸显，进一步加剧了转型的压力和困难。资源型城市在经济发展新常态下实现转型升级是一项复杂的系统性工程，只有着力优化市场环境、夯实转型基础，着力加快新旧动能转换、增强可持续发展活力，着力深化改革创新、健全可持续发展长效机制，才能树立并切实贯彻创新、协调、绿色、开放、共享的新发展理念。

第一节 资源型城市的增长轨迹与发展现状

中国资源型城市数量众多，资源开发阶段各异，经济发展水平和面临的问题不尽相同，只有分别考察不同类型城市的增长状况，才能使研究更具有针对性，进而提出更具有价值的政策建议。根据国务院公布的《全国资源型城市可持续发展规划》，以资源开发阶段、经济发展水平以及社会保障水平等为分类标准，将全国资源型城市划分为成长型、成熟型、衰退型和再生型四种类型。各个类型城市均有所不同。四种类型资源型城市的划分中（见表7-1），成长型资源型城市（20个）、成熟型资源型城市（66个）、衰退型资源型城市（24个）、再生型资源型城市（16个）。国家发展和改革委员会发布的《关于加强分类引导培育资源型城市转型发展新动能的指导意见》（发改振兴〔2017〕52号）要求："到2020年，成长型城市资源开发模式更加科学，城市发展和资源开发的协调机制初步建立；成熟型城市多元产业体系更加健全，内生发展动力显著增强；衰退型城市历史遗留问题得到基本解决，转型发展基础更加牢固；再生型城市新旧动能转换取得明显进展，经济社会发展步入良性轨道。"因此，应因地制宜地选择不同转型路径势在必行。

表7-1　　　　　　　　资源型城市分类

成长型资源型城市
朔州市、呼伦贝尔市、鄂尔多斯市、松原市、贺州市、南充市、六盘水市、毕节市、黔南州、黔西市、昭通市、楚雄州、延安市、咸阳市、榆林市、武威市、庆阳市、陇南市、海西州、阿勒泰地区

续表

成熟型资源型城市
张家口市、承德市、邢台市、邯郸市、大同市、阳泉市、长治市、晋城市、忻州市、晋中市、临汾市、运城市、吕梁市、赤峰市、本溪市、吉林市、延边州、黑河市、大庆市、鸡西市、牡丹江市、潮州市、宿州市、亳州市、淮南市、滁州市、池州市、宣城市、南平市、三明市、龙岩市、赣州市、宜春市、东营市、济宁市、泰安市、莱芜区、三门峡市、鹤壁市、平顶山市、鄂州市、衡阳市、郴州市、邵阳市、娄底市、云浮市、百色市、河池市、广元市、广安市、自贡市、攀枝花市、达州市、雅安市、凉山彝族自治州、安顺市、曲靖市、保山市、普洱市、临沧市、渭南市、宝鸡市、金昌市、平凉市、克拉玛依市、巴音郭楞蒙古自治州
衰退型资源型城市
乌海市、阜新市、抚顺市、辽源市、白山市、伊春市、鹤岗市、双鸭山市、七台河市、大兴安岭地区、淮北市、铜陵市、景德镇市、新余市、萍乡市、枣庄市、焦作市、濮阳市、黄石市、韶关市、泸州市、铜川市、白银市、石嘴山市
再生型资源型城市
唐山市、包头市、鞍山市、盘锦市、葫芦岛市、通化市、徐州市、宿迁市、马鞍山市、淄博市、临沂市、洛阳市、南阳市、阿坝藏族羌族自治州、丽江市、张掖市

资料来源：国务院：《全国资源型城市可持续发展规划》，2013 年 11 月，中国政府网（https://www.gov.cn/zwgk/2013-12/03/content_2540070.htm）。

一 增长动态

四类城市的经济增长状况呈现 U 形趋势。其中，成长型城市凭借着丰裕的自然资源，实现了快速的经济增长；成熟型城市由于资源开发处于稳定阶段，经济社会的增长速度也开始放缓，其平均增长水平要低于正处于资源开发初期的成长型城市；衰退型城市资源枯竭，经济发展滞后，民生问题突出，增长状况不容乐观；作为摆脱了资源依赖的再生型城市，经济发展开始步入良性发展轨道，是经济转型的先行区，经济增长状况逐渐有所改善。从截面数据看不同阶段资源型城市的增长状况，成长型资源型城市增长最快，为9%；衰退型资源型城市增长最慢，仅为7%，二者相差 2 个百分点（见图 7-1）。从时序数据看不同阶段资源型城市的增长状况，2011—2016 年，成长型城市的增长速度最快，其次为成熟型城市，衰退型城市的整体增长速度较慢。此外，2011—2016 年间四类资源型城市增长呈现下降趋势，增长幅度下降明显（见图 7-2）。

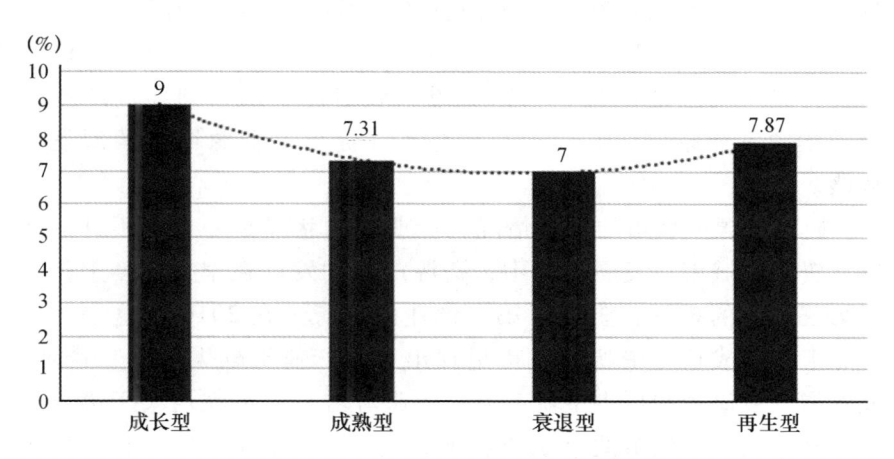

图 7-1　2016 年四类资源型城市增长状况

资料来源：2016 年各城市《统计年鉴》及《统计公报国民经济与社会发展统计公报》。

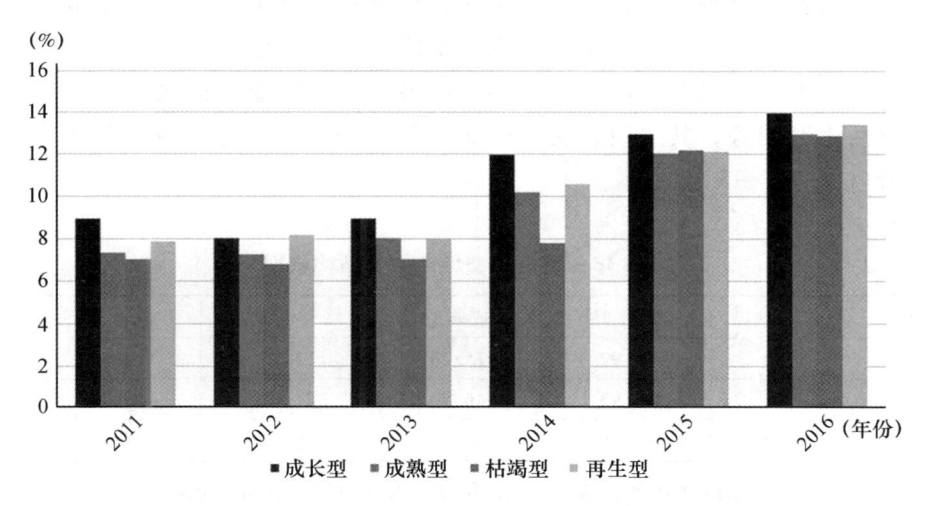

图 7-2　2011—2016 年各类型资源型城市增长轨迹

资料来源：2011—2016 年各城市《统计年鉴》及《国民经济和社会发展统计公报》。

二　产业结构状况

产业结构以生产资料和生活资料之间的关系为研究范畴，刻画农业、轻工业、重工业及服务业之间的关系。资源型城市是比较特殊的一类城市，产业结构类型单一，资源指向性强、资源依赖性高。在经济发展初期，中国资源型城市为国家的经济建设做出了重大贡献，但随着部分资源型城市资源枯竭、就业困难以及环境污染等问题的凸显，多数资源型城市逐步认识到促进产业升级是摆脱发展瓶颈的必要途径，并正式提出了资源城市转型发展战略。

研判资源型城市的发展情况，产业结构状况是一个避不开的问题。资源型城市在发展过程中，资源产业的发展在很大程度上挤占了第三产业的投资，阻碍了第三产业的增长。在2016年这一时间节点上，仅成长型资源型城市呈现出第三产业贡献大于第二产业，成熟型、衰退型和再生型城市第二产业对增长的贡献均大于第三产业，其中衰退型城市的第二产业比重最高（见表7-2）。在添加了不同阶段资源型城市的产业结构演变的趋势线后，资源型城市第二产业的比重呈现倒U形趋势，由成长型到衰退型第二产业的比重逐步上升，再生期城市的比重则有所下降；第三产业则呈现与第二产业相反的演变状况，由成长型到衰退型，第三产业产值比重呈先下降后上升趋势，其中到衰退型产业比重降到最低，再生型则有所回升（见图7-3）。

表7-2　　　　　2016年各类资源型城市产业结构状况　　　　（单位:%）

	成长型	成熟型	衰退型	再生型
第一产业	16.97	15.28	11.13	10.50
第二产业	40.93	46.40	50.67	46.25
第三产业	42.10	38.33	38.19	43.25

资料来源：依据2016年各城市《统计年鉴》及《国民经济和社会发展统计公报》计算所得。

三　创新与增长的关系

随着资源枯竭和资源价格的波动，资源型城市发展前景不容乐观。资源开采供大于求的现象日益明显，资源产品逐渐进入买方市

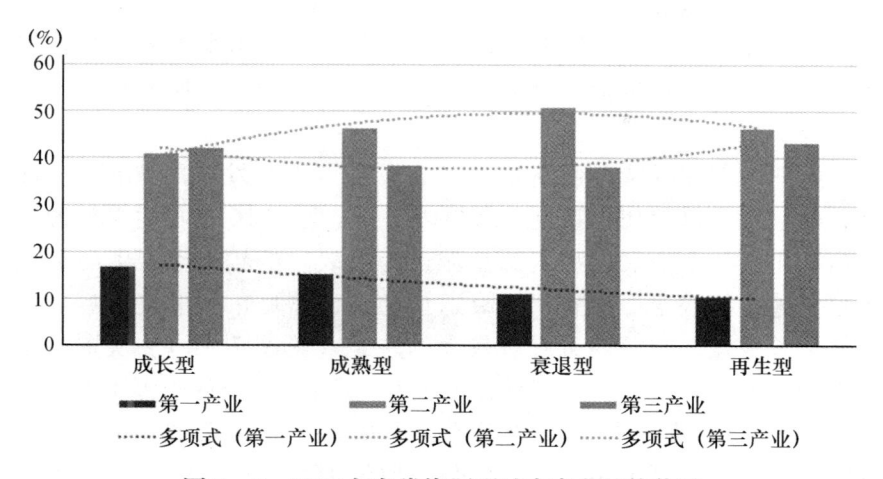

图 7-3　2016 年各类资源型城市产业结构状况

资料来源：各城市《统计年鉴》及《国民经济和社会发展统计公报》。

场，产品价格下降。资源产业的利润空间不断被压缩，资源型城市产业结构单一的经济劣势所造成的恶果逐步显现，企业亏损、职工下岗和地方财政困难等一系列问题将会影响经济和社会发展。

根据资源丰裕条件下经济增长路径扭曲与创新纠偏选择相关理论分析与实证检验，创新转型成为中国资源型城市实现可持续发展的有效选择。资源型城市在发展过程中，需要依托构建创新体系找寻新的经济增长点，带动城市经济的快速发展和经济增长质量的提高，创新体系的构建对资源型城市构建具有重要意义。资源型城市创新是一个渐进的过程，是从封闭、分散的创新活动向开放、一体的创新体系转变的过程。体现为创新效率提高、创新竞争力增强和社会进步，并最终实现城市转型和可持续发展。只有逐步提升创新体系的效率和效能才能最大限度发挥创新转型作用。

从中国的实际情况来看，资源型城市以资源产业为主，资源型城市创新系统一般处于较低的水平，与其他加工业相比，资源型城市产品单一，科技进步的需求和动力不足，大多数企业并没有真正建立起技术创新机制，技术进步相对缓慢。另外，已有的技术创新主要集中于资源开发企业，由于大多数资源开采由国有企业为主导,技术专业性强、协作能力差,对整个社会技术水平的提高作用不大,这也就决定了资源型城市的技术创新水平低,使得转型和替代难以实现。

为刻画资源型城市创新水平,选择全国创新发展的典范——深圳作为标尺,进而使得量化效果更为明显。选取16个再生型资源型城市和山西省9个衰退型资源型城市为代表。虽然再生型资源型城市增长速度要快于山西省9个衰退型的资源型城市,但资源型城市整体增长较慢,与深圳市有着较大的差距(见图7-4)。从资源型城市创新发展与人力资本积累程度来看,全国16个处于再生期的资源型城市R&D支出占GDP比重平均为0.93%,山西省9个衰退型资源型城市均值为0.66%,然而深圳的均值为3.17%,是再生型资源型城市的3.4倍,是山西省衰退型资源型城市的4.8倍。另外,从人力资本积累程度看,16个再生型资源城市平均每1万劳动力中R&D人数为42.59人,山西省9个衰退型资源型城市平均每1万劳动力中R&D人数为16.51人;然而深圳则平均每1万劳动力中R&D人数为160.42人,是再生型资源型城市的3.8倍,是山西省衰退型资源型城市的9.7倍(见表7-3)。

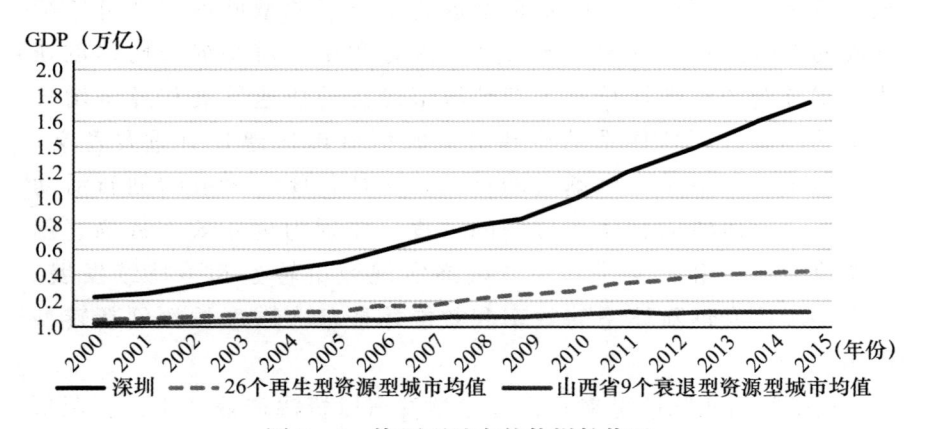

图7-4 资源型城市整体增长状况

资料来源:2000—2015年各城市《统计年鉴》及《国民经济和社会发展统计公报》。

表 7-3　　　　　　　资源型城市与深圳创新现状的比较

年份	R&D 支出占 GDP 比重（%）			GDP（万亿）			每一万劳动力中 R&D 人数（人）		
	深圳	16个再生型资源城市均值	山西省9个衰退型资源型城市均值	深圳	16个再生型资源城市均值	山西省9个衰退型资源型城市均值	深圳	16个再生型资源城市均值	山西省9个衰退型资源型城市均值
2000	2.81	0.44	0.41	0.2187	0.0489	0.0149	45.56	18.49	8.03
2001	2.93	0.48	0.41	0.2482	0.0540	0.0164	51.88	19.58	9.00
2002	2.39	0.69	0.48	0.2970	0.0602	0.0189	51.19	22.47	9.55
2003	2.42	0.65	0.43	0.3586	0.0717	0.0232	62.23	27.42	9.81
2004	2.41	0.75	0.50	0.4282	0.0908	0.0291	86.30	27.69	9.79
2005	2.52	0.68	0.48	0.4951	0.1132	0.0344	99.60	33.60	14.27
2006	2.71	0.73	0.57	0.5814	0.1327	0.0397	123.62	34.59	19.37
2007	2.97	0.84	0.63	0.6802	0.1611	0.0490	179.53	36.41	18.02
2008	3.21	0.81	0.66	0.7787	0.2062	0.0558	238.15	37.40	21.26
2009	3.37	0.98	0.86	0.8290	0.2258	0.0601	201.66	46.18	22.85
2010	3.41	1.00	0.76	0.9773	0.2663	0.0726	234.46	44.85	21.41
2011	3.61	1.15	0.79	1.1516	0.3240	0.0912	230.34	49.25	21.24
2012	3.76	1.28	0.85	1.2971	0.3570	0.1000	282.79	60.50	20.49
2013	4.01	1.39	0.95	1.4573	0.3835	0.1024	237.58	69.10	20.74
2014	4.00	1.48	0.93	1.6002	0.4031	0.1025	214.08	74.50	20.50
2015	4.18	1.60	0.81	1.7503	0.4128	0.0994	227.70	79.36	17.86
均值	3.17	0.93	0.66	0.8218	0.2070	0.0569	160.42	42.59	16.51

资料来源：2000—2015 年各城市《统计年鉴》及《国民经济和社会发展统计公报》。

由此可见，资源型城市创新的资金与人才投入相对有限，创新动力不足。加之，中国大量的资源型城市在 20 世纪 80 年代以后进入枯竭期，过度依靠资源型产业发展的经济模式严重制约了经济发展。对于这些城市而言，依靠加大资金投入，改变要素资源配置方向是难以维持长期发展需要的，必须依靠技术进步，用高新技术推动产业创新与业态升级，降低资源消耗、减少污染、改变粗放型的发展模式。具体措施包括：第一，鼓励技术创新，落实各种优惠政策，强调企业的创新主体作用，引导企业根据社会需求进行创新。第二，实施创新驱动发展战略，积极培养和吸引人才，尤其是产业发展紧缺型人才，同时建立优势突出的人才配套政策。第三，加强体制机制创新，增强金融支持能力，为大众创业、万众创新提供良好环境，为资源型城市发展注入新动力。

四 可持续发展情况

国内外关于资源型城市可持续增长的研究开始较早，最早源于英国学者奥龙索提出的"矿业城镇"概念以及加拿大学者麦金塔提出的"原材料理论"，此后相关的理论和实践研究逐渐走向成熟。伴随着资源型城市转型瓶颈的出现和政府对于可持续发展的逐渐重视，相关的研究成果日渐增多。对于资源型城市可持续发展的研究，呈现如下特点：一是研究范围上不再局限于成熟型以及资源枯竭型的城市，而是拓展到了所有资源型城市，研究范围逐渐扩大。二是研究的重点问题，早期的研究聚焦于资源型城市的产业结构到经济结构，再到人口、资源及环境等统筹发展。三是研究的方法上定性分析和定量分析相结合，定性分析主要是探讨城市可持续发展的对策，例如张友祥等认为，实现中国资源型城市的可持续发展是一项系统持久的工程，需要处理好各个变量之间的关系，处理好城市发展与各个要素之间的关系；[1] 定量分析主要是基于评价指标体系的构建对资源型城市可持续发展进行分析，例如陈晨等运用调整后的生态足迹模型，分析了9个典型的城市生态承载力和生态足迹需求。[2]

从国外发展实践看，20世纪60年代以来，许多资源型城市先后走了转型发展之路。例如德国的鲁尔工业区，英国的斯旺西、加的夫为代表的威尔士地区，法国的洛林地区，日本的北九州，比利

---

[1] 张友祥、支大林、程林：《论资源型城市可持续发展应处理好的几个关系》，《经济学动态》2012年第4期。

[2] 陈晨、夏显力：《基于生态足迹模型的西部资源型城市可持续发展评价》，《水土保持研究》2012年第1期。

时的列日省。从这些地区的经验来看，可持续发展无外乎三种路径：第一种路径为转型，即发展与资源型产业不相关的产业，培育新的主导产业，基于当地消费、投资、劳动力以及技术状况合理配置主导产业；第二种路径为转变，即在不改变原有资源产业为主的产业结构的情况下，延长产业链，开展深加工，实施深度开发和产品多元化战略，这主要适用于处于成熟期或者成长期的资源型城市，该类型城市资源储量丰富且区位条件不利，难以发展与之相适应甚至是替代的产业，因此只能在发挥资源禀赋的情况下提升产业水平；第三种路径为转移，即将资源型产业整体转移至其他地区，本地产业在原有基础上进行优化升级。上面三种路径中，转型是较为普遍的做法。资源型城市发展要经历一个动态的过程，从成长期、成熟期，再到衰退期，需要十几年甚至是几十年的时间，这期间一般伴随着产业的调整和适应，各国多数采取优惠的财政政策和货币政策引导产业发展，加大技术投入，发展战略新兴产业，逐步实现可持续发展。

从国内发展实践看，资源型城市数量众多，并处于不同的开发阶段，经济社会发展水平差异较大，面临的矛盾和问题不尽相同。根据资源保障能力和可持续发展能力差异，资源型城市可划分为成长型、成熟型、衰退型和再生型四种类型。与其他国家相比，中国的资源型城市起步较晚，本应该更好地吸收国外资源型城市发展的经验教训，但是由于建设初期缺乏统筹安排，未能做出有效的长期发展战略。资源密集型产业最初确实带动了当地经济的快速发展，诞生了一批以资源产业为主的资源型城市，但随着资源的枯竭和资源产品价格的波动，经济结构单一的弊端逐渐显现出来，表现为经济增长滞缓、就业压力大和居民生活困难等一系列问题，被迫转型，如何实现可持续发展是这些城市如今面临的重要课题。

（一）评价指标选取

遵循可持续发展的原则，充分体现经济、社会以及环境的特点和协调发展要求。指标的选择既要具有针对性，又要能够全面、科学地衡量资源型城市可持续发展的水平，总体来看应该遵循以下几个原则：（1）科学性原则。指标体系的构建要充分反映资源型城市协调发展的要求和内涵,保证指标来源可靠、准确。(2)适用性原则。指标体系的选择要和资源型城市的实际情况相符合,既要反映资源型城市存在的普遍问题,也要考察个别城市的特殊性,精准捕捉可能影响城市发展的关键因素。(3)稳定性与动态性相结合原则。资源型城市实现可持续发展是一个动态的过程,指标的设置不应该只考虑当前的情况,而需要反映城市发展变化,充分考虑其变化后的特点,使得指标体系既能反映当时当地的实际情况,又能反映未来的发展趋势。(4)可行性原则。指标的选择是一个难点问题,很多指标虽然很有针对性,但是难以获取,这就要在保证科学的前提下,考察其可获取性,在不损失说服力的前提下,尽量做到全面反映区域协调发展的各种内涵,且要利于推广。(5)系统性原则。可持续发展问题是难以通过单一指标衡量的,需要多项指标进行综合衡量,而且各个指标之间要避免重复性,指标体系要清晰便于使用。

本书通过综合多方面指标,反映资源型城市可持续发展状况,在资源型经济可持续发展能力的指标构建上,结合中国的实际情况,针对资源型城市可持续发展方面进行了分析,主要从经济发展、投资、实际利用外资、出口额、专利技术几个方面进行衡量。与一般城市相比,资源型城市的可持续发展的指标体系既有共性也有特殊性,研究其指标体系不仅要对发展的一般诉求予以考虑,同时还要结合资源型城市的典型特征,在引入可持续发展一般指标的基础上,还要有所侧重,从而使中国资源型城市转型评价结果更加科学。

结合数据的可得性,经济发展方面主要是用地区生产总值和常住人口数量两方面来衡量。地区生产总值衡量的是城市总体发展水平和市场规模,该指标越大说明该城市的增长水平和发展潜力越大。之所以将常住人口数量纳入评价指标当中,主要基于以下两个方面原因:一是常住人口数量可以在很大程度上衡量劳动力资源,常住人口数量越多,那么劳动力资源越丰富,这有助于资源型城市产业转型;二是常住人口数量越多,表明城市对外来人口的吸引力越强。

资源型城市的投资水平是用固定资产投资额进行衡量，之所以将投资加入衡量城市发展的指标体系当中，主要是基于以下两个方面原因：一是资源型城市面临转型，需要大量的资金投入新兴产业的规划和发展当中，没有足够的资金投入是难以满足的；二是资源型城市产业面临转型，实现产业转型首先要实现要素替代，如何在资源投入降低情况下实现产量的增加，这就要投入资本，替代资源投入。

地区开放发展水平包括实际利用外资额和出口额两个指标，使用实际利用外资额衡量资源型城市的经济开放发展水平，实际利用外资额越高说明该地区的外向型经济发展越好，同时也说明具有较好的营商环境，对于外资的吸引力较强；出口额是衡量资源型城市增长"三驾马车"之一的出口对经济的带动作用。

专利技术指标用各个城市专利申请数量替代，该指标主要用来衡量资源型城市的技术专利水平。资源型城市作为中国重要的能源资源战略保障基地，是国民经济持续健康发展的重要支撑。在供给侧改革的进程中，以资源加速消耗为代价的"三驾马车"的作用逐渐淡化，创新成为拉动经济增长的新动力。目前，大多数资源型城市遇到了经济转型的瓶颈，面临较大的风险与挑战。探索资源型城市创新驱动发展新动力，是加快转变经济发展方式、实现可持续发展的关键，也是加快推进国家创新驱动发展的关键。

（二）测度与分析

本部分对来自中国的城市的面板数据展开分析，指标的数据来源于历年《中国城市统计年鉴》、各省区市的历年《统计年鉴》以及部分地级市《统计年鉴》。在数据的标准化处理方面，由于各项指标的单位不统一，在具体测算之前，对各个指标进行标准化处理，消除量纲的影响，同时消除了异常值的影响，确保测算结果具有可比性。在方法选取上，本书利用因子分析法进行定量测算，软件为 SPSS20.0。因子分析法首先通过相关系数矩阵或者协方差矩阵测算不同变量内部的依赖关系，进而甄别出可以综合各变量信息的因子；然后找寻原始变量与因子之间的关系，探讨直观测量如何被因子支配，进而实现对变量进行分类。该方法通常用于比对多样本竞争力，不仅可以进行竞争力得分指数测算，还可以进行聚类分析。因此，先提取支撑性因子，再解决因子之间的相关性，最后进行因子旋转，实现聚类分析。

从分析结果来看，2008—2016年资源型城市得分情况整体要显著地低于发达城市（北京、上海、广州、深圳、杭州）。具体来看，成长型、成熟型、衰退型、再生型平均得分分别为265、500、312、882。发达城市得分为20650，显著地高于资源型城市（见表7-4）。从理论上来说，评价得分越高说明可持续发展的能力越强。资源型城市中，再生型城市得分最高，要显著地好于其他三类资源型城市，其次表现较好的为成熟型资源型城市，衰退型和成长型的城市表现最差。可见资源型城市内部发展状况确实呈现差异，一定程度上再生型城市产业结构转型已经完成，因此可持续发展评分较高，而衰退型和成长型城市则受制于资源产业的衰落和新兴产业滞后，其发展动力严重不足。从不同类型城市发展趋势看，成长型城市可持续发展得分增长最慢，再生型城市的可持续发展得分最高（见图7-5），这也说明，对于资源型城市而言，产业结构调整转型是实现可持续发展的必由之路。

表7-4　　不同类型资源型城市可持续发展得分情况

年份	资源型城市				发达城市
	成长型	成熟型	衰退型	再生型	
2008	143	262	165	487	11211
2009	171	293	186	539	11593
2010	202	358	233	654	13870
2011	219	443	277	809	17741
2012	276	516	331	942	20011
2013	298	547	368	1069	24427
2014	335	608	376	1050	26465
2015	390	668	421	1142	28121
2016	350	802	455	1246	32413
平均值	265	500	312	882	20650

图 7-5 可持续发展得分趋势

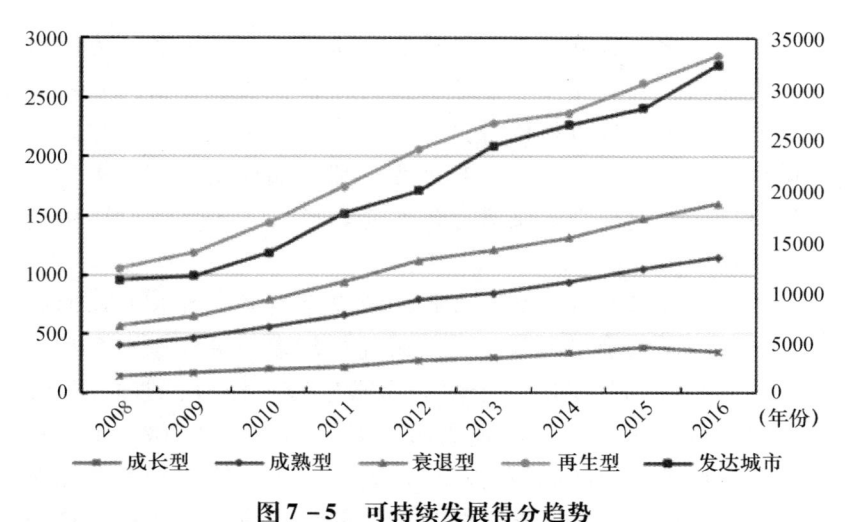

注：发达城市对应右坐标轴，资源型城市对应左坐标轴。

第二节 资源型城市增长的驱动因素

影响一个城市增长的因素有很多，资源只是其中的一个方面。例如，处于资源枯竭期的城市普遍面临着资源枯竭、资金缺乏、人口净流出、环境恶化等一系列的问题，均严重阻碍了城市的可持续发展。在20世纪90年代，资源型城市如大庆、阜新、辽源和通化等出现了矿产资源急剧减少、环境污染严重、失业人员剧增、相关企业相继关闭破产（陈妍和梅林，2017）等问题。本节将通过挖掘影响资源型城市的因素，捕捉影响该类型城市增长的最重要因素，为推动该类型城市的增长提供理论和实证依据，这不但对于转变目前资源型城市的颓势具有重要意义，而且将对资源型城市的转型升级和产业结构的调整提出一些政策建议。

一 资源型城市增长动力研究

2015年1月1日起，《环保法修订案》正式施行，该修订案明确了经济发展与环境保护之间的协调发展关系，并指出钢铁等重工业生产过程中产生的大量废水、废气、废渣是环境污染的主要原因。长期以来学者普遍认为，虽然资源型城市在转变经济方式方面做了很多探索，但是并没有摆脱以前的经济模式，经济增长动力不足。尤其是过于依赖自然资源产业，第三产业发展滞后；加之历史遗留问题严重，新生矛盾越来越严重。那么如何实现资源型城市的可持续发展呢？这就需要搞清楚各种要素投入在该类型城市中所起到的不同作用。

资源型城市因资源开发而兴起，同样也因为资源开发而面临衰落，经济发展面临诸多障碍。已有研究也较多地关注于资源型城市的困境及转型，部分文献对于驱动因素进行了探讨，但尚不系统。随着东北地区资源型城市出现资源枯竭等问题，自2000年起东北地区资源型城市的发展瓶颈引起广泛关注，国家针对相关问题及资源型城市结构调整的未来发展展开广泛的学术研讨，并针对资源型城市未来走可持续发展道路展开广泛讨论。自此之后，相关学术研究成果为提升资源型城市的经济增长动力提出了相关的政策建议。资源型城市由于长期主要依靠矿产资源，产业结构单一，最终形成"一业独大"的产业结构，随着资源的枯竭，培育其他产业的难度不断增加。[1] 李博和史仕新研究发现资源型城市在早期发展之后，资源配置效率和技术的不断提高是现阶段经济增长的动力。[2] 陶睿等指出在新常态的时代大背景下，资源型城市要以转变经济增长动力为主要研究目标，推动其转型升级。[3] 徐君等指出资源型城市面临着资源诅咒的困境，并且面临着传统城市病的威胁。[4] 张生玲等认为，国内资源型城市普遍存在着产业转型困难。人才的缺失、资金匮乏以及体制障碍等因素是造成资源型城市转型困难的原因。[5]

---

[1] 王彩霞：《经济新常态下资源型城市的经济转型问题研究》，《现代管理科学》2016年第10期。

[2] 李博、史仕新：《资源型城市转型发展动力研究——以攀枝花市为例》，《重庆与世界》（学术版）2015年第10期。

[3] 陶睿、朱艳、龙云飞：《新常态下资源型城市经济增长动力分析》，《攀枝花学院学报》2017年第3期。

[4] 徐君、李巧辉、王育红：《供给侧改革驱动资源型城市转型的机制分析》，《中国人口·资源与环境》2016年第10期。

[5] 张生玲、李跃、酒二科等：《路径依赖、市场进入与资源型城市转型》，《经济理论与经济管理》2016年第2期。

Bradbury 探讨了跨国公司、产业结构状况、自然资源价格、产业政策等方面对于资源型城市的经济结构形成的影响。①

资源的稀缺性、有限性是资源型重工业城市发展的最大瓶颈。在关于推动资源型城市转型的研究中，主要形成以下几种观点：赵秀峰、杨继瑞等提出了产业延伸模式，认为资源型城市转型升级可以通过产品精加工，提高产品附加值，并推动向多元化产品生产模式方向延伸；② 刘玉劲等主张推动资源型城市产业更新，资源型城市的相关产业可以通过吸收资源型产业之前的生产要素，内化为其发展新兴战略性产业的动力，进而根据自身实际，不断推动资源型城市的转型升级；③ 任锦鸾等认为资源型城市应该充分利用其自身区位优势，依靠高校资源的科研优势，为资源型城市的产业结构的调整升级提供相应的技术支撑。④

对于转型实现路径与有效性的研究，也是学者们关注的重点。方杏村等通过相关实证研究发现，资源型城市的产业转型的效率和地区经济的整体发展水平存在正相关关系；⑤ 胡碧玉等研究发现资源型城市整体分布不均，需要根据不同的产业选择适应各个区位发展的相关产业；⑥ 杨继瑞等研究发现资源型城市全面转型升级，转变经济发展方式，依靠当地旅游资源重点培养循环经济，不断推动旅游业的相关发展；⑦ 丁非白和吕君研究发现，资源型城市的主导产业在管理上也存在很大的问题，大多数主导产业以国有企业为支

---

① Bradbury J. H., "Towand an Alternative Theory of Resource-based Town Development", *Economic Geography*, Vol. 15, No. 2, June 1979, pp. 147 – 166.
② 赵秀峰：《论资源型城市的产业延伸与扩展》，《世界有色金属》2001 年第 4 期。杨继瑞、曾蓼：《资源型城市须找准转型路径》，《环境经济》2018 年第 1 期。
③ 刘玉劲、陈凡、邢怀滨：《我国资源型城市产业转型的分析框架》，《东北大学学报》（社会科学版）2004 年第 3 期。
④ 任锦鸾、郭雯、陈锐：《资源型城市创新战略研究——以唐山市为例》，《中国软科学》2006 年第 12 期。
⑤ 方杏村、陈浩：《资源衰退型城市经济转型效率测度》，《城市问题》2016 年第 1 期。
⑥ 胡碧玉、刘诗白、宋小军：《西部资源型城市产业结构调整与潜导产业的培育》，《四川师范大学学报》（社会科学版）2005 年第 5 期。
⑦ 杨继瑞、黄潇、张松：《资源型城市转型：重生、困境与路径》，《经济理论与经济管理》2011 年第 12 期。

撑，管理制度不适应市场发展，效率低下，政府和企业职能经常发生混淆和错位。[①]

二 资源型城市增长动力的识别：实证分析

（一）模型构建

结合研究目的，基于相关理论，构建以下基本模型：

$$dgdp_{it} = \beta_0 + \beta_1 X_{it} + \varepsilon_{it}$$

其中，$dgdp_{it}$ 为资源型城市的经济增长率，β_0 为常数项，X_{it} 为各解释变量系数，ε_{it} 为标准误。i、t 分别表示地区和时间。

（二）指标选取与数据来源

1. 城市样本的选择

根据2013年国务院出台的《全国资源型城市可持续发展规划（2013—2020年）》，中国有126个资源型城市。考虑到数据的可获取性，同时为了保证结构的准确性和充足的样本数量，本书选取101个城市作为研究样本，样本时间跨度为2005—2016年。

2. 指标的选择

构建科学合理的指标体系是分析资源型城市经济增长动力的前提和条件，也是资源型城市转型相关研究从定性研究走向定量研究的一个不可或缺的基本条件，保证研究方向的准确性。在大多数对经济增长影响因素的分析当中，构建要素包括被解释变量、核心解释变量以及其他控制变量。

（1）GDP增长率。本书使用GDP增长率作为衡量资源型城市经济增长状况的主要指标。经济增长率的大小意味着经济增长的快慢，意味着人民生活水平提高所需的时间长短，所以相关学者一般使用GDP增长率来衡量经济增长状况。如果变量的值都以现价计算，则公式计算出的增长率就是名义增长率；反之，如果变量的值都以不变价（以某一时期的价格为基期价格）计算，则公式计算出的增长率就是实际增长率。一般情况下，在使用存量度经济增长时，一般采用实际经济增长率。这里以2000年为基期，计算了

[①] 丁非白、吕君：《资源型城市产业结构优化研究——以阜新市为例》，《财经理论研究》2015年第3期。

GDP 实际增长率，该数据来自各省及地级市统计年鉴。

（2）城镇化水平。城镇化是一个国家和地区发展到一定程度的阶段性成果，同时城镇化又会通过集聚和辐射效应带动经济增长。城镇化过程中，在劳动报酬的驱动下，农业人口迅速向第二、三产业转移，需要大量劳动力投入的劳动密集型产业，因此得到快速的发展。

（3）固定资产投资额。经济增长是一个国家和地区生产总值的增加，其中投资是经济增长最原始的动力，在经济增长中起着关键的作用，对经济有着不可替代的贡献。本书使用固定资产投资额增长率衡量固定资产投资额对经济增长的作用。

（4）利用外资水平。在中国城市增长中，外商直接投资起到了重要的作用。改革开放以来，中国的经济保持了较快的增长，这在很大程度上要归功于外国资本的进入。本书使用实际利用外资额增长率考察外资水平对经济增长的作用。

（5）出口增长率。自古典学派以来，出口与经济增长的相互关系就备受许多经济学家的重视。在他们的著作中，不仅令人信服地论证了出口增长的静态利益，还包含丰富的关于国际贸易动态利益的思想。最早关于出口对于经济增长作用的研究可以追溯到亚当·斯密，他提出的动态生产率理论和剩余产品出口模型，对以后的理论发展有着重要的影响。本书使用出口增长率考察出口对于经济增长的作用。

（6）专利申请。创新对一国经济增长的作用效应一直是众多学者以及政策制定者关注的热点，自20世纪90年代以来，中国专利申请与授权数量的快速增长，已经引起国内外媒体、学者以及各国政策制定部门的广泛关注。高质量专利的创造以及专利自身所具有的创新技术溢出效应以及产业运用价值，是专利能够有效促进经济增长的关键所在。本书使用专利申请数量考察专利对经济增长的作用。

（7）产业结构。合理优化的产业结构是推动经济增长的基石，通过优化产业结构变迁更有效地配置市场资源，促进经济的进一步发展。产业结构是否合理对实现资源型城市可持续发展有着重要的作用，为了实现经济增长必须实现产业结构优化。本书使用第三产业比重考察产业结构对资源型城市增长的作用。

（8）劳动力投入。劳动力是经济增长重要的投入要素之一，中国的经济增长曾长期得益于巨大的人口剩余劳动力产生的人口红利，但随着人口老龄化的加剧，劳动力的供给数量和结构均发生了显著变化，但不可否认的是，作为经济发展最重要的要素投入之一，劳动力供给在资源型城市增长中起着不可替代的作用。

（9）采矿业就业比重。该指标用来衡量自然资源在资源型城市增长中所起到的作用。一般来说，自然资源产业发展是资源型城市兴起的原动力，但随着城市的发展和转型，其对城市增长的作用则会呈现差异。

（三）实证结果分析

相对于静态面板，动态面板具有明显优势，它不仅可以在很大程度上缓解内生性问题，还可以捕捉被解释变量的"前期依赖特征"。因此，本书借助对于动态面板更加有效的广义矩估计（GMM）进行分析。目前 GMM 估计中常用的有系统 GMM 和差分 GMM，本部分将使用两种方法同时进行回归，以便考察回归结果的稳定性。

在系统 GMM 和差分 GMM 估计前，需要进行过度识别和序列相关性检验。过度识别检验用来识别工具变量的有效性，该检验的原假设为工具变量都是外生的，借鉴大多数学者的做法，使用 Sargan 检验来验证工具变量的有效性。如果随机扰动项存在自相关，那么 GMM 估计的适用性就要受到质疑，因此在使用 GMM 时，同样需要进行序列相关检验。GMM 估计要求，一次差分后的随机扰动项允许一阶自相关，但需要拒绝二阶及更高的自相关。

1. 整体回归结果

为了降低异方差，对所有变量进行了对数化处理，另外，为了缓解内生性问题，将所有解释变量滞后一期处理。首先看系统 GMM 的检验结果，从自相关检验来看，所有模型均不能拒绝没有二阶自相关的原假设，表明系统 GMM 估计是一致的。另外，Sargan 检验结果表明，所有工具变量也是有效的，系统 GMM 估计结果有效。

模型（1）—（3）为系统 GMM 回归结果；模型（4）—（6）为差分 GMM 回归结果（见表 7-5）。

可以看出，对于资源型城市来说，采矿业对于经济增长的贡献最高，其次为固定资产投资，相比之下，技术的贡献度较小，外资和出口增长对于资源型城市的经济增长贡献则并不明显。另外需要注意的是，产业结构状况阻碍了资源型城市的增长，这主要是由于过高的采矿业投资挤出了其他行业的投资。

表 7-5　　　　　　　　　　基准回归结果

	系统 GMM			差分 GMM		
	（1）	（2）	（3）	（4）	（5）	（6）
城镇化	0.0231*** (0.0016)	0.0372*** (0.0064)	0.0621*** (0.0281)	0.0163*** (0.0022)	0.0447*** (0.0061)	0.0376*** (0.0114)
固定投资		0.1473*** (0.010)	0.1549*** (0.0221)		0.1561*** (0.0094)	0.1820*** (0.0125)
利用外资		0.0198 (0.019)	0.0985 (0.099)		0.1524 (0.091)	0.0688 (0.0897)
出口增长率			0.0109 (0.009)			0.0249 (0.0943)
专利申请			0.0817*** (0.0154)			0.0564*** (0.0202)
产业结构			-0.0021*** (0.0001)			-0.0012*** (0.0001)
采矿业比重			0.2550*** (0.0274)		—	0.2818*** (0.0449)
截距项	-0.2106*** (0.0304)	-0.1285 (0.0974)	0.0419*** (0.0118)	-0.2786*** (0.0276)	-0.1389*** (0.0387)	-0.2818*** (0.0449)
AR (2)	0.4314	0.4889	0.5702	(0.0276)	(0.0387)	(0.0449)
sargan	0.6155	0.6171	0.6282	0.5095	0.5193	0.5228
N	1212	1212	1212	1212	1212	1212

注：*** 表示在 1% 水平下显著；括号内为标准差。

2. 分样本回归结果

上文分析了包括整体样本的回归结果。本部分将基于不同时期的资源型城市增长动力的差异展开相关分析。成长型、成熟型、衰退型以及再生型城市之间的增长动力呈现出显著的差异（见表7-6）。具体来看，城镇化在资源型城市增长的各个阶段都起着显著的正向作用，且作用较为稳定。固定资产投资对于四类资源型城市而言，都有着显著的正向作用，但是作用呈现倒U形特征，对于衰退型城市起的作用最为明显；外资、出口、专利只对处于再生型的城市有着较高的带动作用。产业结构对于成长型、成熟型和再生型的城市促进作用明显，但是却会阻碍衰退型城市的增长。最后一个值得关注的变量是采矿业的比重，该变量主要用来衡量自然资源产业在资源型城市发展中起的作用。对于处于成长型和成熟型的资源型城市而言，自然资源对于经济增长的促进作用明显，但是对于衰退型和再生型的城市来说，过高的资源型产业比重则会阻碍经济增长。因此认为，要根据资源型城市所处的不同阶段来制定城市合理的产业结构和发展政策，在城镇化、固定投资、对外贸易、技术进步、产业结构调整间进行适配性策略组合。

表7-6 分类型城市回归

	成长型	成熟型	衰退型	再生型
	（1）	（2）	（3）	（4）
城镇化	0.0374 ***	0.0376 ***	0.0243 ***	0.0345 ***
	(0.054)	(0.0148)	(0.0295)	(0.0013)
固定投资	0.0344 **	0.1820 ***	0.2292 ***	0.1093 ***
	(0.0166)	(0.0125)	(0.0165)	(0.0054)
利用外资	0.1298	0.0688	-0.3140	0.8277 ***
	(0.0978)	(0.0997)	(0.0316)	(0.0096)
出口增长率	0.0081	-0.0249	-0.0601	0.1576 ***
	(0.0054)	(0.0499)	(0.085)	(0.0062)
专利申请	0.1814	0.0564	0.0758	0.1532 ***
	(0.0943)	(0.0102)	(0.0739)	(0.0059)

续表

	成长型	成熟型	衰退型	再生型
	(1)	(2)	(3)	(4)
产业结构	0.0002**	0.0012***	-0.0022***	0.2954***
	(0.0001)	(0.0001)	(0.0001)	(0.0025)
采矿业比重	0.2493***	0.2118***	-0.1463*	-0.3824***
	(0.0689)	(0.0449)	(0.0879)	(0.0221)
截距项	0.6374***	1.0376***	-0.1285	-0.0439***
	(0.0154)	(0.0114)	(0.0974)	(0.0108)
AR(2)	0.5314	0.4789	0.4701	0.5980
sargan	0.6155	0.6171	0.6282	0.5095
N	168	672	228	144

注：***、**、*分别表示在1%、5%、10%水平下显著；括号内为标准差。

第三节 资源型城市的发展路径

资源型城市必须在充分发挥自己已有产业优势的基础上，充分把握发展机遇和优势，不断探索新的转型路径，转变发展模式，才能实现可持续发展。但现阶段处于不同发展阶段的资源型城市面临的技术、环境和产业结构方面的问题又有所不同，因此要根据不同类型资源型城市设计不同的发展路径。本节主要分析了分别适合成长型、成熟型、衰退型和再生型资源型城市的转型路径。

一 成长型资源型城市：综合动力发展路径

由于成长型资源型城市处于资源开发和产业发展的上升阶段，经济发展后劲足，可以建成能源的供给和储备基地。其中，煤炭资源供应和后备基地包括呼伦贝尔市、鄂尔多斯市、六盘水市、榆林市，天然气资源供应和后备基地包括鄂尔多斯市、延安市、庆阳市。只有坚持有序开发、高效利用、科学调控、优化布局，才能最大限度增强资源的保障能力。因此，对于处于成长期的资源型城市而言，不能按照传统的增长路径，在发现资源后盲目地开采与加工，直至出现严重的环境问题或资源枯竭才意识到节约型经济发展的重要性。只有选择了综合动力发展路径，才能保证资源开发利用与城市经济社会发展之间的协调性。

所谓综合动力发展路径是指，在充分认识与把握资源导向型经济增长与发展模式的一般规律的基础上，依据当前城市资源条件及发展阶段，选择绿色高效的资源开发模式、提高资源精深加工产业的发展水平、培育接续产业与规划战略性新兴产业，进而规范成长型资源型城市健康有序发展。

首先，绿色高效的资源开发模式要求资源有效利用，企业管理规范化，优化资源开发布局；严控矿产开发准入条件，提高矿山资源回收率和综合利用率。通过对生产性矿山改造升级及绿色矿山建设，在成长型资源型城市建成若干个矿产资源战略保障基地。

其次，将资源优势转化为产业优势的一个重要途径就是进行资源深加工，通过实现资源就地转移，最大限度地延伸资源产业链。按照"技术更先进，产品更新颖，生产更高效"的原则，统筹资源、技术、资本、市场、环境、人文等发展要素，在成长型资源型城市中打造一系列主业导向下的产业链优质完整且特色凸显的深加工产业基地。

再次，接续产业培育与战略性新兴产业规划要求加强基础设施建设、完善资本市场投融资体系、重视人力资本的积累与培育、最大限度地优化营商环境，重视综合利用装备制造产业，并加快模具、关键零部件等配套产业发展。在具备了技术条件、资本条件及人才条件后，还要大力发展纳米材料、高性能稀土材料等新材料产业，鼓励发展可再生能源和清洁能源，为风电、光伏发电、生物质能等新能源产业的未来发展奠定基础。

最后，要积极推进大型工矿企业与地方发展的融合，不断提高产业结构的优化效益、规模效益和区域协调发展效益。对于资源型城市新开发的项目必须符合矿产资源规划和土地利用总体规划，并与整体城市规划相契合。依托现有的城市工业园区作为物流支撑和资源加工基地，打破城市、矿山的二重模式。

依据2015年的增长与发展事实可知，成长型资源型城市在资源产业发展的带动下与经济活力化、结构合理化、投资有效化的发展目标尚存一定差距,只有更快更好地向综合型发展路径转化,才能保证增长的有效性(见表7-7)。成长型资源型城市综合发展转型路径属于复合发展模式,是最理想的转型模式,既能为经济社会发展提供资源保障,又能激发经济活力、优化产业结构、促进经济社会和谐发展。值得注意的一点是,综合动力发展路径要求建立起全新的产业模式,这对资源以外的其他生产要素的投入量及投入方式有着很高的要求。因此,不能仅仅依靠市场引导发展,国家相关政策的支持与引导同样至关重要。

表7-7 转型需求迫切的成长型资源型城市发展状况一览表

	人均GDP(元)	三产比重	工业发展速度(%)	投资增长速度(%)
全国	49351	9.0:40.5:50.5	5.9	9.8
贺州市	23178	22.0:40.3:37.7	5.4	18.0
南充市	23881	22.1:8.9:29.0	8.2	11.6
六盘水市	41618	9.5:51.1:39.4	10.0	24.3
毕节市	22230	22.2:38.8:39.0	11.7	19.2
黔南州	27888	17.5:36.3:46.2	12.3	24.9
黔西南州	28464	21.0:34.1:44.9	11.9	26.6
昭通市	13112	19.8:43.6:36.6	4.8	11.4
楚雄州	27942	20.0:38.3:41.7	10.0	28.1
咸阳市	43426	15.3:57.5:27.2	8.9	22.9
武威市	22931	24.0:36.6:39.4	5.8	12.8
庆阳市	27366	6.3:65.5:28.2	9.8	8.3
陇南市	11028	22.3:23.1:54.6	9.9	10.84
海西州	87030	5.8:67.1:27.1	7.4	10.7
阿勒泰地区	36506	20.7:39.5:39.8	-1.2	-12.39

资料来源:《2015年国民经济和社会发展统计公报》。

二 成熟型资源型城市:资源驱动发展路径

成熟型资源型城市处于资源产业发展与资源开发的稳定阶段,

资源保障能力强，是中国当前能源资源安全保障的核心所在。通过深化供给侧结构性改革，由点源型经济转变为放射型经济，构建新型营商环境。

对于处在成熟期的森工城市而言，应当由粗放型的林木采伐转变为林木资源抚育管理、林木资源深加工、林下特产资源开发及森林生态资源利用，以此实现向资源驱动发展路径转型。具体措施如下：一是最大限度地提升林木产业优势。以木材精深加工为基础、森工开发为龙头、高新技术产业为先导，推动工业转型升级，形成具有区域竞争力并成功打入国际市场的木材加工基地及新型建材产业基地。二是创造性地发展特色产业。利用林区的养殖条件，发展餐饮服务业；利用独特的中药材资源，发展医药及大健康产业。三是打造现代旅游业品牌城市。依托自然景观优势，发展生态旅游及疗养，建设国际化的森林度假区，带动第三产业的发展。在126个资源型城市中，有7个林业城市，其中吉林市、黑河市和牡丹江市都是成熟型资源型城市，向资源驱动发展路径过渡有利于这些城市的可持续发展。森林资源城市利用资源驱动发展路径，在地区发展的成熟期推动经济可持续发展的一个典型案例为吉林市，其牢固树立并贯彻落实新发展理念，坚持以供给侧结构性改革为主线，发展的质量效益不断提升，经济实现稳定增长，结构调整取得初步成效，社会事业全面推进，"十三五"规划实现良好开端。2016年吉林经济发展事实展现为，地区生产总值较上年提升6.9个百分点，达到2531.3亿元。其中，第一、第二、第三产业分别增长6.9%、6.4%、8.2%。三次产业结构比由上年的10.5∶45.4∶44.1调整为9.5∶44.9∶45.6，形成"三二一"产业新格局。这一方面得益于工业转型升级的不断推进。全市战略性新兴产业，如节能、环保、生物医药、电子信息、高端装备制造、新材料、新能源实现产值1167.9亿元，产业总体增长6.7%，正在成为城市工业发展的新支柱。且高新技术产业实现增加值49.1亿元，占规模以上工业增加值的6.5%。另一方面得益于全域旅游示范区的建设。围绕"旅游文化名城"发展定位和构建"6411"产业支撑体系要求，启动了《吉林市"十三五"暨全域旅游发展总体规划》，出台了《推进吉林市旅游业快速发展三年行动计划》，制定了《关于做大做强冰雪产业的实施方案》，编制完成《中医药健康旅游示范区建设规划》初稿。全市计划续建、新建重点旅游项目33个，完成投资57.2亿元；全年接待旅游者4476.8万人次，同比增长17.5%，占全省的27%；实现旅游收入678.2亿元，同比增长25.1%，占全省的23%。

对于处在成熟期的矿产资源城市而言，应当推进"探矿、采矿、选矿、冶炼、加工"五位一体化发展。建立公开透明的勘探开采权交易市场，严格执行竞争性转让制度；打破部分资源产业的行政垄断，引进外国投资者，激发竞争活力；并基于矿产资源产业发展积累的资金实力及已经构建的发展载体，寻觅新的增长点。努力实现以下发展目标：矿产资源产业与非矿产资源产业联动发展，资源开发与城市建设协调发展，招商引资与招才引智互动发展，经济转型与文化建设共同发展，城市转型与区域战略协同发展。[①] 以马鞍山市为例，2016年马鞍山地区生产总值较上年提升9个百分点，达到1493.76亿元。其中，第一、第二、第三产业分别增长3.2%、8.5%、10.7%。三次产业结构比由上年的5.8∶56.7∶37.5调整为5.6∶55.4∶39，且工业企业产销衔接良好，全市规模以上工业企业产品销售率高达98%。马鞍山可以实现经济有效发展格局，主要得益于工业转型升级的不断推进。全市战略性新兴产业发展较快，年均增加值规模超500亿元，增速最高达20%以上，对GDP规模贡献已超过三分之一。规模的高企得益于高端装备制造的不断壮大，增速的优势离不开新能源产业的突飞猛进。

三 衰退型资源型城市：全面替代发展路径

衰退型资源型城市经济活力低下且发展滞后，民生问题突出，生态环境压力大，是资源型城市转型的重点与难点地区。既要化解历史遗留问题——城市内部二元化结构、失业现象普遍存在、棚户区改造、地质灾害、环境污染等，又要探索经济增长新动能。替代型发展路径要求做好以下三方面的工作：综合治理环境问题、利用

---

① 支航、金兆怀：《不同类型资源型城市转型的模式与路径探讨》，《经济纵横》2016年第11期。

政策引导与培育替代产业、独立矿区空间转移。

对于综合治理环境问题而言，遵循"谁破坏，谁治理"的原则，既要强化政府的引导与协调，又要使市场的调节与配置机制得以发挥，最大限度地减少生产带来的负外部性。主要从以下三个方面着手进行：一是综合治理采煤沉陷区。加强沉陷区基础设施与公共服务设施建设，落实就业与社保政策，推动损毁土地复垦利用，鼓励和支持市场主体投资沉陷区治理。二是强化对重点污染物的防治。如火电、冶金、化工、建材等高污染企业脱硫脱硝除尘，挥发性有机污染物、有毒废气及废水必须严格执行易产生重点污染物的行业环境准入和排放标准，并将主要污染物排放总量控制指标作为新建和扩建项目审批的前提条件。如韶关市仁化凡口铅锌矿区重金属污染重点治理试点工程，泸州市大树硫铁矿区尾矿库污染综合治理试点工程，乌海市骆驼山煤矿区、淮北市烈山煤矿区、萍乡市安源煤矿区矸石山污染综合治理试点工程的实施，到2020年均实现工业废水排放完全达标，且工业固体废弃物（不包括尾矿）综合利用率达到85%以上。三是恢复治理林区与矿山的地质环境。对于地质结构复杂、危害严重、治理难度大的深部采空区等突出地质环境问题治理给予重点支持；切实做好尾矿库闭库后期管理工作，加大对石油、地下水、卤水等液体矿产资源开采造成的水位沉降漏斗、土地盐碱化等问题的治理力度；大力推进废弃土地复垦和生态恢复，支持开展历史遗留工矿废弃地复垦利用试点，积极引导社会力量参与矿山环境治理。

就政策对替代产业的引导与培育而言，要求衰退型资源型城市因地制宜地利用异化替代模式，实现转型与转向发展。支持劳动密集型企业和中小企业的发展，培育和引进一批龙头企业，打造具有鲜明特色的专业化工业园区和集聚区。大力支持承接发达地区产业转移，建立与发达地区间的干部交流机制，进而提高政府决策效率水平。辽宁省阜新市是中国第一批能源基地，也是全国衰退型资源型城市中第一个转型试点。该市曾经资源枯竭、产业结构单一、失业问题严重，城市活力十分低。通过将小规模投资的园区农业作为替代产业，一批新的产业重新引领经济与社会的发展，并创造了衰退型资源型城市农业产业化的"阜新形态"。截至2015年,阜新市建成千亩以上的农业园区15个,500亩以上的专业园区30个,有效推动了特色蔬菜、花卉和优质畜禽等农业产业发展。据《2015年阜新市国民经济和社会发展统计公报》数据显示,阜新市2015年GDP接近550亿元,三次产业增加值比重由上年的19.7∶44.7∶35.6调整为21.8∶39.2∶39.0,全年完成固定资产投资207.8亿元,城镇常住居民人均可支配收入达到22662元,比上年增长6.9%,就业人数为4.1万人,城镇登记失业率为3.61%。可见,阜新市产业结构正在不断优化升级,已经逐步摆脱对资源产业的过度依赖。今后在继续大力发展现代农业替代产业的同时,重新发挥煤炭产业已有技术优势,依托剩余的煤炭资源及邻近的内蒙古等地丰富的煤炭资源,打造跨区域煤化工基地。

独立矿区空间转移以改善当地民众生活条件为核心,集中力量突破制约独立工矿区转型发展的瓶颈,探索切实有效的改造搬迁模式,确保"搬得出、住得稳"。这类矿区大多地处偏远地区,与中心城镇距离较远。在资源枯竭后,依靠自身力量很难实现转型发展,借助外力的投资回报率又是微乎其微的。因此,要通过对常住居民的转移来缩小城市规模,以寻求新的发展可能性。在对独立矿区进行空间转移时,要切实做好以下工作:一是参照不同地方的搬迁和扶贫方式,实施移民安置,将人口转移到发展条件较好的地区,妥善解决拆迁户的后续就业问题。二是对于进驻的新城区,要加强交通、水电、供热、垃圾和污水处理等基础设施与公共设施的建设。三是重视转移居民的教育文化、医疗卫生等公共服务建设,提升基本公共服务保障水平。四是做好对于完成空间转移的矿区旧址的维护与再建,要将城区改造、环境修复与植入新产业紧密结合。

四 再生型资源型城市:创新带动发展路径

再生型资源型城市的经济增长基本不再依赖于资源产业,或对资源产业的依赖相对有限,是资源型城市转型的先行者。为了进一步提高经济增长的质量及有效性、优化产业结构,需要由之前的依靠要素投入的发展模式向依靠创新驱动发展模式转变。再生型资源型城市通过改造提升传统产业、引导产业集聚、加速现代服务业发展、培育战略性新兴产业、深化对外开放、塑造良好的人才政策环境、鼓励创新创业等实现创新型发展路径。在转型发展的基础上，形成了一批区域性中心城市、生态宜居城市。

从技术条件看，徐州市与洛阳市在再生型资源型城市中表现最为突出。2015年徐州专利申请受理量12481件，专利申请授权量8599件；发明专利授权量1304件，发明专利拥有量3259件；获省级以上科技奖励17项，其中国家技术发明奖1项，国家科技进步奖5项；获国家、省级科技计划立项支持493项，重大科技成果转化专项资金项目总投入5.93亿元，科技进步贡献率达54%。同年洛阳市专利申请量达到10724件，专利授权量5692件，个人专利授权量712件，发明专利76件，实用新型专利423件，外观设计专利213件。从产业条件看，临沂市与南阳市在再生型资源型城市中准备最为充分。2015年临沂市技术创新战略联盟拥有国家级1家、省级3家、市级8家，科技企业孵化器拥有国家级2家、省级1家，国家科技创新产业基地5家，省级众创空间4家；全市拥有3个国家级知名品牌示范区，新增2个国家级、4个省级服务标准化试点项目，新增山东名牌13个、山东省服务名牌11个、山东省优质产品生产基地1个。同年南阳市国家级企业技术中心达到8个，国家级创新型试点企业3家，国家级重大科技专项3个；省级企业技术中心44个，省级工程技术研究中心51个，省级重点实验室3个，省级创新型试点企业5家。从人才条件看，马鞍山市与淄博市在再生型资源型城市中基础最为雄厚。2015年马鞍山市财政用于教育的支出为31.61亿元，全年举办人才招聘会38场，引进各类人才1107人，新增8家博士后科研工作站；实行专业技术人员继续教育网络化，开展培训2.17万人次；25个引智项目被国家和省批准立项，3个项目获批国家高端外国专家项目；增设1个省级"技能大师工作室"，建立10个市级"技能大师工作室"。同年淄博市英才计划评选出首批19位淄博创新创业英才，4人入选山东省泰山产业特聘专家、13人入选泰山产业领军人才；新建院士工作站5家，总数达 71 家。新获批组建 12 家山东省示范工程技术研究中心。①

处于这一发展阶段的城市为创新转型做好基础条件、载体条件、人才条件的积累后，可以通过加强统筹规划及优化产业布局，引导部分产业向重点园区和聚集区集中，进而形成集约化、特色化的产业发展新格局。这主要是因为，产业集聚有利于促进创新的实现。在产业组织理论中，产业集聚能够激发与加剧竞争，倒逼企业调整发展战略，增加创新投资与 R&D 投入。进而形成一批科技含量、环保水平、投资强度、吸纳就业能力均表现优异的龙头骨干企业。在再生型资源型城市中，已有部分城市开始启动与培育替代产业集群。鞍山市滑石和方解石深加工产业集群属于资源深加工产业集群，盘锦市船舶配套产业集群属于先进制造业产业集群，盘锦市塑料和新型建材产业集群属于资源综合利用产业集群，其他城市也在加速构建绿色低碳产业集群、高端装备产业集群、新材料产业集群、数字经济产业集群、文化创意产业集群等。

---

① 中国统计信息网（http://www.tjcn.org/）。

第八章

中国资源型城市的发展困境与转型抉择

本章从产业结构单一、生态破坏严重、城市功能布局不合理、经济性与社会性沉淀成本普遍存在几方面分析资源型城市转型发展的约束条件,通过对山西省创新投入、创新产出、技术获取方式、导向性政策与增长可持续性进行计量分析,论证了转型抉择与创新发展是走出增长困境的根本选择。

资源型城市转型的目的是实现经济的可持续增长。资源型城市是因自然资源的开采而兴起或发展壮大,且资源性产业在工业中占有较大份额的城市。中国资源型城市形成于计划经济时期,新中国成立之初,百废待兴。因为自然资源丰富,工业化进程首先在资源型城市开展。但是由于技术短缺,只能采取粗放式的生产模式,由此造成了一系列的问题,如大量资源浪费、城市结构单一、环境恶化等。伴随着矿产资源的进一步衰竭,相当一部分资源型城市面临着经济发展和转型的瓶颈,既不能完全摆脱对资源型产业的依赖,又要逐渐突破传统的经济发展模式,寻找新的经济增长动力,最终促进资源型城市转型升级。

第一节 资源型城市面临的共性问题

资源型城市通常是所在区域的增长核心区,更容易受到功能性锁定和认知性锁定而陷入比较优势陷阱,其发展方式和经济结构的调整面临巨大的阻碍,但又十分迫切。在资源枯竭、资源型产品价格波动和环境压力日渐加大的背景下,以自然资源作为发展的"命脉",势必引发产业结构单一、生态环境破坏严重、城市功能布局不合理等现实问题。

一 产业结构单一

一般来说资源型城市以第二产业为主导,第一、三产业的比重较低,第二产业中的采矿业等资源型产业的比重过高则是其典型的特征。单一的产业结构使得各产业细分领域间的关联性较低,缺乏相互支撑作用,更是难以衍生出融合性新业态产业领域。资源型产业的发展,虽然在早期可以很好地带动经济增长,但是自然资源总有用尽或者被替代的那一天,一旦面临这些问题,单一产业结构的弊端将会完全显现出来,资源型城市自我发展能力不足和产业发育不良等问题则会不可避免地出现。

目前资源型城市发展面临的不仅是产业结构的固化,更多地表现为产业发展战略缺失。主要表现在三个方面:第一,缺乏产业结构发展的动态制度设计。产业结构不可能永远适合一个地区的发展,合理地发展配套产业,需要科学规划先导产业,科学把握产业发展的整体性。第二,主导产业单一。地区主导产业的确定既要考虑到和其他相关产业能够形成互补,也要考虑其可持续性,资源型产业显然不满足这样的联动性要求。第三,产业结构升级难。创新停滞、技术挤出等问题频繁出现,由此导致的产业发展不可持续的问题也日益显著。

二 生态破坏严重

资源型城市也普遍面临着生态结构破坏和环境污染问题,这主要是由不合理的开发方式导致的,主要表现在以下两个方面:第一,资源型城市的环境质量难以得到有效改善,特别是采矿区,缺乏必要的环境治理能力、环境保护投入不足,使得本已经严重的环境问题得不到有效治理,严重影响了当地居民的生活质量;第二,资源型城市还面临着地表塌陷、水土流失和废渣废矿问题,这些都难以从根源上解决,加之非系统性和不科学的治理手段也使得环境治理难以实现。

三　功能布局不合理

在城市功能布局方面资源型城市也普遍存在问题，表现为功能开发与城市布局间的不一致性。特别是矿区向城市过渡的进程受到诸多因素的影响，"先矿区、后城市"的城市发展思路不再适用于资源型城市未来的发展道路。城市建设一般具有封闭性、内向性以及指令性等特征，导致城市发展条块分割严重，城市规模效应和集聚效应难以实现。加之城镇体系的不完善制约了科技、金融类高端生产性服务业的布局和发展，进一步制约了城市吸引力，限制了城市带动力，弱化了城市辐射力。

第二节　沉淀成本与资源型城市转型困境

对于转型的经济学分析，大多数学者倾向于利用新古典经济学的理性选择模型展开论述与分析。也就是说，转型的决策者是理性经济人，依据预期边际收益与边际成本之间的对比做出决策，对于转型可使用的手段与要实现的目标能够全面、清楚地把握，在现在与未来都能使自己做出实现效用最大化的选择。但是，在新古典经济学指导下的转型，要求信息是完全的，不存在交易成本，风险可计量，所有资源具有充分的流动性。这样的理想化市场在现实中是不存在的。对于资源型城市的转型发展而言，沉淀成本普遍存在。例如，资源密集型行业中，已经进入的企业由于投入大量的固定资本及时间与精力成本，必然会抵制创新与转型，要求继续执行当前决策；再如，资源型企业的债权人通常为国有银行，追加资金通常也更倾向于贷给已有债务人，避免破产重组情况的发生。

对资源型城市而言，沉淀成本构筑转型成本壁垒。在资源密集型行业，成本沉淀在劳动者、厂商、相关政府部门等主体上，一旦企业进行产业转型或者技术升级，该成本就会转变为企业发展代价，在价值形态上与资产折余价值相等。正是因为这一不可替代用途的资产吸引了大量的投资,因此沉淀成本对转型会造成冲击与阻碍。沉淀成本通常会以货币、时间、努力、资本存量的形式出现。

以动态演进的视角分析资源型城市转型性,对于沉淀成本的关注与分析既要向前看,考虑预期沉淀成本;又要向后看,考虑历史沉淀成本。对于沉淀成本产生的原因可做如下归纳:第一,沉淀成本产生的客观条件是在初始生产中投入大量的人力资产和专用性物质资产,此时沉淀成本具有较高的专用性,很少能用于再生产,或者用于再生产的比例很小。第二,转型后会出售部分无用资产,由于信息不对称与交易成本的存在,使得投入的时间与精力较多,这些具有非货币支出的性质,不能实现转化。第三,决策失误带来损失,也是产生沉淀成本的一个重要原因。在增长与发展转型的过程中,决策者是有限理性的,环境也是极具不确定性的,基于以往经验和对当下现状的有限认识做出的未来发展决策能否取得成功,或与预期结果在多大程度上形成匹配都是不能完全预测的。此外,政府管制、契约变动、税收政策与折旧制度等都会带来沉淀成本。

根据资源型城市转型过程中沉淀成本的内涵与产生的原因,将沉淀成本划分为经济性沉淀成本与社会性沉淀成本,以此分类进一步分析转型的困境。资源型城市的转型发展必须重视沉淀成本效应,只有理解与克服了经济性沉淀成本与社会性沉淀成本,才能实现增长与发展方式的转变,摆脱资源诅咒与路径依赖,避免因沉淀成本的存在而陷入增长无效率及转型停滞。

一 经济性沉淀成本对转型的阻碍

传统经济增长方式对资源型城市的影响根深蒂固,致使增长方式的转变、所有制结构调整、产业结构优化升级困难重重。在转型的过程中,无法通过转移价格或者再出售价格得到完全补偿的那部分投资成本就是经济性沉淀成本。经济性沉淀成本规模庞大且普遍存在,使得转型停滞时常发生。

从资产专用性看,企业在进入市场时面临的一个重要的进入壁垒是大规模的特定性生产与服务投资，这部分投资在转型发生后无法转为他用，成为企业无法回收的成本。资源型城市在发展过程中需要大量的固定资产投入，包括人力资本和物质资本。在矿产地质勘探及开采领域资产专用性较强，一旦退出，已投入的资产难以转作他用，这一部分资产便成为沉淀成本。即使有些企业的厂房、设备可以折价出售以抵扣部分成本投入，但由于信息不对称普遍存在，绝大部分资产仍然难以按正常的折旧价格进行回收，形成了无法回收的资产价值，这也是沉淀成本的重要来源。特别是国有企业主导下的资源型产业领域，企业分布较为分散且沉淀成本规模庞大，势必会阻碍资源型城市的转型，降低转型速度，甚至使得转型停滞。从地理区位看，中国资源型城市多位于内陆地区，交易市场规模有限，当商品交易难以在本地实现消化时，需要投入大量资金于交通运输、基础设施建设、物流储藏、电信系统等领域。当城市资源进入枯竭期，这些来自城市非交易部门的投资不能转移到其他地区，也将转化为巨额的沉淀成本。因此，对于资源型城市而言，庞大的专用性资产投资必然成为转型的重要约束条件。

从国有企业的巨额负债看，由于资源密集型行业存在较高的进入门槛，企业组织形式多为国有企业或国家控股企业。在经营过程中，国有企业大多负债率较高，而债权人为国有银行。对于出现亏损且债务率较高的企业而言，应当通过破产的方式退出市场，尽管对于亏损严重的国有企业而言退出市场是最好的选择，但是对于一些企业来说，退出本身就很难。通过破产的方式退出市场会提高银行尤其是国有银行的资产风险，次贷危机风险随之攀升。因此，当国有企业面临巨额债务时，一般会通过政策性举债维持经营。此时维持经营的政策性举债支出必然成为沉淀成本，且随着时间的推移，该项沉淀性成本越积越多，也将使得转型难以发生。此外，亏损的国有企业不退出该行业，也会对民营企业的发展造成挤兑，由此带来的低效率也会成为沉淀成本。

从市场不完善产生的交易成本看，资源型城市的劳动力市场、资本市场及产权市场都是不完善的，存在大量的交易成本，这部分支出也是转型中的沉淀成本，不能够转移或兑现。在劳动力市场上，资源密集型国有企业转型后，大量的劳动力从企业中退出，由于个人对劳动力市场的需求状况不了解，若想进入新企业再就业，必须支付中介费及其他信息咨询费。在突发冲击下该项支出通常由企业或政府相关部门负责买单，扩大了沉淀成本规模。由于资本市场的不完善与欠发达，信息不对称现象更是普遍存在。当资源密集型企业转型或退出当前市场时，资本价格机制无法发挥合理配置资源的作用，使得企业无法有效地利用资本市场将闲置资产迅速转移或变现，只有向资本供求中间人支付巨额的搜寻、签约及履约等交易成本后才能完成资产变现。由于产权市场制度不健全，转型企业资产大多无人问津，即便愿意承担交易费用，也会因产权市场规模小、交易少、信息量不足、中介匮乏而造成产权交易停滞，这部分损失也将成为沉淀成本。

二 社会性沉淀成本对转型的阻碍

资源密集型企业多为大型国有企业，是一个城市经济增长、税收来源以及解决就业的核心与关键。增长方式的转变与产业转型必然会在很大程度上终止契约安排下的权利承诺，而那些无法进行补偿的"利益"就构成了转型过程中的社会性沉淀成本。

企业退出市场的决策主体错位，地方政府的过度保护对转型造成阻碍。一是基于声誉受损而带来的间接经济损失可计入沉淀成本。转型会使部分企业宣告破产，退出市场，这对地方政府的声誉会造成极坏的影响。同时会使得营商环境与政策环境得分大打折扣，不利于今后的招商引资及地区发展。二是对于资源密集型企业而言，退出决策由政府制定实施，必然会因为政企错位而产生沉淀成本。政府认为，维持亏损或低效率企业的生产，可以在很大程度上缓解就业压力，维持地方居民生活的稳定。三是基于自身的既得利益，亏损的国有企业可以得到政府补贴，继续维持经营，而地方政府及相关部门由于掌握着人事任免权，为维护既有权力，也会阻碍或推迟企业重组的进程。

冗余的企业"内部人"与不健全的社会保障体制阻碍转型进

程。企业"内部人"通常指经理等领导人及老职工，他们复杂的"惜退"心理会对企业转型造成阻碍。若想将转型推行下去，就会产生一定的补偿支出，这也增加了沉淀成本。在不健全的社会保障体制下，雇佣关系在某种程度上具有终身制的特征，因此存在身份置换的成本，该项支出在转型的过程中也会成为沉淀成本。从补偿性劳动力成本看，资源密集型企业的职工数量庞大，且受教育程度较低。在城市转型与产业升级过程中，大多数职工无法满足新兴产业对劳动技能的要求，失业率将持续攀升，与之相伴的是下岗职工的安置费、终止合同支付的违约金、重新培训及重新安排工作的成本等，此类补偿性劳动力成本是转型沉淀成本的重要组成部分。在资源型城市转型过程中，若有国有企业退出市场，那么职工安置方法与补偿金将成为首要难题。当资源密集型企业转型消息传出后，必然会引起在岗职工的讨论，甚至造成职工情绪波动，不利于生产稳定性，由此带来的损失也是转型过程中的固定成本。

第三节 资源型城市转型发展的实践——山西案例

一 山西省创新发展的成效

根据《全国资源型城市可持续发展规划（2013—2020年）》《国家发展改革委关于加强分类引导培育资源型城市转型发展新动能的指导意见》提出的发展导向，"十三五"时期山西省从构建多元化中高端产业发展体系与建立健全资源型城市转型发展新机制两方面推进技术创新与制度创新，利用创新驱动发展战略替代之前的资源导向型发展战略，加快转型发展步伐，助力资源型城市可持续发展的实现。在创新驱动发展战略下，山西省加快培育创新发展环境、激发市场主体创新动力、加快推进技术的商业化应用，以此培育新发展动能，增强发展活力与发展后劲。

在"十三五"的开局年，山西省创新投入大幅增加，且投入与产出间形成了优化配置，技术进步与科技创新产出成果喜人。在投入与产出增加、配置效率提升的同时,原始创新能力明显提升,用于原始创新的经费占新产品研发经费的比重为 24.35%[①]。2016 年山西省规上工业企业创新投入、创新产出及技术获取方式均呈现良好的发展态势(见表 8-1)。

表 8-1　　　　2016 年山西省规上工业企业创新表现

一级指标	细分指标	总量	增速(%)
创新投入	有 R&D 活动的企业数量(家)	348	17.97
	R&D 项目数量(项)	2471	10.75
	企业 R&D 人数(万人)	2.3	9.52
	新产品开发经费支出(亿元)	69	1.17
创新产出	有效发明专利数(件)	5350	19.74
	新产品销售收入(亿元)	1085	30.21
	新产品出口额(亿元)	160.7	1.45
技术获取方式	引进国外技术经费支出(亿元)	4.7	-16.07
	购买国内技术经费支出(亿元)	1.5	-25.00
	技术改造经费支出(亿元)	45.5	-38.43

资料来源:山西省统计信息网(http://www.stats-sx.gov.cn/)。

山西省规上工业企业的创新更多地发生在非资源产业。R&D 人员 66.1% 分布于非资源产业、R&D 经费支出 67.5% 用于非资源产业、新产品开发经费支出 77.37% 用于非资源产业。上述非资源产业创新投入的增加,一方面使相关产业创新产出增加——5350 件有效发明专利中 92.28% 属于非资源产业、1085 亿元的新产品销售收入中 79.73% 属于非资源产业、160.7 亿元的新产品出口额中 86.3% 属于非资源产业;另一方面加速了战略性新兴产业的发展,产业增加值已接近 500 亿元,占工业增加值的比重为 12.6%,较 2015 年增加 1.2 个百分点(见表 8-2)。

---

① 利用《2017 年山西省统计年鉴》相关数据计算所得。

表 8-2　2016 年山西省战略性新兴产业规上工业企业创新表现

一级指标	细分指标	新一代信息技术	高端装备制造	新材料	生物制药
创新投入	企业 R&D 人数（人）	2035	6435	2120	1527
	企业 R&D 经费（亿元）	4.11	16.70	5.28	3.32
	新产品开发经费支出（亿元）	1.34	19.67	3.21	3.59
创新产出	有效发明专利数（件）	429	1783	312	353
	新产品销售收入（亿元）	6.94	234.18	32.24	39.58
	新产品出口额（亿元）	0.65	22.88	0.67	6.02

资料来源：根据《山西统计年鉴 2017》相关数据计算所得。

二　山西省转型前的阵痛期

山西省的经济发展呈现出明显的资源依赖性特征，自发条件下的技术进步与创新水平在很大程度上被丰裕的自然资源"挤出"，很难对地区经济发展产生正向带动效应。全要素生产率是对科技进步与技术创新的量化，对区域可持续发展具有巨大的推动作用，它对区域转型升级的影响是不可替代的，对转型升级的进度和梯度更是起着决定性作用。本书利用 1998 年至 2016 年山西省人均 GDP 作为产出变量，全社会从业人数与资本形成总额作为投入变量，测算全要素生产率 z。利用包络分析构建规模报酬可变条件下的超效率松弛变量模型，测算历年全要素生产率结果，2003 年至 2010 年间山西省全要素生产率表现较差，也正是在这一时期山西省资源产业加速发展并形成"一业独大"的局面（见图 8-1）。统计数据显示，2003 年山西省采掘业规上企业增加值 277 亿元，到 2010 年，该数字被放大了十倍，达到 2777 亿元，年均增速高达 38.98%；2003 年采掘业规上企业增加值占规上工业企业增加值比重为 30.51%，而到 2010 年这一数值翻一番，达到 60.49%；相比之下，制造业被明显"挤出"，制造业规上工业企业增加值占规上工业企业增加值的比重由 2003 年的 55.64% 下降为 33.86%。

如若不对上述发展路径进行"纠偏"，下一阶段山西省便可能深陷"资源诅咒"陷阱中，难以实现经济的可持续发展。包含投资的实际跨期模型表明，在资源依赖型发展模式下，营商环境日趋恶

图 8-1 山西省全要素生产率结果

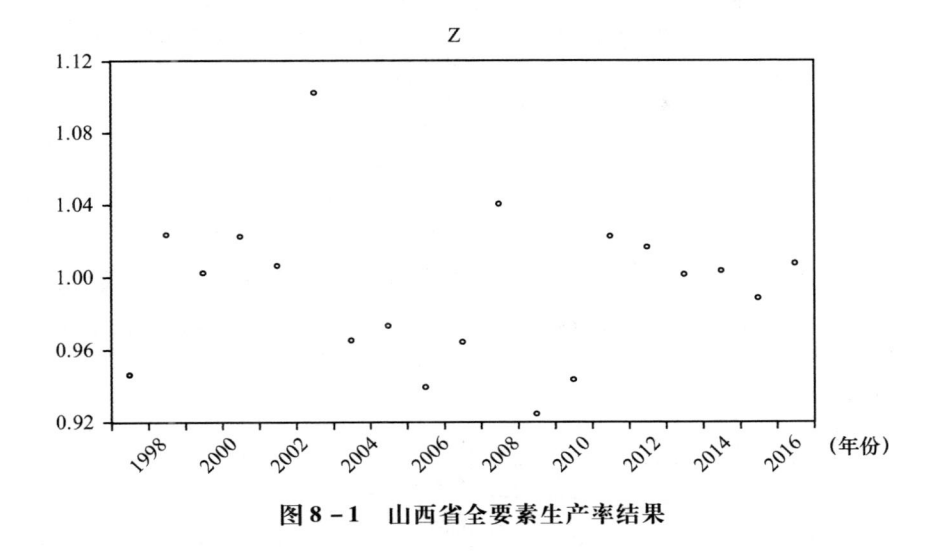

化，投资会被大规模地"挤出"。投资的下降将会对产品市场、就业市场及货币市场产生冲击，进而使技术创新的增长效应、就业效应、福利效应都呈现出负向趋势。

三 山西省创新转型绩效

本书分别测算了全要素生产率（z）对经济增长（gdp）、制造业就业水平（$l2$）、个人可支配收入（y）、消费（c）的影响，利用1998—2016年的数据预测未来十年的发展趋势。将相关数据指标带入 VAR 模型中，计算脉冲响应分析结果（见图 8-2）。

自发条件下的技术创新对经济总量、制造业就业水平、个人可支配收入及消费均会产生负向冲击。具体表现为：（1）全要素生产率变化后，对未来第一期经济总量的作用为正，但是这种正向冲击是短暂的，自第二期开始，经济增长总量将呈下降趋势，这种负向冲击会从第二期一直持续到第四期，第五期开始经济增长对技术创新的一个标准差信息的脉冲响应消失。通过方差分解结果可以看出，经济总量的波动在第一期 1.02% 的作用力来源于全要素生产率，到第三期时达到最大（3.75%），且之后保持不变。这意味着，自发条件下资源丰裕地区全要素生产率对经济增长的贡献是十分有限的，这也证明了此时的经济增长主要依赖于资源产业，而非科技

图 8-2　脉冲响应结果

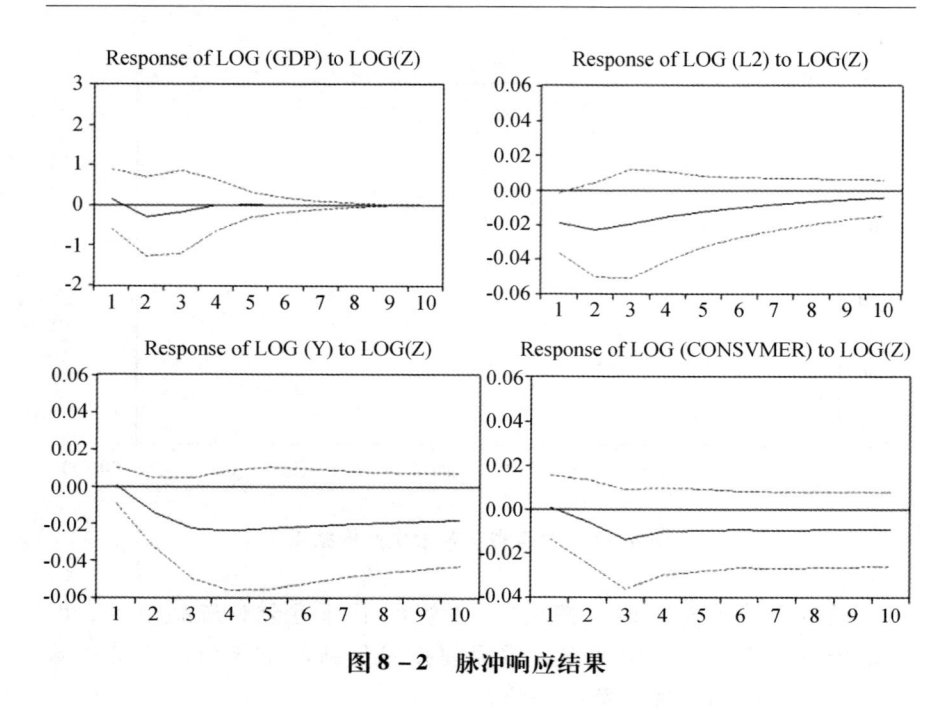

进步与技术创新。(2) 全要素生产率对制造业就业水平一直呈现出负向影响，这主要是因为此时的创新在利润驱动下主要发生在资源产业中，制造业会被不断地排挤。全要素生产率对制造业就业的负影响在第二期达到最大，之后有所缓解，但是仍然为负，直至第十期负向冲击仍然存在。方差分解结果显示，制造业就业水平的下降在第一期 24.33% 的作用力来源于全要素生产率，之后持续增长，直至第十期作用力高达 36.61%。(3) 全要素生产率对个人可支配收入的冲击存在一定的时滞性，负向冲击从第二期开始显现，第四期时达到最大，之后的六期冲击力度与最大冲击十分接近。方差分解结果显示，个人可支配收入下降在第二期 13.77% 的影响来自技术创新，之后影响不断被放大，第十期时高达 35.58%。(4) 全要素生产率对消费的影响也呈现出一定的时滞性，于第二期开始显现，第四期开始处于相对平稳的负向影响。方差分解结果显示，创新对第二期消费水平下降的影响尚不明显，但是自 11.5% 增长至 16.87%。由此可见，如若不实施政策导向型创新发展战略，山西省的科技进步与技术创新虽也会在自发条件下产生，但是此时的创

新呈现出明显的资源偏向性特征，即主要发生在资源密集型产业中，这种创新会对经济总量、制造业就业、个人可支配收入及消费产生负向冲击，且这种负向冲击是长远的，在可预测的未来十年都是无法消除的。

为有效"纠偏"资源型城市转型的停滞，山西省在"十三五"时期大力实施创新驱动发展战略，在政策导向的作用下，创新不再局限于资源产业。一是新型工业产品不断涌现。2016年规上主要工业产品中，手机产量较上年增长31.13%、太阳能电池较上年增长88.53%，新能源汽车更是从无到有产量达到12292辆。二是非煤产业成为工业增长的主要动力。2017年规上工业企业非煤产业增加值增速较煤炭产业增加值增速快6.1个百分点，对工业增加值的贡献率高达76.2%。三是投资增速稳步回升。2017年固定资产投资增长6.3%，工业投资由降转升全年增长3.1%，高新技术产业投资增长率达17.2%。四是战略性新兴产业加速增长。2017年山西省战略性新兴产业增加值增长10%，较工业增加值增速快3个百分点。其中，新能源汽车产业增长180%，高端装备制造业增长47.6%，新材料产业增长8.6%，生物产业增长11.1%。

在政策导向型创新驱动发展战略的引导与带动下，山西省经济增长自2014年以来首次步入合理区间。2017年第一季度GDP增长率为6.1%，走出了增长困窘期；上半年增速为6.9%，基本赶上全国整体水平；前三季度增速7.2%，首次超过全国整体水平；全年增速7%，较全国整体增速快0.1个百分点。2018年经济增长的稳定性与韧性继续增强，上半年GDP增速为6.8%。

四 山西案例的结论与启示

正是因为实施了"政策导向"型创新驱动发展战略，山西省在"十三五"时期，新型工业产品不断涌现，非煤产业成为工业增长的主要动力，投资稳步回升，战略性新兴产业加速发展。扭转"资源诅咒"困局，增长与发展步入合理区间。

首先，通过梳理资源丰裕条件下创新发生机制的相关理论，探究"十三五"以来，山西省创新成就喜人背后的逻辑依据。丰裕的自然资源可以迅速带动区域经济增长的实现，但是这种带动效应并非长久有效，且因为人力资本积累的弱化、投资环境的恶化及对"资源租"的贪婪会使该地区陷入"资源诅咒"的增长陷阱中。为摆脱资源依赖型增长路径，实现可持续发展，国内外的众多资源型城市开始进行创新转型。由此得出资源丰裕地区创新转型的充要条件为：在资源产业推动增长的乏力与瓶颈期，创新驱动发展战略应运而生；由于创新发展氛围缺失、创新转型基础薄弱，资源丰裕地区实施创新驱动发展战略必须正视发展定位及政府的导向性作用。

然后，通过分析资源丰裕条件下创新动力机制相对于常态的"异化"，探究"十三五"以来，山西省创新避免被煤炭资源产业"挤出"的深层次原因。技术推动、需求拉动、"推—拉"综合应用是技术创新动力机制的传统形式，但是忽略了创新发生的社会经济背景及技术与科技基础是不完整的。社会决定论对创新动力机制的界定为"利润驱动"是主导力、"政策导向"是支撑力，这与创新的本质——资本对利润追逐的结果相一致。也正是因为创新的这一本质特征，资源丰裕条件下创新会被"挤出"，很难在自发条件下产生。为转变经济增长方式与发展模式，政府取代企业，成为创新的发起者与主导者，致使创新的动力机制"异化"为"政策导向"。政策导向型创新发展战略对资源丰裕型地区可持续发展的贡献，挪威的实践足以佐证。

最后，通过测算与刻画自发条件下全要素生产率对主要经济发展指标的冲击，阐述政策导向型创新发展战略对山西省可持续发展路径的"纠偏"机理。如若不实施政策导向型创新驱动发展战略，全要素生产率虽在2010年之后逐渐被优化，但是这仅能表明山西省投入与产出间配置的有效性提升了，但是这种技术进步对未来十年的经济增长、制造业就业水平、个人可支配收入及消费均会产生不利冲击。其中，对经济增长而言正向带动仅能维持一期，之后呈负向冲击，负向冲击会一直维持到第四期；对于制造业的就业水平的冲击一直为负，在第二期时达到最大；对于个人可支配收入及消费的冲击存在一定的时滞性，负向冲击于第二期开始显现，且持续存在。由此可见，自发条件下的创新更多地会发生在资源产业中，对山西省的经济增长、就业及福利均会产生不利影响。若想"纠偏"上述可持续发展路径的扭曲，创新必须呈现出"政策导向"型特征。

第四节　创新式转型：走出困境的根本路径

在增长的理论逻辑上，在转变经济增长方式的关键时期，基于资源和环境的约束，利用传统要素驱动经济增长已无法推动经济社会的可持续发展，必须正视增长红利变化的影响。需要将市场调节与政府合理干预结合，以确保政策稳定性，注意力也要由维持高增长转向体制改革和结构调整，利用"供给管理"建设经济社会发展中的薄弱环节，通过技术创新、人力资本积累以及全要素生产率的提升应对传统增长要素增加对经济增长驱动的边际下行效应。此时创新成为驱动经济发展的新引擎，以实现打造"经济升级版"的目的。

当前，中国经济已由高速增长阶段转向高质量发展阶段。推动高质量发展，意味着要完成从"数量追赶"向"质量追赶"、从"规模扩张"向"结构升级"、从"要素驱动"向"创新驱动"的三个转变，而这一切都离不开创新。创新是高质量发展的动力源泉，历史经验表明，每当科技领域出现革命性突破，生产力、生产关系和国际格局都会发生重大调整。能抓住并引领科技革命大势的国家，就会成功迈向更高水平的发展阶段并成为国际秩序的主导力量。事实上，中国近五年来取得的成就也与科技创新中并跑、领跑比例越来越大直接相关。如今，全球科技创新进入空前密集活跃期。放眼世界，以人工智能、大数据、新材料和新能源等为代表的新技术革命方兴未艾，使得经济发展更加数字化、智能化、绿色化。这为中国推动高质量发展开辟了广阔新空间，我们必须吸取过往与科技革命失之交臂的教训，全力抢占先机，为高质量发展持续提供高水平创新供给。此时，资源型城市以创新走出发展困境，不但要强大科技引领能力，还要在体制机制和政策环境上具有支撑力。也就是说，高质量发展同样需要在下好科技创新先手棋的同时，构建高效协同的创新体系和开放包容的创新创业生态环境。

改革开放使中国经济实现了高速增长，尤其是 2003—2007 年经济达到了年均 11.6% 以上的增长速度。这在世界经济史上实属罕见。但是，自 2010 年中国 GDP 规模取代日本成为全球第二之后，中国经济出现了明显不同于前 30 年的特征，经济增速持续下滑。[①] 就经济增长速度下滑的原因而言，外因为国际金融危机的"溢出效应"，内因为中国旧的增长方式难以为继。《全球成本竞争力驱动图谱》显示，在 2004—2014 年间，中国制造业工资水平增加了 187%，工业用电成本增加了 66%，天然气成本增加了 138%。中国的优势需要由劳动力成本竞争力转变为技术前沿驱动力。如果能够实现这样的转变，就意味着中国经济已经进入了与过去 30 多年高速增长期不同的一个新阶段。国家统计局社科文司"中国创新指数研究"课题组设计了《中国创新指标体系框架》，并对 2005—2012 年中国创新指数进行了计算。研究发现，中国创新能力稳步提高，创新环境不断优化，创新投入力度持续加大，创新产出能力明显提高，创新成效有所增强。但是，这与 2020 年中国创新发展阶段性目标仍有差距。《国家中长期科学和技术发展纲要（2006—2020）》要求，R&D 投入占 GDP 比重达到 2.5% 以上、技术进步对经济增长的贡献率达到 60% 以上、对外技术依存度降到 30% 以下、专利数量与引文指数的全球排名位列前五（见表 8-3、表 8-4）。

表 8-3　　　　　　　　中国创新投入一览表

年份	政府 R&D 支出占 GDP 比重（%）	企业 R&D 支出占 GDP 比重（%）	高校 R&D 支出占 GDP 比重（%）	一千劳动力中 R&D 人员数量（人）	一千劳动力中研究人员数量（人）
2000	0.28	0.54	0.08	1.25	0.94
2001	0.28	0.57	0.09	1.29	1.01
2002	0.30	0.65	0.11	1.39	1.09

---

① 安宇宏：《经济新常态》，《宏观经济管理》2014 年第 6 期。

续表

年份	政府 R&D 支出占 GDP 比重（%）	企业 R&D 支出占 GDP 比重（%）	高校 R&D 支出占 GDP 比重（%）	一千劳动力中 R&D 人员数量（人）	一千劳动力中研究人员数量（人）
2003	0.30	0.70	0.12	1.46	1.15
2004	0.28	0.81	0.12	1.53	1.23
2005	0.28	0.89	0.13	1.79	1.47
2006	0.27	0.97	0.13	1.97	1.60
2007	0.26	0.99	0.12	2.27	1.86
2008	0.26	1.06	0.12	2.55	2.07
2009	0.31	1.22	0.13	2.96	1.49
2010	0.31	1.26	0.14	3.26	1.54
2011	0.29	1.34	0.14	3.67	1.68
2012	0.31	1.45	0.14	4.12	1.78
2013	0.32	1.52	0.14	4.46	1.87
2014	0.32	1.56	0.14	4.66	1.91
2015	0.33	1.59	0.15	NA	NA

资料来源：OECD 数据库（http://stats.oecd.org/），世界银行数据库（http://data.worldbank.org.cn/）。

表 8-4　　　　　　　　　　中国创新产出一览表

年份	信息和通信技术（ICT）产品出口（占产品出口总量的比重）（%）	信息和通信技术（ICT）服务出口（占服务出口的比重）（%）	科技期刊文章（篇）	高科技出口（占制成品出口的比重）（%）	三方专利数（个）
2000	17.71	11.89	47289.80	18.98	87.00
2001	20.00	10.18	59412.40	20.95	152.43
2002	24.03	11.36	61106.80	23.66	271.77
2003	27.69	25.16	71113.30	27.37	356.53
2004	29.95	29.38	106844.00	30.06	401.86
2005	30.72	20.85	156585.60	30.84	519.18
2006	30.71	21.56	181690.50	30.51	561.27

续表

年份	信息和通信技术（ICT）产品出口（占产品出口总量的比重）（%）	信息和通信技术（ICT）服务出口（占服务出口的比重）（%）	科技期刊文章（篇）	高科技出口（占制成品出口的比重）（%）	三方专利数（个）
2007	29.34	23.30	207175.30	26.66	688.99
2008	27.70	19.99	240030.20	25.56	826.64
2009	29.65	20.28	278947.40	27.53	1299.16
2010	29.12	-6.09	305827.00	27.51	1425.95
2011	26.76	34.95	351462.80	25.80	1499.03
2012	27.05	33.37	372038.40	26.27	1966.22
2013	27.42	35.90	401434.50	26.96	2190.52
2014	25.93	31.75	NA	25.37	2582.31
2015	NA	28.94	NA	25.75	NA

资料来源：OECD 数据库（http://stats.oecd.org/），世界银行数据库（http://data.worldbank.org.cn/）。

第九章

中国资源型城市转型的策略选择

可持续发展需要处理好资源产业和非资源型产业的关系、经济发展和环境保护之间的关系、城市转型和产业转型的关系。克服沉淀成本对创新转型的约束需要形成相机调整的短期政策选择，资源型城市转型的对策需囊括精准的政府角色、适时的产业结构升级、有效的制度创新。产业延伸和更新的复合发展、人力资本的培育和开发、科技成果商业化与加速转化、政策和制度环境优化是创新转型与产业升级的有效策略组合。

目前中国资源型城市处于转型的关键时期，通过改善城市生态和产业结构实现可持续发展已经是这些城市面临的重要议题。但现阶段资源可持续利用、经济增长和替代产业发展是资源型城市转型普遍面临的"三元悖论"，需要发挥政府在产业发展战略制定、城市建设政策制定以及城市发展规划过程中的重要作用。为此，本部分主要从政府政策角度分析实现资源型城市可持续发展的着力点，并重点探讨了资源城市摆脱沉淀成本约束和实现技术创新的政策路径。

第一节 转型路径选择的核心要义

与其他国家相比，中国的资源型城市可持续发展面临的问题更多，区域差异更大，积累的矛盾更复杂，资源型城市转型是一个系统性工程，需要处理好经济、社会和环境之间的关系。遵循统筹协调原则，既要坚持政府的统筹规划，也要考虑各个地区的不同现实情况。必须坚持分类指导和统筹规划，协调政府和市场的关系，以产业转型为核心，以生态保护为主线，以完善和优化城市功能为重点，以体制机制创新为保障，全面推进和实现资源型城市可持续发展。

处理好资源型产业和非资源型产业的关系。产业转型并不意味着不发展资源型产业，而是在已有产业的基础上，通过转变、转移和转型等途径逐步实现经济结构的优化升级。资源型产业和非资源型产业之间既是替代关系也是互补关系，也可以互补和替代并存。对于处在成长期的资源型城市，要在发挥资源优势的前提下，有计划地培养与之相配套的相关产业，发展新兴战略产业；对于处在成熟期的资源型城市，要通过延长资源型产业链的形式，引导资源产业向高附加值环节延展升级；对于处在枯竭期的资源型城市，需要尽快寻找替代产业，重新建立支撑性产业；对于处在再生期的资源型城市，需要跳出资源导向型经济发展模式的惯性思维，以动态比较优势视角确定产业选择方向。

处理好经济发展和环境保护之间的关系。经济的发展不能以牺牲环境为代价，"绿水青山就是金山银山"。因此资源型城市所在地区政府要坚持习近平生态文明思想，处理好经济发展和生态保护之间的关系，建立资源节约型和环境友好型的生产体系。对于处于成长期和成熟期的资源型城市，要在坚持发展的同时将生态保护放在同等重要的位置，在保持经济快速增长的同时，逐步改善生态环境，实现经济、社会和生态之间的和谐统一。对处于枯竭期的资源型城市，要把环境保护和生态恢复放在首要位置，哪怕以牺牲短时间的经济增长为代价。对于这类城市，国家和地方要加大财政支持力度，弥补生态环境的历史"欠账"。资金短缺是资源型城市转型面临的普遍问题。中央和地方财政支持虽然可在短时间内缓解资金问题，但是无法解决更深层次的问题，更不能从根本上解决资源型城市转型发展问题。要把资金运用和长期效应结合起来，从城市类型、区域差异和时间跨度上分清主次，发挥各自的特长。对于再生型资源型城市，要在破解资源诅咒后，提前规划布局，避免恶疾复发。改善民生是此类城市转型的根本目的，盲目地削弱资源产业会提高失业率。资源密集型产业中多为非熟练劳动力，技能单一，一些资源产业和高污染行业还聚集了大量的农村劳动力。因此有必要建立相关的稳定基金，将该部分资金专门用于劳动力的培养和技能提升，降低产业升级对其造成的冲击。

第二节　克服沉淀成本约束的短期政策选择

沉没成本是普遍存在的，在资源型城市更为凸显，是制约资源型城市增长方式转变和创新升级发展的重要因素，是资源型城市发展过程中必须解决的问题。在信息完全和无交易成本的情况下，不会发生沉没成本，但是这是在理想的情况下，现实中难以满足。因此认为解决或者降低沉没成本的关键在于顺畅信息流通渠道，使得企业可以自由进入或者退出市场，进而创造公平且具有活力的市场环境。

一　发挥政府在资源型城市转型发展中的作用

资源型城市的转型不能仅依靠市场力量实现，政府应在其中发挥重要的发起与推动作用。此类城市的转型已经不能单纯地归于城市本身问题，而是一个地区综合发展问题。中央和地方政府要在资源型城市转型过程中积极确定合理的区域规划政策，并形成良好的制度环境。政府通过减免税收或者制定相关补贴政策完善市场信息渠道，通过制定相应的经济政策，如引进先进产业、外资，设立现代产业区为新产业发展提供有利条件，通过企业签订长期契约或者垂直一体化提升资本运行效率，等等，进而减少企业由于较大的交易成本造成的城市沉淀成本，降低企业的进入成本。通过推动现有支柱产业与导向性产业领域进行重组，助力新兴产业领域延伸与扩张，鼓励有条件的地区适时实施企业的并购与重组，明晰产权关系，增加高级管理人员的激励措施，进而降低企业的委托代理成本。以经营租赁方式获得厂房、土地和设备的使用权，以入股的方式获取资金等途径降低内部交易成本，提高企业经营效率。

二 优化资源型城市营商环境

优化营商环境有利于提高对民营资本和外资的吸引力,打消资本进入的后顾之忧。资源型城市要实现产能最大化,就必须要注重推动本地企业与其他地区尤其是与发达地区企业的跨区域合作。一方面要根据自身特色积极谋求市场和消费群体,与发达地区形成战略性互补。要针对资源型城市本身的特点,开展差异化的市场选择,尤其是基于资源型城市本身的发展需求,吸纳和接受发达地区转移的优秀产能,将自身优势转化为市场分工协作和参与市场竞争的优势条件。另一方面要保持自身优势产业的市场竞争地位,尤其是在特定资源深加工产业、与资源开采加工相关的设备制造业、物流服务业等产业领域。在资本过剩的背景下,资源型城市应意识到,即便存在优势产业,如若当地的市场机制、人文因素和营商环境较差,会导致资本的逐利性向其他地区流动。可见,资源型城市不仅要营造良好的市场环境和营商环境,更要居安思危不断提升自身优势产业竞争力。

三 促进资源型城市再就业

降低资源型城市人力资本沉淀仅依靠社会保障是不够的,政府需要根据城市特点和发展需要制定专门的政策和措施。具体包括:设置公共就业服务平台,对具有专门技术的工人信息进行登记,并与相关的用工需求方进行匹配,优化就业的信息交流服务;加大对职业教育的支持力度,强化职业教育实训基地建设,设置中等职业教育助学金,对家庭困难的学生进行政策倾斜;应给予特定企业政策支持,政府公共工程的招投标应对特定企业进行倾斜,带动当地特定企业的员工的积极性;健全就业服务体系,通过增加公益性岗位,优先解决"零就业家庭"的失业问题;通过支持大型资源型企业实施主辅分离等分流渠道,开拓多种方式分流安置员工;鼓励个人自主创业,对于下岗失业人员进行自主创业的,可以提供税收减免和优惠等政策;对于那些无力通过培训实现再就业的职工,应由政府通过建立诸如私人保险或者政府保险、"最低生活保障标准"

的专项职工保障基金,保证其基本的生存需求。

第三节 资源型城市转型政策着力点

资源型城市缺乏增长的可持续动力,一旦陷入衰落便会通过空间效应影响到其他周边地区,转型发展和城市更新尤为迫切。在经济高质量发展背景下,如何从政策层面推动这些城市转型是新时代面临的一个重要课题。这要求国家层面形成有效支持,地方政府要有所作为,相关主体则要以开放、协同和创新的态度去积极探索资源型城市转型的路径。为此,本部分从政府角色、产业政策和制度创新三方面甄别资源型城市转型政策着力点。

一 精准的政府角色

不断理顺政企关系,优化部门结构。中国大多数资源型城市形成于计划经济时代,企业的经营完全由政府进行控制,市场对于资源的配置基本不起作用。随着市场经济的到来,国有企业成为资源型产业经营主体,但是国有企业的弊端也很明显。例如对于资源型企业,人事任免、资产处置和资金调配等完全由政府掌握。这一方面阻碍了企业的自主经营,另一方面则削弱了创新的积极性。所以在资源型城市创新转型过程中,如果政企分开问题得不到很好的解决,那么资源型城市则难以从根本上实现创新转型。政府部门必须积极推进政企分开,深化资源型国企的改革,增强企业的自主积累和发展的能力。积极引导企业加大科技投入,提高技术创新水平,提升企业竞争力。

发挥宏观调控作用,实现简政放权。资源型城市转型过程中要积极发挥政府宏观指导作用,为当地企业的发展提供良好的政策和制度环境。但同时也要弱化微观管理功能,实现简政放权,让市场发挥更大的作用。如果政府一味充当最后贷款人角色,则不利于企业长期发展。将企业经营交给市场,通过市场来实现优胜劣汰。营造科技生态意味着打造有竞争力的市场环境,只有企业有了危机意识,才能从根本上重视科技创新,实现创新突破。

建立有效而系统的财政支持举措。资源型城市创新发展是一个非常庞大且系统的工程,本身就需要大量的资金投入。虽然近几年财政越来越重视对于城市转型尤其是资源型城市转型的财政支持,并逐步建立起了相对完善的开发和补偿机制,对于传统的优势产业的支持力度也逐步加大,同时加大了对新兴产业的财政帮扶。但对于地方带动效应较小,加之转移支付制度依然存在很多缺陷,使得中央财政支持依然是杯水车薪。资源型城市要实现创新转型,离不开资金的支持。由于资金投资的周期较长,私有资本不愿介入,这就更需要政府进一步加大财政支持力度,并根据资源型城市的实际情况合理进行分配。设立专项的科技支持资金,用于新技术的应用和开发;对于创新型企业予以奖励,积极培育有潜力的高科技企业;有效解决资源型城市创新转型过程中的资金困难,吸引高技术企业进驻,带动当地产业转型。

二 相机推动产业结构升级

延长资源型产业链。对于资源型城市,资源产业推动了其早期的经济发展,对于城市的经济增长提供了动力。但随着自然资源的枯竭和替代资源的出现,原有依靠自然资源的经济模式已经难以维持,造成了短期经济增长动力缺失。但推动产业升级并不意味着完全放弃原有主导产业,而是应该利用主导产业相对成熟的技术和设施,进行产业的深加工,延长产业链,发挥其自身优势。一方面,资源型城市可以推动存量产能与智能化制造相结合,推动自身的装备制造业向智能化、服务化等方向进行改造,提高装备制造业的研发能力,进而提高基础工艺、基础材料的科研水平。另一方面,资源型城市要推动重点领域实现数字化制造,实施智能化制造试点,并且对落后产能进行依法依规淘汰。将传统的钢铁、煤炭等工业落后产能进行淘汰,利用原有的原材料资源进行升级改造,发展符合市场需求的深加工的产品,并延长产业链,进而将上下游产业进行连接,培养出一批有基础、有市场需求的特色产业集群。

培育新产业,推动产业更新。对于资源已经枯竭的城市,最好的办法就是另起炉灶。在科技时代背景下，现代先进技术不断升级，新兴产业不断兴起，科技的发展已经成为城市之间竞争的关键因素，不仅可以提高劳动生产率，还能在很大程度上实现要素替代，尤其是对于自然资源的要素替代。产业结构单一是资源型城市转型过程中面临的突出问题，也是造成资源型城市发展困难的直接原因，直接阻碍了资源型城市转型。当下转变单一的产业结构，改变资源产业独大局面，加快产业向多元化和多极化发展，是资源型城市转型的有效路径选择。具体举措包括：一是要利用原有产业的基础优势，延伸产业链，加快产品升级与多元化；二是要加大对民营企业和中小企业的扶持力度，推动城市向多元化和规模化发展；三是鼓励自主创新，推动高科技产业的发展；四是政府要落实税收优惠政策，向自主创新企业倾斜，提高企业创新的积极性。

三 多重叠加推进制度创新

资源型城市推动创新战略的实施，不仅能提升城市的市场竞争力，满足自身发展需求，也是现阶段推动资源型城市转型升级、实现工业化与服务化相结合的有效途径。创新的意义在于整合现有资源，使资源不断适应城市的发展变化，资源型城市要依托现有的技术创新方式增强自身核心竞争力。致力于新技术开发和对现有技术进行创新是生产性创新的主要内容。首先，资金要切实用到社会创新体系的构建中，加大技术创新对经济增长的贡献能力。其次，资源型城市需要根据自身的特色进行精确定位，抓住特色领域进行有针对性的创新投资，确定城市创新目标。最后，资源型城市要推动创新驱动发展战略的实施。城市创新需要大量资金投入，需要进行针对性创新。只有这样，才能提升城市的市场竞争力，推动城市的创新发展。

人才制度创新。中国大多数资源型城市由于历史原因，教育基础薄弱，劳动力受教育程度较低。所以资源型城市要实现创新发展，就必须将人才培养和引进放在优先的战略地位。通过加大教育投入，深化教育体制改革，优化资源型城市的人才队伍。要建立多元化的基础教育办学制度，为人才成长奠定基础，改善办学条件，着重培育学生的创新精神和实践能力;要将职业教育放在突出位置,将职业教育发展制度化,培养技能型人才;与高校培养对接,培养紧缺、专门的技术拔尖人才;进行体制创新,拓展多渠道投资结构,形成政府办学为主,社会积极参与的人才培养模式;完善企业员工培训,资源型城市并不缺乏技术型人才,只是缺乏能够运用新知识,适应新产业的人才,这就需要企业加大对员工的培训力度,包括自动化的理解和运用;加大对急需人才的吸引力度,多数资源型城市面临的问题是人才的流失,如何在保证留住人才的同时,吸引所需人才到此就业,也是资源型城市面临的一个重要课题,这就要求提高人才的报酬,并对急需的人才提供高福利和高薪酬。

管理体系创新。资源型城市需要完善资源管理体系。遵循"谁开发谁保护、谁受益谁补偿"的原则,完善相关资源开发补偿机制,谋求自身的转型升级。一是积极推进政企联动机制,加快落实补偿资金落地,针对资源的稀缺程度和市场需求的状况展开调研,进而从源头上控制资源的开采量,提高资源的配置效率。加强对资源型城市中非资源型企业的关注,对优质非资源型企业给予相应的政策扶持,推动其做大做强。二是根据自身现实情况,寻求能利用原有资源构建有发展潜力的新产业。比如在原有设施基础上进行更新改造,发展特色旅游产业,让游客参观资源的开采、挖掘等工作。三是政府对资源型城市的转型升级提供相应的政策倾斜和资金,推动资源型城市自身的创新活动,以创新带动新的产业集群发展,进而促进资源型城市寻找到能替代原有产业的新产业集群。四是资源型城市应积极营造良好的营商环境,带动更多的投资进入,组织投资推介会等活动,吸引新企业进入资源型城市发展。

深化国有企业改革。一般而言,资源型城市中国有企业占比较大,推动资源型企业转型,意味着深化国有企业改革,对国有企业进行瘦身,做强做优国有企业。首先,落实国有企业出资人的责任,有针对性地解决法人治理问题。其次,加大力度完善现代企业制度,积极推进混合所有制改革,组建地方性国有企业相关的投资运营企业。再次,培育创新型产业集群,鼓励国有企业进行创新转型，并支持校企共建创新研发和生产基地，通过投资相关创新项目促进资源型城市产业转型升级。最后，不断推动企业进行战略转型，不断提升企业之间的专业化和服务化生产，推动企业间配套协作，做强做优企业核心业务。

第四节　创新转型与产业升级策略

当前中国正处于努力推动转变经济发展方式、优化经济结构、转变经济增长动力，推动经济向高质量发展阶段转变的攻坚期。具体来看，资源型城市大多依靠矿产资源的开发而兴起，这部分城市占到城市总量的20%。城市发展早期，资源型城市多依靠自己的资源优势发展采矿业等资源密集型产业。然而随着资源被开采殆尽，城市增长遇到了前所未有的瓶颈。此后，面临的现实问题是这部分城市如何完成产业转型和新旧动能的转换。尤其是随着全球化的推进和科技的不断进步，城市的发展远远不是能依靠传统产业带动的，只有在发展传统产业的同时，注重培养战略性新兴产业，才能形成新的产业优势，进而通过产业转型推动城市转型。

当前资源型城市制约城市创新的制度约束主要有以下三个方面：一是资源型城市的发展过度依赖资源密集型产业，相关的生产要素也逐渐流向资源型产业，形成了比较严重的路径依赖和单一的产业结构，严重束缚创新产业的发展；二是大多数企业的现代企业制度尚未建立起来，"政企不分、政资不分"的情况依然存在，尤其是尚未打破垄断壁垒和行政壁垒，制约企业的技术提升和企业效率；三是政府和市场的关系并没有完全厘清，政府管得太死，导致职能错位，效率低下。对于产业升级与创新转型的有效策略选择，作为本书的重要落脚点，现提出以下几方面的发展建议。

一　产业延伸和迭代发展

资源型城市转型的最终目的是摆脱对资源产业的过度依赖，实现可持续发展。在此过程中，原有的主导产业和发展模式并不能搞

"一刀切",也不能因噎废食,而是要加以利用,推动整个产业更新。资源型城市发展早期应该对原有产业进行延伸,随着城市功能的拓展和技术水平的提高,实现主导产业的转型,进一步由资源型城市向综合型城市和创新型城市转型。

中西部资源城市多数处于成长期或者成熟期,该类型城市的资源型产业一般处于起步阶段,发展资源产业不可避免,也是必由之路。但是不应该仅仅将其作为初级资源的输出地,而应该就地进行深加工,增加当地居民的收入。此类城市的资源产业正处于高速发展时期,具有较高的发展潜力,对于当地经济具有较大的带动作用,也是保障中国能源资源安全的核心区,不能完全抑制该产业的发展。

以产业延伸和更新作为资源型城市发展的重要模式。一是在原有产业格局的基础上,对主导产业的生产线进行拓展,大力开发具有科技含量的资源型产品,广泛利用新技术提高产品的附加值,延伸原有主导产业的产业链。二是要积极培育前导产业,通过发展前导产业实现未来产业模式转换,开辟新的经济增长点。三是要结合当地特色,发展特色转型之路。资源型城市要因地制宜,结合当地的地理位置、特色建筑等优势进行转型升级,可以利用当地废弃建筑打造特色旅游。不仅能提高资源的使用效率,同时能够拓宽当地的就业渠道,解决就业问题,进而带动当地居民生活水平的提升。

二 人力资本的培育和开发

资源型城市的创新离不开一支高科技队伍的支撑,人才资源是第一资源。在资源型城市转型升级的过程中,需要构建产学研一体化的创新体系。完善高等院校的人才培养体系和产学研合作机制,建立完善的人力资源体系,形成稳定良好的人才输送体系。在产学研合作的同时,发挥好政府部门的引领作用。建立人才支撑体系,加大对企业的扶持和支持力度。加强与国内外高水平大学的合作,并积极推进高水平高校在资源型城市建立分校,实现人才的就地培养和就业,这对于资源型城市来说是至关重要的。

有针对性地培育一批专业技术人才。加强园区建设以及投融资体制创新，加快人才的培养和战略部署，同时促进相关人才的汇聚和流动，实现创新驱动发展。针对城市产业发展需要和重点领域的人才需求，着力培育和引进一批可以突破产业发展关键技术的人才队伍和科技领军人才。注重技能培训，要实现原有产业的发展和更新，单单依靠原有的技术水平是无法实现的，这就需要对原有的员工进行培训，促进先进理念和技术在资源型城市当中的推广和应用。

三 科技成果转化与商业化

只有把科技创新成果转化为现实生产力，才能推动经济转型发展。因此，建议资源型城市转型中应尽快搭建以企业为主体、市场为导向的科技服务平台，加速创新成果转化与推广利用。第一，强化企业与高等院校及科研院所的合作。强化企业在科技创新中的主导地位，在优势领域布局建设一批国家级的工程中心、实验室和企业技术研发中心。第二，推动科技成果转化公共服务平台的建设。资源型城市要推动建设一批科技创新创业投资公司，并支持相关成果进行转化。同时，要推动相关中介机构的建设，为小型科技公司提供相关服务，包括信息咨询、成果转化、项目申报等。第三，推动科技成果转化基地建设。资源型城市要推动高新技术成果产业园区建设，并推动科技企业孵化器网络建设，推动高科技成果产业园构建"科研开发—成果转化—科技服务"于一体的产业链条。第四，提升科研成果转化在应用评价当中的权重，转变单纯以论文、科研经费以及专利为绩效评价标准。尽快通过完善制度和良好的收益预期吸引更多的科研人才，充分利用市场专业服务，降低技术成本，推动高校、科研院所和企业间的成果转化和技术流动。

四 优化政策和制度环境

资源型城市创新的关键在于营造有效的政策和制度环境。实现资源型城市创新是一项系统的工程，需要行政审批体制的改革，同时推进政府管理创新。具体可从以下五个方面着手：第一，整合现有资源，统筹资源型城市转型的各方主体，制定适宜的转型和发展规划。建立地方政府和企业之间的有效协调机制，统筹城市转型创新相关领域，指导城市创新的合理推进。相机制订发展规划，体现城市短期发展和长期发展差异，短期内着力于产业的延伸和产品的深加工，长期内则更加注重技术创新对经济增长的拉动作用。第二，资源型城市普遍面临资金不足的问题，造成其自我积累不足，建设资金严重缺乏，亟须建立资源开发补偿和衰退产业援助机制。重整资源型城市的财政制度，完善自我积累，增强自我积累能力。有针对性地发放地方政府建设债券，提升吸收社会资本的能力。第三，资源型城市的国有企业比重较大，思想观念陈旧，其他市场主体发展严重滞后，制约着资源型城市的发展。因此必须在转变思想观念的基础之上，加大改革力度，推进制度创新，尽快形成新体制和新机制，释放政府职能，使政府职能更加偏向于公共服务，为技术创新提供良好的环境。第四，建立有序发展预警机制。对资源进行有序开采，确定资源开采的强度和速度，不能盲目开发，更不能破坏生态环境。同时，建立国际大宗商品预警机制，对国际产业的波动进行精准预测，防止由于价格波动对相关产业造成冲击。第五，引导中西部资源型城市积极对接"丝绸之路经济带"，发挥区位比较优势。中西部地区靠近中亚地区，国家目前正在积极推进向西开放战略，中西部资源型城市应该利用靠近中亚地区的区位优势，依托中西部地区的资源型企业，拓展中亚市场，提升中国企业在国外尤其是中亚国家的知名度。

结论：

资源丰裕条件下的发展路径纠偏

本书从理论视角和国别实践研究资源丰裕条件下的经济增长轨迹及增长路径的扭曲，围绕资源与增长的理论分析、资源与增长的实践证据、资源丰裕型国家的经济增长及其有效性测评三个方面展开研究；从事实研判和理论分析两个维度揭示资源丰裕条件对创新发生机制、创新动力机制、创新实现机制的扭曲。通过北欧国家和俄罗斯的比较分析，总结资源丰裕条件下的创新过程、路径与成效；通过中国资源型城市的经济转型与可持续发展例证探讨中国资源丰裕地区可持续发展面临的问题及其突破。

依据创新与增长理论，综合运用理论推演、国别实践比较、实证分析等方法，构建资源—增长—创新—可持续发展的逻辑框架，探索实现资源约束条件下的增长理论，通过创新机制异化分析，甄别资源丰裕条件下增长扭曲与创新纠偏的发生机制、动力机制、实现机制与路径选择。

从探析典型国家和地区增长与创新的轨迹入手，结合计量经济学模型分析，通过理论抽象、实证演绎及经验归纳得出资源丰裕条件下创新与增长的逻辑机制，为资源丰裕条件下增长方式的有效创新转型提供理论解释与实践启示。

基于资源丰裕条件下创新成败案例的事实分析，将资源丰裕条件下创新的制度与机制特征剥离出来，根据增长与停滞的逻辑、结合国际经验启示，出于对中国资源型地区发展现实问题的关怀，从资源导向型经济模式的增长低效性论证资源型城市转型的急迫性，为中国资源型城市转型路径及政策主张提供理论性逻辑。

一　经济增长路径扭曲的纠偏

一个经济体的增长可以分为两个阶段——第一阶段为实现经济起飞、完成资本积累，第二阶段为实现经济的可持续发展。"资源诅咒"的存在使得资源丰裕的经济体可能面对资源与增长的矛盾，仅仅依靠资源禀赋优势不能支撑经济增长的持续性。也就是说，资源丰裕条件下按照要素禀赋优势的增长方式可以实现第一阶段的发展，但是对于第二阶段的可持续增长则难以为继。"资源诅咒"的发生可能与气候、文化、市场、制度、开放性等相关。从技术创新的角度来看，促进资源丰裕地区实现可持续增长，需要以创新产生驱动力。若因为资源依赖路径使得创新行为难以发生，抑或是创新无效时，则增长路径就被"扭曲"了，创新机制被"异化"了，在此情形之下亟须寻求有效的"纠偏"路径。即资源对经济增长的推动力在达到某一程度时，需要引入技术创新这一新生产要素，以平衡资源对经济增长的边际生产力递减效应。若是不及时或者适时地引入技术创新，依赖资源的增长则不能维系。

对于从经济起飞到中等收入的发展阶段（人均 GDP 3895 美元）[①]，正如古典经济学家杜尔哥所指出的，自然资源和劳动力的规模报酬是呈递减趋势的，因此其对于增长的贡献也是相对有限的，其虽可以激发经济起飞，在一段时期内维持增长，但若不及时升级增长方式则会陷入"中等收入陷阱"，具体表现为出现贫富悬殊、环境恶化甚至社会动荡等问题，导致经济发展徘徊不前。[②]

当经济增长进入向发达水平迈进而实现高收入（人均 GDP 达到 12055 美元）的阶段时，则要求技术进步与创新发展发挥主导作用。在这一发展阶段，内生增长理论的相关研究成果具有很好的启示价值，强调增长的动力来源于技术进步。技术进步在生产函数中表现

---

① 根据2018年世界银行关于收入分组的标准：GDP 低于 995 美元为低收入国家，996—3895 美元为中等偏下收入国家，3896—12055 美元为中等偏上收入国家，高于 12055 美元为高收入国家。
② ［法］安·罗伯特·雅克·杜尔哥：《关于财富的形成和分配的考察》，南开大学经济系经济学说史教研组译，商务印书馆1997年版。

为生产率增长的内生化，可依靠资本投资的外部性、对知识的直接研究与积累、培育人力资本、制度优化等引致技术进步与生产率的提升。

资源丰裕地区在上述两阶段的典型表现是，依靠对自然资源（主要指矿产资源、森林资源等）开采或者初级农产品（比如可可、橡胶、大豆等）的生产，向国际市场打开大门，通过出口资源密集型产品实现经济起飞，且这种经济增长在一定的阶段内会加速实现。但是，通常情况下丰裕的自然资源对于增长的贡献具有不可持续性，因为增长对资源的长时间依赖（表现为坚守资源出口拉动经济增长不愿改变），产生了丰裕的自然资源对制造业、创新产出等的"挤出"，技术进步和创新发展引领的增长阶段迟迟不能出现，"资源诅咒"时常发生。

从资源丰裕国家发展实践的历史经验考察出发，基于对发展事实进行甄别、抽象、归纳及演绎，研判资源丰裕条件下的经济增长逻辑。这里的结论是，过去几个世纪里，许多国家都在探寻能够走上经济起飞的发展道路，而一部分国家则是在寻找能够带来经济持续增长的道路。不是所有的努力都富有成效，也不是所有的尝试都获得了成功，能够证明的客观事实到处都是。在百年发展史上，较为典型的国家例证，看起来各有特点，相当纷乱，似乎得不出什么确定的结论：经济起飞更容易发生在资源丰富的国家还是资源稀缺的地区？如果是在资源稀缺的国家，那么起飞过程的发生是靠什么物质支撑呢？原来落后状态下的产业发展突破又是怎样离开资源禀赋这个条件的？如果撇开利用自己拥有的物质资源而依靠利用外来的经济要素，那么，比较优势理论的解释力和经济发展的成本原理都将难以立世！令人遗憾的是，无论对"资源诅咒""资源祝福"的解释做怎样的理解，根据世界上的种种表现，无论如何都得不到一个确定的结论。换言之，得不出资源与经济增长间的因果关系，这即是，资源不是经济增长或经济不增长的充分条件，那么在资源与经济增长二者之间，一定存在着一些重要因素，正是这些因素使得资源成了经济起飞的动力，抑或是这些因素的存在使得资源成了经济增长的"障碍"！由此，研究这些因素及其作用机制显然要比仅仅停留在刻画国别增长与发展现象的分析重要很多。

从现实意义上，也许我们允许创新转型在资源丰裕条件下出现轻微的"迟到"，但是坚决不允许创新转型过分"滞后"，甚至长期"缺位"。那么，如何在资源驱动时期就能够培育创新环境、人力资本等条件，实现资源依赖下增长路径的转变，促进增长方式由资源导向型向创新导向型的转变呢？如何解决资源丰裕条件下创新难以自发形成且面临重重障碍的问题？充分竞争环境里，在利润最大化目标下企业很难舍弃资源转而培育创新动力源。这就要求政府发挥经济增长的时期甄别并因势利导功能，在凭借资源完成资本积累、资源仍能拉动增长的合适时机，利用"有形的手"调整增长方式，使创新成为转型动力源，从而实现增长路径的"纠偏"。

资源丰裕国家的政府可在经济发展的适当时期做出创新行为，或者通过引导千千万万个市场主体参与行动。但问题是，政府是需要营造改变微观企业主体对发展预期的环境，使企业看到资源枯竭、边际增长能力下降的风险预警，还是需要直接投入研发资金，抑或是优化企业所面临的市场环境？显然，国家之间纠偏的方式可以不同，我们通过理论推演、国别比较、实证测评，系统性地刻画资源与增长的关系，研究发现，随着要素投入规模报酬递减与技术进步的内生化可推动经济持续增长等一系列古典经济学观点被不断地论证与深化，资源丰裕条件下的经济增长在初始阶段势必要通过资源密集型产业的拉动而实现，之后若想实现经济的可持续与有效增长，就必须推动资源依赖型增长方式向创新导向型增长方式的转变，否则"资源诅咒"将不可避免。资源对于经济增长而言是"诅咒"还是"福祉"，关键在于发展的过程中能否充分认识要素禀赋条件的变化。

二 创新机制异化的纠偏

通过创新活动创造技术要素，替代资源在经济发展过程中的作用，引导经济发展走上技术驱动道路，这就是资源经济发展的创新纠偏路径。遵循创新发展的一般逻辑，运用经济学约束条件下的最优化选择分析方法，归纳演绎资源丰裕条件下创新的发生机制、动力机制、实现机制的"异化"。资源丰裕条件下增长路径的惯性使得传统的资源导向型增长模式难以改变,为实现有效的经济增长,创新转型成为必然选择。然而,此时创新行为的发生机制、动力机制与实现机制均呈现对创新发展一般特征的异化,这就对发生时点与前期准备、政府扮演角色、创新载体、风险投资、知识产权保护等提出了新要求。对于创新发生机制,资源丰裕条件下创新的实现,要求一国或某一地区处于稳定的经济社会发展环境之中,且具备工业化与现代化经济基础,已经建成完善的人才培养、储备、引进体系,多元化的金融体系,以及完备的知识产权保护体系等。对于创新动力机制,创新收益是企业创新行为发生的基本动力,但是资源丰裕条件下企业创新行为发生受到资源租、权力租和垄断力量的干扰,此时,"企业先行"与"政策保护"相结合的创新很难实现。政府创新行为的率先发生,发起者与主导者的角色转变,致使资源丰裕条件下的创新动力机制偏向于"政策导向"机制而非"利润驱动"机制。对于创新实现机制,资源型增长的路径惯性及其对创新的"挤出"力量,使得创新难以发生,进而经济增长的动力机制出现"异化",这说明,大量创新行为的发生需要建立创新主体间的有效协同机制,促进创新主体间关系的形成。同样重要的还有创新环境构建,其检验尺度是能否形成政府、企业、高校间的"三螺旋"体系,能否促使融资体系多元化发展及法律体系优先化建立。

　　结合经济周期理论,创新是打破均衡的有效选择,创新的出现与消失同经济的繁荣与衰退相衔接,我们以动态演进的观点分析技术进步与制度变革,重点结合新熊彼特学派对创新的起源、创新的过程、创新的方式的相关理论,分析创新的发生机制、动力机制、实现机制。通过理论推演与实证分析,找寻创新对资源丰裕条件下增长路径扭曲的纠偏机制,力图在创新一般机制"异化"方面实现理论深化。新古典经济学认为劳动、资本、技术是经济增长的主要源泉。但是,这样的论断是在给定的资源禀赋条件下得出的。资源丰裕度对经济增长及其路径也会产生重要影响。丰裕的自然资源在使一国迅速实现资本积累的同时,也极易引发"资源诅咒"。主要表现为产业发展对资源高度依赖,并形成对其他产业发展的"挤出"效应。摆脱"资源诅咒"的有效方法是发展分散化、多元化的经济模式。关键在于能否将资源部门的收益与制造业或新兴产业的培育联系起来,使自身由"点源型经济"转变为"分散型经济",利用创新带动经济增长与可持续发展。如果缺乏有效的制度设计与政策引导,资源丰裕型经济体将深陷资源导向型增长模式中,企业不会自发地进行创新,致使创新的动力机制发生异化。只有通过有效的制度设计和政策引导,才能"纠偏"创新机制的"扭曲",促使资源丰裕型经济体转变增长方式,实现可持续发展。

在对资源丰裕条件下增长方式选择与发展事实进行系统的文献梳理的基础上,找寻研究的突破点,从机制异化中厘清创新是"纠偏"增长方式"扭曲"的有效选择的内在逻辑。通过对处于创新发展不同层级的国家及处于不同发展阶段的资源丰裕地区的发展事实进行抽象、归纳、测评及演绎,进一步地论证核心观点。对于创新纠偏路径的建立,得出以下三方面的研究结论。

结论一:资源丰裕条件下增长由资源推动转向创新驱动,表面上看是经济危机触发下的"天时",实则是健全的市场机制与雄厚的人力资本积累这两个不可缺失的"地利与人和"。

对于创新的发生时点,可能是偶发冲击下形成的,也可能是内生演化的结果。在资源丰裕条件下的创新转型,大多是遭受重大的经济危机冲击后开始的。这也使得资源丰裕条件下创新的发生呈现出偶发冲击的特征。芬兰在20世纪90年代初失业率上升到50%,政府负债高达60%;挪威在21世纪初增长速度明显放缓;俄罗斯更是在2008年经历了油价大幅下降的情况。上述三国均是在此之后正式提出国家创新体系构建的大战略。然而,这种偶发冲击仅是创造了"天时"。创新转型的发生不可能是一触即发的,前期良好的市场运行机制与人才储备机制是不可或缺的"地利"与"人和"。芬兰、挪威与俄罗斯在人才政策方面均进行了良好的储备并不断跟进,三国的大学入学率在全球均处于领先地位。然而,垄断性与财团在经济体系中的地位,成为俄罗斯较芬兰、挪威差距较大、创新转型效果欠佳的一个重要原因。

结论二：市场条件下创新本是企业资本追逐盈利能力的重要抉择，但是资源推动型增长路径的惯性特征却"异化"了创新动力机制的形成，由此政府发挥足够的引导作用是资源丰裕条件下社会创新大量发生的重要条件。

芬兰、挪威与俄罗斯的创新均呈现出明显的政策导向性特征，创新转型伊始三国均颁布了与创新型国家建设相关的规划政策，自此开始转变增长方式。但是，政府作为创新的主导者，还需要以比较优势战略制定经济政策，及时提供新产业、新技术、新产品的核心信息，协调部门间与各市场主体间的关系，对创新的外部性与成本收益间的不对称性进行补偿，这样才能有效地克服沉淀成本对创新转型的阻碍。中国资源型城市创新转型的轨迹也对这样的理论进行了有力的佐证。具体表现为：中国资源型城市在资源产业推动增长的乏力期与瓶颈期开展创新转型，培育创新环境、建设创新基础设施，对于创新进行规制与引导等。

结论三：资源丰裕经济体对于创新一般机制的"异化"程度决定创新有效性差异，创新效率取决于创新制度设计与安排。

遵循熊彼特的创新界定，[①] 将创新纳入生产函数中，界定为产品与要素创新、技术与生产方式创新、产业业态创新、组织结构创新、制度创新等，强调创新对生产要素和生产方式的变革，创新被定义为经济发展推动力，以商业化效应（包括效率的提高、利润的提升等）衡量创新有效性。通过对芬兰、挪威与俄罗斯创新转型路径的比较分析与实证测评发现，政府、企业、高校间的"三螺旋"体系、多元化的融资体系及优先化的法律体系是创新成为推动资源丰裕条件下经济持续增长的有效机制设计。对比上述国家，中国资源型城市的转型发展，面对的矛盾的复杂性、问题的多样性、发展层次的不一致性均是有过之而无不及的。因此，必须精准研判与甄别资源型城市创新转型的政策逻辑与基本内涵，需要厘清与把握可持续发展路径选择的核心要义，走出沉淀成本制约，推进产业

---

① 熊彼特在《经济发展理论——对于利润、资本、信贷、利息和经济周期的考察》一书中，围绕生产要素的新组合，给出了"创新"的定义："创新等价于建立一种新的生产函数，即将一种从未有过的生产要素与生产条件的'新组合'引入生产体系中。"

升级。

三 转型升级停滞的纠偏

丰裕资源是经济体实现"起飞"的重要条件，也是一个经济体实现可持续增长的制约，丰裕资源增长发生偏离是其原因。由此，资源丰裕条件下创新转型升级的"停滞"需要及时、精准施策，实现有效纠偏。

随着要素投入规模报酬递减与技术进步的内生化可推动持续增长等一系列古典经济学观点被不断地论证与深化，资源丰裕条件下的经济增长在初始阶段势必要通过资源密集型产业的拉动而实现，其后实现经济的可持续与有效增长，就必须推动增长方式由资源依赖型路径向创新导向型增长路径转变，否则"资源诅咒"将不可避免。资源对于经济增长而言是"诅咒"还是"福祉"，关键在于发展的过程中能否充分认识要素禀赋条件的变化。在认识变化的同时，还要尊重要素禀赋条件的变化，这就要求充分认识市场是资源配置中的决定性机制。但是，面对增长方式转变过程中不可回避的"市场失灵"，当转型升级停滞时，政府必须发挥协调作用。

本书通过系统梳理古典经济学向内生经济增长理论演变过程中的重要主张，结合宏观经济学、发展经济学、新结构经济学的支撑性理论，结合对经济迟迟未能起飞、陷入"中等收入陷阱"及利用创新转型发展的三类资源丰裕经济体的增长动力与发展轨迹的系统研判，找寻资源丰裕条件下有效经济增长的路径。研究发现，成长型、成熟型、衰退型及再生型资源型城市的增长路径应分别注重综合动力发展选择、资源驱动产业选择、创新带动增长选择、全面替代转型选择。按照经济社会发展生产要素导向、投资导向、创新导向的递进演化，产业体系与贸易体系升级过程中强调政府、企业、大学与研究机构、金融机构间的相互作用，构成（地区）创新发展体系的关键子系统，以找寻资源贡献、经济增长和创新转型间"三元悖论"的突破路径。这为中国资源型城市转型升级及可持续发展政策制定提供理论依据与策略导向。

目前中国资源型城市正处于转型的关键时刻，通过改善城市生态和产业结构调整实现可持续发展已是这些城市面临的主要挑战。资源型城市的转型发展普遍面临沉淀成本约束。例如，资源密集型行业中，已经进入的企业由于已经进行了大量的固定资本、流动资本以及时间与精力的投资，必然会抵制创新与产业转型，要求继续执行当前决策；资源型企业的债权人——国有银行，追加资金通常也更倾向于贷给已有债务人，以避免破产重组情况的发生。由此看来，找寻中国资源型城市可持续发展的政策着力点在于产业发展战略制定、城市建设政策制定以及城市发展规划制定。通过对资源丰裕条件下创新的发展事实进行比较分析，将创新纠偏资源增长路径扭曲的制度与机制特征剥离出来，为更多的资源密集型地区转型路径及政策主张提供基本逻辑与理论依据。

其一，明确转型发展路径选择的核心要义。与其他国家相比，中国的资源型城市可持续发展面临的问题更多，区域差异更大，实现资源型城市的可持续发展需要协调政府和市场的关系，以产业转型为核心，以生态保护为主线，以完善和优化城市功能为重点，以体制机制创新为保障，全面推进和实现资源型城市可持续发展。

其二，克服沉淀成本约束需要短期政策选择。沉淀成本的存在是制约资源型城市转型和可持续发展的重要因素，如何降低沉没成本对于资源型城市转型的影响是未来资源型城市发展过程中必须解决的问题，只有解决或者降低沉没成本，使得企业可以自由进入或者退出市场，才能创造出公平且具有活力的市场环境，这也是加速资源型城市增长的关键点。

其三，把握创新转型与产业升级的政策着力点。资源型城市缺乏增长的可持续动力，转型发展尤为迫切。当资源型城市进入衰退期，需要予以政策干预，否则会通过外溢效应影响到其他周边地区。因此，在经济高质量发展的背景下，如何从政策层面去推动这些城市转型是新时代面临的一个重要课题，涉及产业延伸和产品更新的复合发展模式，需要优化政策和制度环境，加强人力资本的培育开发，加速科技成果产业化，这就要求国家与地方政府有所作为、有效作为，探索出资源型城市转型的中国道路。

参考文献

北欧四国创新政策研究课题组：《北欧四国国家科技及创新政策发展报告》，地质出版社 2014 年版。

程伟等：《俄罗斯转型 20 年重大问题》，辽宁大学出版社 2011 年版。

李新：《俄罗斯经济再转型：创新驱动现代化》，复旦大学出版社 2014 年版。

陆南泉：《论苏联、俄罗斯经济》，中国社会科学出版社 2013 年版。

高锡荣、梁立芳：《技术创新意识——作用机理、地区差异与培育政策》，科学出版社 2012 年版。

袁易明：《资源约束与产业结构演进》，中国经济出版社 2007 年版。

[美] 巴里·诺顿：《中国经济：转型与增长》，安佳译，上海人民出版社 2010 年版。

[美] 费景汉、古斯塔夫·拉尼斯：《增长和发展：演进的观点》，洪银兴等译，商务印书馆 2014 年版。

[英] G. M. 彼得·斯旺：《创新经济学》，韦倩译，格致出版社 2013 年版。

[美] 劳伦·勃兰特、托马斯·罗斯基：《伟大的中国经济转型》，方颖等译，格致出版社、上海人民出版社 2009 年版。

[美] 罗森伯格：《探索黑箱——技术、经济学和历史》，王文勇、吕睿译，商务印书馆 2004 年版。

[美] 理查德·R. 尼尔森：《国家（地区）创新体系比较分析》，曾国屏、刘小玲、王程桦、李红林等译，知识产权出版社 2012 年版。

［美］约瑟夫·熊彼特：《经济发展理论》，何畏、易家详、张军扩、胡和立、叶虎译，商务印书馆2000年版。

［美］西奥多·W. 舒尔茨：《人力资本投资：教育和研究的作用》，蒋斌、张蘅译，商务印书馆1990年版。

［英］亚当·斯密：《国富论》，唐日松译，华夏出版社2005年版。

［美］叶恩华、［澳］马科恩：《创新驱动中国》，陈召强、段莉译，中信出版社2016年版。

Miettinen & Reijo, *Innovation, Human Capablities and Democracy: Towards an Enabling Welfare State*, Oxford University Press, 2013.

安虎森、周亚雄、薄文广：《技术创新与特定要素约束视域的"资源诅咒"假说探析——基于我国的经验观察》，《南开经济研究》2012年第6期。

程伟、殷红：《梅德韦杰夫"去斯大林化的现代化"评析》，《俄罗斯研究》2010年第3期。

程伟：《冷静聚焦普京新政下的俄罗斯经济颓势》，《国际经济评论》2014年第6期。

程伟：《输入型增长：俄罗斯经济困局探源》，《俄罗斯东欧中亚研究》2015年第5期。

戴魁早、刘友金：《要素市场扭曲如何影响创新绩效》，《世界经济》2016年第11期。

刁秀华：《俄罗斯国家创新能力分析：比较的视角》，《国外社会科学》2015年第3期。

董钰、孙赫：《知识产权保护对产业创新影响的定量分析——以高技术产业为例》，《世界经济研究》2012年第4期。

葛新蓉：《俄罗斯远东地区创新发展的问题与路径分析》，《俄罗斯中亚东欧研究》2011年第6期。

郭春野、庄子银：《知识产权保护与"南方国家"的自主创新激励》，《经济研究》2012年第9期。

郭连成、杨宏：《全球产业结构变动与俄罗斯经济结构调整和产业发展》，《俄罗斯东欧中亚研究》2012年第6期。

韩爽、徐坡岭：《"俄罗斯创新国家战略与政策"学术研讨会综述》，《俄罗斯东欧中亚研究》2013年第6期。

韩爽、徐坡岭：《俄罗斯实现持续经济增长面临的主要挑战》，《俄罗斯中亚东欧研究》2011年第5期。

侯敏跃、李沛：《资源经济和"资源诅咒"关系初探——基于俄罗斯和澳大利亚的案例研究》，《世界经济研究》2013年第11期。

何雄浪、姜泽林：《自然资源禀赋与经济增长：资源诅咒还是资源福音？——基于劳动力结构的一个理论与实证分析框架》，《财经研究》2016年第12期。

黄毅：《资源型经济转型与资源诅咒的化解》，《云南社会科学》2009年第2期。

景普秋、范昊：《挪威规避资源诅咒的经验及其启示》，《经济学动态》2011年第1期。

刘畅：《俄罗斯创新的规模报酬动态与政策导向型表现分析》，《俄罗斯东欧中亚研究》2018年第12期。

刘畅：《俄罗斯技术创新的就业效应》，《技术经济与管理研究》2018年第6期。

刘畅：《实际汇率低估会带来经济增长吗？——基于不同类型经济体的再考察》，《金融理论与实践》2019年第3期。

刘畅：《我国资源型城市创新转型的路径选择与政策着力点》，《中国经济特区研究》2019年第1期。

刘畅、刘来会：《资源丰裕条件下的有效经济增长能实现吗？》，《云南财经大学学报》2018年第1期。

李新：《俄罗斯经济现代化战略评析》，《俄罗斯东欧中亚研究》2011年第1期。

戚文海：《俄罗斯强化人力资本发展的路径选择》，《俄罗斯中亚东欧研究》2011年第3期。

权衡、孙亮、黎晓寅：《国家创新体系建设：经验与启示——印度、爱尔兰、芬兰、以色列比较研究》，《学习与实践》2010年第4期。

任毅、丁黄艳：《我国不同所有制工业企业经济效率的比较研究——

基于规模效率、管理水平和技术创新视角》,《产业经济研究》2014年第1期。

宋伟、闫超:《区域知识产权保护力度与创新能力的耦合度分析》,《华东理工大学学报》(社会科学版)2010年第1期。

邵帅、杨莉莉:《自然资源开发、内生技术进步与区域经济增长》,《经济研究》2011年第S2期。

魏国学、陶然:《资源诅咒与中国元素:源自135个发展中国家的证据》,《世界经济》2010年第12期。

徐坡岭、刘畅:《中美俄三国创新型国家战略选择与效果比较——基于技术效率的随机前沿分析》,《经济社会体制比较》2015年第6期。

徐坡岭、肖颖、刘来会:《乌克兰危机以来俄罗斯经济危机的性质及展望》,《俄罗斯研究》2015年第1期。

徐坡岭:《俄罗斯进口替代的性质、内容与政策逻辑》,《俄罗斯东欧中亚研究》2016年第3期。

徐坡岭、刘畅:《俄罗斯经济增长中的技术效率与影响因素分析——基于非径向超效率DEA模型》,《俄罗斯研究》2016年第4期。

徐坡岭:《俄罗斯经济航船能否驶出迷雾险滩》,《世界知识》2016年第7期。

袁易明、徐常建:《发展成果的劳动分享是否影响"中等收入陷阱"跨越》,《深圳大学学报》2020年第9期。

张林、弗·亚·马特维耶夫:《俄罗斯积极探索推动地区创新发展的模式》,《欧亚经济》2014年第6期。

张思民:《技术创新路径选择的制度背景》,《经济学动态》2000年第5期。

赵传君:《俄罗斯离创新经济有多远》,《俄罗斯中亚东欧市场》2011年第1期。

张复明、景普秋:《资源型经济及其转型研究述评》,《中国社会科学》2006年第6期。

Du Jiming, "Selection of Leading Industries for Coal Resource Cities Based on Coupling Coordination of Industry's Technological Innovation", *Inter-*

national Journal of Mining Science and Technology, Vol. 22, No. 3, 2012.

Fagerberg, "The Evolution of Norway's National Innovation System", Science and Public Policy, Vol. 36, No. 6, 2009.

Dezhina and B. G. Saltykov, "The National Innovation System in the Making and the Development of Small Business in Russia", Studies on Russian Economic Development, No. 2, 2005.

Grning B. S., "The Resource Curse Revisited: Governance and Natural Resources", Public Choice, Vol. 154, No. 1 - 2, 2013.

Hertog, Steffen, "Defying the Resource Curse: Explaining Successful State-Owned Enterprises in Rentier States", World Politics, Vol. 62, No. 2, 2010.

Hu B., Mckitrick R., "Discount Rate Distortions And The Resource Curse", South African Journal of Economics, Vol. 81, No. 1, 2013.

Joseph E. Stiglitz, "Leaders and Followers: Perspectives on the Nordic Model and the Economics of Innovation", Journal of Public Economics, Vol. 127, 2015.

Klochikhin, E. A., "Russia's innovation policy: stubborn path-dependencies and new approaches", Research policy, No. 9, 2012.

Matthias Busse, "The Resource Curse Revisited: Governance and Natural Resources", Public Choice, Vol. 154, No. 1/2, 2013.

Rabah Arezki, "Can the Natural Resource Curse Be Turned Into a Blessing? The Role of Trade Policies and Institutions", IMF Working Paper, 2007.

Seyedreza Haghi, "Institutions and Functions of National Innovation System in Norway and Iran", African Journal of Business Management, Vol. 5, No. 24, 2011.

Satti S. L., Farooq A., Loganathan N., et al., "Empirical Evidence on the Resource Curse Hypothesis in Oil Abundant Economy", Economic Modelling, No. 42, 2014.

Su F., Wei G., "Tao R, China and Natural Resource Curse in Developing Countries: Empirical Evidence from a Cross-country Study", *China & World Economy*, Vol. 24, No. 1, 2016.

Halit Yanıkkaya, "Curseor Blessing? An Empirical Reexamination of Natural Resource rowth Nexus", *Journal of International Development*, Vol. 30, No. 8, 2018.

后　　记

　　本书从资源丰裕国家发展历史实践的经验考察出发，研究资源丰裕条件下的经济增长逻辑与创新特征。在对典型资源丰裕国家创新与增长的历史沿革及发展事实的研究中发现，资源丰裕型经济体可以通过创新纠偏转变经济增长方式，走出"资源诅咒"困境。通过抽象、归纳、演绎及比较分析，力图回答"是什么""为什么"以及"怎么办"三个问题。

　　本书从资源丰裕条件视角建立增长与停滞的逻辑，以国际视野的实践经验考察分析，探寻资源与增长的关系，尤其是资源丰裕与可持续增长间的关系，期望寻找资源丰裕条件下经济可持续增长的一般规律，力图为中国资源型城市经济持续快速发展及转型升级提供方案，内心秉持着对中国经济发展现实问题的关怀。

　　在资源丰裕条件下创新的成功典范与停滞者的发展事实分析过程中，将资源丰裕条件下创新的制度与机制特征剥离了出来；基于资源导向型经济模式的增长无效性论证资源型城市转型的急迫性，开创性地阐释资源丰裕条件下创新发展路径的外在支撑环境、政策主张的内涵与基本逻辑，为中国资源型城市转型路径及政策主张提供理论依据。期待为资源与增长问题理论探索做出学术贡献，并为宏观政策提供重要启示价值的成果。

　　近十年间，我在资源丰裕条件下的经济增长与发展路径问题上，持续进行了一系列的研究工作，产生的学术成果有：《资源丰裕型国家创新发展研究》（博士学位论文）、《偏向性技术创新的就业效应》（博士后研究工作报告）、《中美俄三国创新型国家战略选择与效果比较》、《俄罗斯经济增长中的技术效率与影响因素分析》、

《2017年俄罗斯经济能否走出危机》、《资源丰裕条件下的有效经济增长能实现吗》、《俄罗斯创新的规模报酬动态与政策导向型表现分析》等,这些成果先后在《经济社会体制比较》《俄罗斯研究》《欧亚经济》《云南财经大学学报》《俄罗斯东欧中亚研究》等学术期刊刊发。2018年我申报的《资源丰裕条件下创新与增长的机制扭曲与纠偏研究》获得中国博士后科学基金项目资助,立项后我进一步拓展并深化了该问题的研究,并且在《金融理论与实践》《技术经济与管理研究》《中国经济特区研究》《湾区科技评论》先后发表学术论文。

希望本书是对资源与增长问题理论探索的学术贡献,并富有对宏观政策的重要启示价值。也希望通过本书以及后续的研究,可以在该领域有所建树,更加期盼自己的研究将来能够对解决资源禀赋条件动态演化下地区经济社会发展中的重大现实问题有所贡献。受时间约束及本人现有知识水平局限,虽然在研究过程中基于前人和已有成果,参阅了大量现有研究文献,但是对于探索并回答资源条件与经济可持续增长的关系这一问题,对典型国家的发展路径与路径转换的研究仍处于初期阶段;对资源条件下发展路径形成过程当中,如何使得自下而上的路径选择效率提升,即如何发挥市场机制的决定性作用,在制定规则、为市场消除障碍等方面发挥政府的重要作用,这方面相关的发展策略的提出尚属于本书的缺失内容。我将在今后的科研工作中在这个有趣而重要的领域做进一步的深入研究。

特别感谢深圳大学中国经济特区研究中心袁易明教授为本书作序,袁教授也是我的博士后合作导师,他在书稿结构、书稿修改等多方面给予了我支持与帮助。同时,特别感谢中国社会科学院俄罗斯东欧中亚研究所俄罗斯经济室主任徐坡岭研究员,徐老师作为我的博导,培养了我的学术逻辑与分析能力,也对该问题的进一步深化研究给出了重要的支持。在此感谢两位恩师!还要特别感谢山东财经大学国际经贸学院刘来会副教授在书稿撰写方面的支持,感谢深圳大学博士研究生袁竑源在文献梳理方面的帮助,感谢深圳市汉仑绿色发展研究院研究人员王沛尧、张欢在数据资料及书稿格式整理工作上的帮助。该成果是以我的博士学位论文——"资源丰裕型国家创新发展研究"为学术起点的。需要特别提出的是，我的研究是在前人和已有成果的基础上展开的，大量地参阅并获启发于现有研究文献。在此，对这一领域学术成果的贡献者表示敬意！感谢出版社编辑的辛勤劳动与帮助，如果没有你们，本书的出版不知道会遇到多少困难，在此谨致谢意！

刘　畅

2023 年 3 月